创业基础

主　编　马海鹰　刘　健　赵　婷
参　编　黄　蕊　吴　琼　杨俊敏
　　　　曹　竞　苏乃乾　桑　峰
　　　　刘建栋

哈尔滨工业大学出版社

内 容 简 介

本书依据《国务院办公厅关于深化高等学校创新创业教育改革的实施意见》精神，结合大众耳熟能详的案例以及学校校友的创业实践，旨在为学生提供生动活泼、分析全面的创业指导。全书共十章，主要内容包括创业与创业教育、企业与创业机会、创业者、创业团队、市场与营销计划、创业资源、创业融资、创业法律知识、创业计划书的撰写以及初创企业运营管理，并附有大型模拟沙盘。

本书可作为高等院校大学生创业基础课程的教材，也可作为广大有志于创业的青年朋友的自学参考书。

图书在版编目(CIP)数据

创业基础/马海鹰，刘健，赵婷主编. —哈尔滨：哈尔滨工业大学出版社，2021.8

ISBN 978-7-5603-4539-0

Ⅰ.①创… Ⅱ.①马… ②刘… ③赵… Ⅲ.①大学生-职业选择 Ⅳ.①G647.38

中国版本图书馆 CIP 数据核字(2021)第163527号

策划编辑	田新华
责任编辑	张羲琰
封面设计	刘长友
出版发行	哈尔滨工业大学出版社
社　　址	哈尔滨市南岗区复华四道街10号　邮编150006
传　　真	0451-86414749
网　　址	http://hitpress.hit.edu.cn
印　　刷	哈尔滨市工大节能印刷厂
开　　本	787mm×1092mm　1/16　印张11.75　字数284千字
版　　次	2021年8月第1版　2021年8月第1次印刷
书　　号	ISBN 978-7-5603-4539-0
定　　价	39.00元

(如因印装质量问题影响阅读，我社负责调换)

前　言

2015年3月印发的《国务院办公厅关于发展众创空间推进大众创新创业的指导意见》和5月印发的《国务院办公厅关于深化高等学校创新创业教育改革的实施意见》(以下简称《意见》)，系统部署了双创示范基地建设工作。《意见》指出，深化高等学校创新创业教育改革，是国家实施创新驱动发展战略、促进经济提质增效升级的迫切需要，是推进高等教育综合改革、促进高校毕业生更高质量创业就业的重要举措。各地区、各高校要落实立德树人根本任务，主动适应经济发展新常态，以推进素质教育为主题，以提高人才培养质量为核心，以完善条件和政策保障为支撑，促进高等教育与科技、经济、社会紧密结合，加快培养规模宏大、富有创新精神、勇于投身实践的创新创业人才队伍。

教育部积极落实《意见》精神，在各高校掀起了一股"大众创业、万众创新"的浪潮。各高校倡导学生创新创业，积极开设创业相关课程。本书以《意见》精神为指导进行编写，结合大众耳熟能详的案例以及学校校友的创业实践，旨在为学生提供生动活泼、分析全面的创业指导。

全书分为十章，由马海鹰等共同编写完成。具体分工如下：赵婷负责编写第一章，黄蕊负责编写第二章，刘健负责编写第三章和第四章，吴琼负责编写第五章，马海鹰负责编写第六章，苏乃乾负责编写第七章，刘建栋负责编写第八章，杨俊敏负责编写第九章，桑峰负责编写第十章。附录介绍了几个商业模拟沙盘，由曹竞负责编写。全书由马海鹰、刘健、赵婷统稿。

本书在编写的过程中，参阅了有关创业教育、管理学、法律等方面的书籍，并引用了其中的一些资料，在此向作者们深表感谢。

本书既可以作为高等院校大学生创业教育的教材使用，也适合广大有志于创业的青年朋友作为参考用书。

由于编者水平有限，加之编写时间仓促，不足之处在所难免，敬请广大读者评批指正。

编　者
2021年3月

目　录

第一章　创业与创业教育 ·· 1
　　第一节　创业概述 ·· 2
　　第二节　创业精神 ·· 6
　　第三节　创业活动与经济发展 ··· 8
　　第四节　创业教育 ·· 13

第二章　企业与创业机会 ·· 20
　　第一节　企业概述 ·· 20
　　第二节　创业机会概述 ·· 24
　　第三节　创业机会的自我评估 ··· 31
　　第四节　创业机会风险 ·· 34

第三章　创业者 ·· 41
　　第一节　创业者概述 ··· 43
　　第二节　创业者的能力 ·· 46

第四章　创业团队 ··· 55
　　第一节　创业团队概述 ·· 56
　　第二节　创业团队的组建 ··· 58
　　第三节　创业团队的管理 ··· 61

第五章　市场与营销计划 ·· 69
　　第一节　市场与市场调查 ··· 70
　　第二节　市场营销计划 ·· 79

第六章　创业资源 ··· 88
　　第一节　创业资源概述 ·· 89
　　第二节　创业资源的作用 ··· 92
　　第三节　创业资源的获取 ··· 95

第七章　创业融资 ··· 101
　　第一节　创业融资分析 ·· 101
　　第二节　创业所需资金的测算 ··· 103
　　第三节　创业融资渠道 ·· 109
　　第四节　创业融资策略的选择 ··· 115

第八章　创业法律知识 …………………………………………………… 122
第一节　企业法律形态选择 ………………………………………… 123
第二节　企业注册和注销流程 ……………………………………… 129
第三节　新企业相关法律问题 ……………………………………… 132

第九章　创业计划书的撰写 ………………………………………………… 138
第一节　创业计划书的目的和用途 ………………………………… 138
第二节　创业计划书的要求和内容 ………………………………… 140
第三节　创业计划书的推介 ………………………………………… 146

第十章　初创企业运营管理 ………………………………………………… 150
第一节　初创企业管理概述 ………………………………………… 151
第二节　初创企业运营的管理策略 ………………………………… 153

附录　大型模拟沙盘 ………………………………………………………… 159
沙盘一：企业风险评估类沙盘——风险投球 ……………………… 159
沙盘二：团队精英管理类沙盘——沙漠掘金 ……………………… 162
沙盘三：企业运行周期类沙盘——商业游戏1 …………………… 169
沙盘四：企业成本及运用类沙盘——商业游戏2 ………………… 175

参考文献 ……………………………………………………………………… 181

第一章　创业与创业教育

【学习要点及目标】

1. 掌握创业的内涵及类型
2. 理解创业精神的内涵与特征
3. 了解创业活动与经济发展之间的关系
4. 了解创业教育的主要内涵

【导入案例】

创业的梦想没有终点

冷晓琨,哈尔滨工业大学(以下简称哈工大)计算机学院2016级博士生,乐聚(深圳)机器人技术有限公司董事长、创始人,曾荣获中国青少年科技创新奖、"创青春"大学生创业大赛金奖。

谈起冷晓琨,身边很多人都觉得他"很神"。出生于1992年的他凭着"玩"机器人,在学业和创业上一路"开挂"。

冷晓琨从初中起就开始着迷机器人。2011年,凭借丰富的技术积累,他被保送进入哈工大。哈工大是我国最早开展机器人技术研究的单位之一,他在这里坚定了自己的研究方向——制造最先进的机器人。

大学一年级,他作为队长,带领学校机器人团队参加了央视春晚的机器人表演。但当时用的是国外的机器人,团队只负责提供算法,这让他"有点没面子"。回校后,他便创办智能机器人俱乐部,开始研发具有自主知识产权的机器人硬件和控制系统。

2015年,赶上"大众创业、万众创新"的大潮,冷晓琨在学校创业孵化基地创办了第一家公司,取名为"乐聚"。在学校的支持下,这家初创公司迎来了第一代机器人的诞生——AELOS。

为了开拓市场,他带领团队到深圳,很快吸引到1 000万元的天使投资。随后,公司从最初的13人发展到百人规模,他们相继开发了"小艾"教育版、娱乐版等十几款机器人,并实现量产,其中6款人形机器人应用于人工智能教育领域,帮助小朋友学习编程、传感器等专业知识,受到很多家长、孩子的喜爱。

"借助国家发展创新科技的东风,我们年轻一代获得很多发展机遇,这也是我们最好的青春时代。"冷晓琨说。

2018年,公司销售收入达2.5亿元,同年,冷晓琨迎来了创业以来的高光时刻——乐聚机器人在央视春晚倒计时、平昌冬奥会"北京8分钟"中精彩亮相。他本人入选2018福布斯亚洲30位30岁以下精英榜名单,成为消费科技领域中国最年轻的入选者之一。

(资料来源:新华社2019-06-26)

第一节　创业概述

我们正处在"大众创业、万众创新"的时代,那么什么是创业呢?设想一下,你突然来到一座孤岛。一天前,你还生活在衣食住行信手拈来的现代化社会,而此时,所有的一切都瞬间消失。你该如何荒野求生呢?你做好了无人搭救的准备了吗?这就是创业。从某种意义上说,人类社会发展的历史,就是一部不断创业的历史。各个时代的人们通过不断地创造新的物质财富和精神财富,来满足自身物质和精神的需要,从而推动社会不断进步,使社会逐步走向文明、昌盛、富强。

一、创业的内涵与特征

(一)创业的内涵

《孟子·梁惠王下》中"君子创业垂统,为可继也"最早提出了"创业"一词。《辞海》将创业解释为"创立基业"。不同的人对于创业有不同的理解。管理者们把创业描述为"创新、变化、驱动、冒险、创造和增长导向",流行的说法为"创建和管理新企业"。有的学者把创业看作"一个发现与创造的过程",通过研究创业的本质、动力、独特性及局限性等,丰富创业的内涵。事实上,创业不仅仅是创造新企业,创业者通过领导、管理、创新、创造、竞争力、生产力和形成新的产业,对经济增长做出了重要贡献。

美国创业学教育和研究的领袖人物之一、百森商学院的杰弗里·蒂蒙斯教授认为,创业是一种思考、推理和行为方式,这种行为方式是机会驱动、注重方法和与领导相平衡。创业导致价值的产生、增加、实现和更新,不只是为所有者,也为所有的参与者和利益相关者。现代管理学之父德鲁克则强调创业的创造性,他认为那些能够创造出一些新的、与众不同的,并能创造价值的活动才是创业。哈佛大学商学院创业课程的先锋人物霍华德·斯蒂文森认为,创业是一种管理方式,即对机会的追逐,与当时控制的资源无关。他指出,创业由六个方面的企业经营活动来理解,即发现机会、战略导向、致力于机会、资源配置过程、资源控制的概念、管理的概念与回报政策。

我国学者雷家骕等认为,发现、创造和利用商业机会,组合生产要素,创立自己的事业,以获得商业成功的过程或活动称为创业。宋克勤认为,创业是创业者通过发现和识别商业机会,组织各种资源提供产品和服务,以创造价值的过程。郁义鸿等认为,创业是一个发现和捕捉机会并由此创造出新颖的产品或服务,实现其潜在价值的过程。

创业可以定义为:不拘泥于当前的资源约束、寻求机会、进行价值创造的行为过程。其中包含几个要点:首先,创业的本意在于不受当前资源条件的限制对于机会的捕捉和利用,代表一种以创新为基础的做事与思考方式;其次,创业是发觉机会,并组织资源建立新企业或开展新视野,进而提供市场新的价值;再次,创业活动突出表现在机会导向、创新的强度、创造价值的程度以及对社会的贡献等方面。识别机会并将有用的创意付诸实践,才能创造新事业。

(二)创业的特征

创业作为发现机会和创造财富的社会行为,有着区别于其他事务的复杂性和独特性,并表现出显著的特征。

1. 创造性

创业是创造满足某种需求的新产品、新服务或新市场,是创造一个前所未有的新事物的过程。

2. 风险性

创业是一个充满不确定性的过程,在这个过程中,创业者可能会遇到各种各样的风险。因此,要想取得创业成功,就必须具备承担风险的勇气和能力。

3. 功利性

创业是一个实现价值增值的过程。创业成功会丰富社会的产品或服务,推动社会进步,同时,也会使创业者获得一定的物质方面和精神方面的回报。

4. 自主性

创业是一种独立自主的行为,创业者运用自己的知识、能力、资本等,自主地开发、生产新产品或提供服务。

5. 市场化

只有把产品推向市场,满足市场的某种需求,才能实现价值创造。

【案例】

饿着肚子谈出创业梦

2008年4月,在上海交通大学机械与动力工程学院一间宿舍里,读研究生一年级的张旭豪与几个室友打电脑游戏,玩到午夜12点,饿了。

打电话叫外卖,送份宵夜吧。谁知电话要么打不通,要么没人接。大家又抱怨又无奈,饿着肚子聊起来。"这外卖为什么不能晚上送呢?""晚上生意少,赚不到钱,何苦。""倒不如我们自己去取。""干脆我们包个外卖吧。"

没想到聊着聊着,创业兴趣被聊了出来。这几个研一的学生开始讨论和设计自己的外卖模式,这一聊就聊到了凌晨四五点。

创业就这样从不起眼的送外卖服务开始了。张旭豪和康嘉等同学一起,将交大闵行校区附近的餐馆信息搜罗齐备,印成一本"饿了么"的外送广告小册子在校园分发,然后在宿舍接听订餐电话。接到订单后,他们先到餐馆取快餐,再送给顾客。这一模式完全依靠体力维持业务运转,没有太大的扩张余地。唯一的好处是现金流充沛:餐费由他们代收,餐馆一周结一次款。

只有互联网能够大规模复制并使边际成本递减。2008年9月,"饿了么"团队开始研发订餐网络平台,张旭豪先通过校园BBS招来软件学院的同学入伙。用了半年左右,他们开发出了首个订餐网络平台。他们用"ele.me"("饿了么"的汉语拼音)注册网站,网站订餐可按需实现个性化功能,比如顾客输入所在地址,平台便自动测算周边饭店的地理信息及外送范围,并给出饭店列表和可选菜单。

网络订餐系统初运营时,有30家加盟店支持,日订单量达500~600单。可那段时间,张旭豪却因为过于奔忙劳碌而"后院起火":先是窃贼光顾宿舍将计算机等财物一掠而空;接着,一位送餐员工在送外卖途中出车祸;之后,又有一辆配送外卖的电动车被偷……接下来的创业并没有他想象中那么容易,为了让创业计划尽快变成现实,团队中一个计算机专业的大四学生不得不休学一年,来完成这个点餐平台的产品设计。

饿了么自2008年上线,至今已获得五轮融资:

2011年,完成数百万美元的A轮融资,投资方为金沙江创投。

2013年1月,B轮融资,投资方为金沙江创投、经纬中国,融资规模为数百万美元。

2013年11月,C轮融资,红杉资本中国领投2 500万美元。

2014年,D轮8 000万美金融资,大众点评领投。

2014年12月,E轮融资,融资金额3.5亿美元,投资方为中信产业基金、腾讯、京东、大众点评及红杉资本。

2017年8月"饿了么"订餐平台兼并了其主要竞争对手百度外卖,2018年4月被阿里巴巴以95亿美元全资收购,成为外卖行业的超级独角兽。

(资料来源:《青年文学家》2018年第28期)

实际上,创业就是创业者发现机会并通过努力对所拥有的资源进行优化整合,创造出更大价值的过程。

二、创业的要素与类型

(一)创业的要素

"创业教育之父"杰弗里·蒂蒙斯教授在其长期研究的基础上,提出了创业要素模型——蒂蒙斯模型(图1.1)。

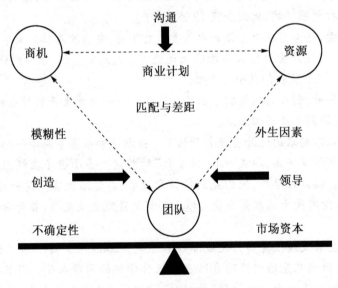

图1.1 蒂蒙斯模型

蒂蒙斯认为,创业过程是创业机会、创业团队和资源之间适当配置的高度动态平衡过程,三者相辅相成,缺一不可。

第一,商业机会是创业过程的核心驱动力,创始人或工作团队是创业过程的主导者,资源是创业成功的必要保证。

创业过程始于创业机会,而不是钱、战略、网络、团队或商业计划。开始创业时,商业机会比资金、团队的才干和能力及适应的资源更重要。在创业过程中,资源与商机之间经历着一个"适应→差距→适应"的动态过程。商业计划则提供了沟通创业者、商机和资源三个要素的质量及相互间匹配和平衡状态的语言和规则。

第二,创业过程是商业机会、创业者和资源三个要素匹配和平衡的结果。

处于模型底部的创始人或工作团队要善于配置和平衡,借此推进创业过程。他们必须做的是:对商机的理性分析和把握,对风险的认识和规避,对资源的合理利用和配制,对工作团队适应性的分析和认识。

第三,创业过程是一个连续不断地寻求平衡的行为组合。

在三个要素中,绝对的平衡是不存在的,但企业要保持发展,必须追求一种动态的平衡。保持平衡的观念展望企业未来时,创业者必须思考的问题是:团队是否能领导企业未来的成长、资源状况,下一阶段面临的陷阱。这些问题在不同的阶段以不同的形式出现,牵涉到企业的可持续发展。

(二)创业的类型

创业活动涉及各行各业,创业者的创业动机千差万别,创业项目和领域多种多样,创业的类型也因此呈现多样化,可以从不同角度做出分类。

1. 基于创业动机的分类

依据创业者的创业动机可以将创业分成生存型创业和机会型创业。2001年,全球创业观察报告提出了生存型创业和机会型创业的概念,并逐年对二者的概念进行丰富。所谓生存型创业,是指创业者为了生计而相对被动进行的创业。其主要特征为:创业者受生活所迫,物质资源贫乏,在现有市场中捕捉机会,从事低成本、低门槛、低风险、低利润的创业。例如,我国改革开放初期的创业者以及下岗职工的创业行为大多属于这种类型。所谓机会型创业,是指创业者为了追求商业机会,谋求更多发展而从事的创业活动。例如,百度的创立就是典型的机会型创业,其创办者发现和把握了互联网搜索引擎存在的巨大商机,也期望实现人生的更大发展。

2. 基于创业起点的分类

依据创业起点可分为创建新企业和企业内创业。创建新企业是指创业者或团体从无到有地创建全新的企业组织。这个过程充满机遇,但风险和难度也很大。企业内创业是指在已有公司或企业内进行创新的过程。例如,企业流程再造,正是通过二次、三次乃至连续不断地创新创业,企业的生命周期才能不断地在循环中延伸。

3. 基于创业者数量的分类

依据创业者数量可分为独立创业和合伙创业。独立创业是指创业者独立创办自己的企业。其特点在于产权归创业者个人所有,企业由创业者自由掌控,决策迅速,但创业者要独自承担风险,创业资源整合比较困难,并且受个人才能限制。合伙创业是指与他人共同创办企业,其优势、劣势正好与独立创业相反。

4. 基于创业项目性质的分类

依据创业项目的性质可分为传统技能型、高新技术型和知识服务型创业。传统技能型创业是指使用传统技术、工艺的创业项目。比如生产饮料、中药、工艺美术品、服装与食品加工等。这些传统技能项目在市场上表现出经久不衰的竞争力。高新技术型创业是指知识密集度高，带有前沿性、研究开发性质的新技术、新产品创业项目。知识服务型创业是指为人们提供知识、信息的创业项目。当今社会，各类知识性咨询服务机构不断细化和增加，这类项目中有不少投资少、见效快、市场前景广阔的项目。

5. 基于创业方向或风险的分类

依据创业方向或风险可分为依附型、尾随型、独创型和对抗型创业。依附型创业可以是依附于大企业或产业链而生存，在产业链中确定自己的角色，为大企业提供配套服务；也可以是特许经营权的使用，如利用某些品牌效应和成熟的经营管理模式进行创业。尾随型创业指模仿他人所开办的企业和经营项目。一般是行业内已经有许多同类企业，创业者尾随他人，学着别人做。独创型创业是指提供的产品和服务能够填补市场空白，大到商品完全独创，小到商品的某个技术独创。对抗型创业是指进入其他企业已形成垄断地位的某个市场，与之对抗较量。如针对20世纪90年代初外商在我国市场上大量销售合成饲料的局面，新希望集团建立了西南最大的饲料研究所，定位于与外国饲料争市场，最终取得了成功。

6. 基于创新内容的分类

依据创新内容可分为基于产品创新、基于营销模式创新和基于组织管理体系创新的创业。基于产品创新的创业是指基于技术创新或工艺创新的成果，产生了新的消费者群体，从而导致创业行为的发生。基于营销模式创新的创业是指采取了一种有别于其他厂商的市场营销模式，因而可能给消费者带来更大的满足感。基于组织管理体系创新的创业是指采取一种有别于市场上的其他企业组织管理体系，因而能更有效地实现产品的商业化和产业化。

第二节　创业精神

享誉全球的教育家、担任耶鲁大学校长20年之久的理查德·莱文曾说过："如果一个学生从耶鲁大学毕业时，居然拥有了某种很专业的知识和技能，这是耶鲁教育最大的失败。"他认为，耶鲁大学的教育任务是培养学生的品质和能力，以品质和能力去胜任未来的任何工作，而不是以一种知识或者技能去绑定未来的工作。

创业教育的目的不是教你如何去创立企业，而是让你拥有创业精神、创新意识和创业能力，可以乐观、积极地生活。

一、创业精神的内涵与特征

(一) 创业精神的内涵

创业精神是指创业者所具有的开创性的思想、观念、个性、意志、作风、品质等，是从事创业活动的心理基础。它是由多种精神特质构成的，如创新精神、开拓精神、进取精神等，表现为敢于打破常规，想前人未曾想过、做过的事情，如产品创新、市场创新、方法创新、技术创新等。创业精神是产生创业理想的原动力，是创业实践的精神基础，也是创业成功的重要保证。创业活动是创业精神的具体体现，没有创业精神，创业活动是不可想象的。离开创业实践空谈创业精神也是没有意义的。因此，理解创业精神，大力发扬现代创业精神，就要敢于创新、勇于探索，脚踏实地去开创未来的事业。

(二)创业精神的特征
1. 综合性
创业精神是由多种精神特质综合作用形成的,如创新精神、拼搏精神、进取精神、开拓精神、合作精神等,都是形成创业精神不可缺少的因素。
2. 超前性
创业精神具有超越时代、超越常人的超前性,想前人所未想,做前人所未做,开创前人未做的事业。

19世纪末,美国加利福尼亚州发现了黄金,出现了淘金热。有一个17岁的少年来到加州,也想加入淘金者的队伍,可看到金子没那么好淘,淘金的人很野蛮,他很害怕。这时,他看到淘金者在炎热的天气下干活口渴难熬,就挖了一条沟,将远处的河水引来,经过三次过滤变成清水,然后卖给淘金者喝。金子不一定能淘到,而且有一定危险,卖水却十分保险。他很快就赚到了6 000美元,回到家乡办起了罐头厂,后来成为"食品大王"。成功者往往都是有独到见解的人,他们从不同的角度看问题,从而产生创意,发现新的需求。创业不仅要看到市场需求什么,还要注意事物间的联系。

3. 时代性
不同时代的人所处的社会文化环境不同,其创业精神的指导思想以及形成的社会基础也不相同,因此具有鲜明的时代特征。

二、创业精神对个人职业生涯发展的影响

创业精神不是与生俱来的,而是在后天的学习、思考和实践中逐渐形成的。创业精神一经形成,就会对人一生的发展产生重要影响。这种影响既体现在创业者创业准备和创业活动的始终,也体现在普通人的日常工作、学习和生活中。从某种意义上说,创业精神不但决定个人职业生涯发展的态度,而且也决定个人职业生涯发展的高度和速度。

(一)创业精神决定个人职业生涯发展的态度
创业精神作为一种思想观念、个性心理特征和行为模式的综合体,对创业者个人职业生涯发展态度具有重要影响。例如,创业精神中思想观念的开放性、开创性,容易让人接受新思想、新事物,形成开放的态度,敢于开风气之先,从而想他人未曾想,做他人不敢做,成为事业上的领跑者。再如,创业精神中的创新精神、拼搏精神、进取精神、合作精神等,能使人树立积极的生活态度,在顺境中居安思危、不懈奋进,在逆境中不消沉萎靡,排除万难,励精图治,重新找到发展的方向。有道是"态度决定一切",在相同的个人禀赋和社会条件下,有创业精神的人因为有更积极的人生态度,所以更有可能发现和把握机会,从而取得事业上的成功。

(二)创业精神决定个人职业生涯发展的高度
创业精神是创业者核心素质的集中体现。它不仅决定了创业者在机遇面前的选择,也决定了其职业生涯目标和事业追求。具有创业精神的人,无论是创办自己的企业,还是在各种各样的企事业单位就业,都会志存高远、目光远大、心胸宽广。这样的人不但会在事业上取得更大的成绩,在个人品德和修为上也会达到更高的境界。大学生如果能有意识地培养自己的创业精神,让个人理想与社会发展的趋势和节奏相吻合,就有可能使事业的发展达到新的高度。

(三)创业精神决定个人职业生涯发展的速度

2007年,有个叫小郭的小伙子坐在台北车站前的星巴克咖啡店里。窗外人们擦肩而过,也许这辈子再也不会相遇。突然,他像被苹果打到头:如果有个网站让大家记录今天去了哪里,也许回家上网,会发现彼此下午3点曾在同一个地方。一个月后,他开始架设想象中的网站。这个名为"地图日记"的网站有点像群体博客,他与谷歌地图合作,以地图为主轴,网友依照不同的地点写上日记、放上照片。例如,你在这个网站上输入你家住址,会出现你家地图,并有住在周围的网友的文章。不用说,这个网站拉近了都市里冰冷疏离的邻里关系。不到一年,网站每天便拥有数十万浏览量,每月广告营收十几万元。

这世上觉得寂寞的人大有人在,却不是每个寂寞的人都能把寂寞变成一门生意。

创业精神就是一种主动精神和创造精神,这种精神能让人积极主动、优质高效地做好自己承担的每一份工作,从而在平凡的岗位上做出不平凡的成绩。实践证明,具有创业精神的人,不管在什么岗位、从事什么职业,其强烈的成就动机,其追求增长、效益的欲望,都将转化为内心强劲的追求事业成功的动力。在这种动力驱使下,人们会将眼前的工作作为未来事业发展的起点,把握好生命中的每一个机会,做好自己从事的每一项工作。创业精神也是一种求真务实的精神。这种精神的本质就是实事求是、讲求实效,就是实干苦干、反对浮夸、反对空谈。

三、创业精神对社会发展的作用

创业是一个国家经济活力的象征,一个国家的经济越繁荣,它的创业活动就越频繁。创业精神是经济发展的原动力。创业精神对一个国家和地区的经济发展,具有非常大的推动作用。创业精神不但能够催生大批创业者和新企业,而且能够造就快速发展的新行业。美国之所以能从一个新兴的以农业为主的移民国家,变成世界先进的工业化国家,靠的就是美国人的创业精神。据统计,在20世纪30年代,美国全国每年诞生新公司20万家;到70年代中期,这个数字就翻了3倍;而至1994年,每年新增企业数达到了120万家,大约平均每250个人就有一个新公司。

第三节 创业活动与经济发展

在知识经济时代,高科技产业的发展已成为一国竞争力的主要决定因素,而高科技产业的发展不仅需要大批具有创新精神和创业能力的人才,更需要一个完整的创业体系的支撑。

一、各国创业活动的发展

(一)美国的创业热潮

20世纪90年代以来,美国经济的高增长堪称世界经济奇迹。全国每年都有110多万个新公司成立,创业热潮在美国一浪高过一浪,以史蒂夫·乔布斯、比尔·盖茨为代表的创业者们已经彻底改变了美国和世界的经济,创造出前所未有的巨大价值。创业为美国经济增添了活力,创造了大量就业机会,推动了整个社会经济、高科技产业的蓬勃发展。

创业者是社会财富的创造者,创业过程不仅是创造社会财富、积累社会财富的过程,而且往往伴随着创新,甚至是重大创新的过程。

当下,大学校园的高技术创业浪潮席卷整个美国,美国大学生创业率高达20%~23%。起源于美国大学的创业计划竞赛正是在这种形势下应运而生。美国大学校园的商业计划竞赛起源于1983年,当时得克萨斯州立大学奥斯汀分校的两个MBA学生希望借鉴法学院的一种模拟法庭形式举办商业计划竞赛,以此来推动高校MBA学生走入社会,进行企业策划的演练。

【扩展阅读】

2011年7月,33岁的美国人马修和他拥有900多名中国员工的优创(青岛)数据技术有限公司成为哈佛大学商学院的又一经典商业案例。哈佛大学商学院的教授这样答复:"这里的教学方式总是在课堂上提供真实公司的真实案例,令我们非常感兴趣的是,你居然在如此短的时间内,在中国建立起业绩斐然的公司,我们计划将此案例用于中国教程项目。"在此之前,该公司获得的荣誉还有"中国服务外包成长型百强企业""美国发展最快私营企业前500名"等。走完这一创业之旅,马修只用了8年时间,而8年前,马修的身份还是青岛一所大学的外籍英语老师。

1999年,马修毕业于美国康奈尔大学并获商业管理学士学位,同年进入美国DPG保险公司做分析员。3年后,怀揣周游世界梦想的马修禁不住在青岛工作的大学同学的"诱惑",辞去工作来到青岛。2003年,一个偶然机遇,马修在美国遇到了在DPG工作时的CEO。当时,这位CEO需要将公司一个项目中的1万张保单录入到系统中,他所面临的难题是每张保单获利很少,但处理数据工作的成本非常高。马修意识到青岛有大量会英语的人才,可否把这一工作转移到青岛?最初这个想法被这位CEO当成一个笑话,直到马修做了一个劳动力和租赁成本分析并向他描述时,这位CEO终于意识到了这件事的可行性。这成为马修同年创建的公司的第一笔业务。而他幸运地迈入的领域,在当时的中国可谓新兴行业:服务外包。服务外包是世界上发展最快的成长型行业之一,尤其是保险和金融领域,这一行业源于印度——印度人英语的优势和IT业的发展。这些年,鉴于中国的硬件设施投入加大、政府支持以及人才优势,服务外包业发展迅速,大有取代印度领先地位之势。

并非所有的创业者都如马修一样幸运。在他看来,自己创业成功与大学时身处的创业氛围和所受的创业教育密不可分。大学期间,马修曾上过创业的课程——教学生如何开始自己的事业。通过这个课程,马修学习了如何发展业务计划、吸收资金、制作预算以及其他活动来开展自己的业务。马修回忆,学生们必须组成小组一起商量创业想法,然后将这些想法和商业计划展示给来自风险资金公司的校友们进行小组讨论。当时马修的商业计划是开发一个为家庭服务的旅游网站,最终他所在的小组是赢得最佳商务计划奖的小组之一。

"这些经验在我建立优创时极大地帮助了我,给予我信心并使我确信自己也可以去做。"如今,他的公司客户已达110多家,涵盖了美国大、中、小型的保险批发商、代理商、经纪商,遍布东西海岸。

(资料来源:中国青年报)

(二)英国的创业活动

1983年,英国王子基金(www.princes-trust.org.uk)和威尔士王子国际商业领袖论坛(www.iblf.org)共同组建了青年创业国际计划(Youth Business International,YBI),致力于整

合国际资源,探寻和确立帮助弱势青年成长为企业家的先进方式。YBI通过与基金会、公益组织、企业、个人等合作伙伴开展合作,帮助失业、无业青年创建企业。目前,YBI在世界范围内有9 000多名创业导师,该项目已在包括中国在内的几十个国家和地区运行。

英国政府于1987年提出并实施"高等教育创业"计划。2004年,英国教育与技能部、小企业服务中心共同出资70万英镑作为基金,成立了全国大学生创业委员会,其主要任务是促进高等院校、地区以及当地商业支持伙伴之间加强联系;鼓励大学在学科课程中加强创业技能的培养;向决策部门提供影响大学生创业关键因素的信息;开展创业理论研究。此后,英国政府出台了一系列大学生创业教育支持政策。

(三)德国的创业活动

德国每年建立的新企业大约有45万家,关闭大约34万家,有11万余家企业在竞争中扎下了根,其中大部分是中小企业。中小企业之所以在德国兴旺发达,不仅同德国人具有敢于创业的竞争意识相关,也是德国政府重视改善中小企业创业环境的结果。

德国通过各种创业及移民政策大力吸引外国创业者,并鼓励德国青年的创新精神。近年来,为了应对美国的创新潮冲击,德国政府大力扶持创新创业,除了给予政策支持外,对风险投资的税务减免已经从2016年正式执行。根据德国财政部的说法,获得德国政府IN-VEST补贴的早期创业公司都可以享受这样的减免。

世界经济论坛发表的2019年度《全球竞争力报告》显示,德国连续两年获评全球最具创新力经济体。报告以全球141个经济体为调研对象,结果显示,德国在创新领域排名第一,之后是美国和瑞士。德国在创新领域的优势集中体现在申请专利数量、研究文章发表数量以及科技成果转化效率等方面。德国每100万居民中就有超过290个专利申请项目。

(四)日本的创业活动

日本是发达经济体中民众创业热情和意愿比较低的国家,每年新创办企业比例在发达经济体中排名一直比较靠后。因此,提高民众创业意愿,打破沉闷的创业氛围,激活日本经济,成为日本政府重要的工作内容之一。日本政府一直在积极采取各种激励措施,多管齐下鼓励民众展开创业活动。

在法律制度层面,日本政府修改了《商法》,大幅降低了企业注册门槛。正常情况下,在日本注册设立股份公司至少需要1 000万日元(约合59万元人民币)的资本金,设立个体企业至少需要300万日元的注册资金。

为了鼓励普通民众创业,修改后的《商法》允许设立资本金只有1日元的公司。当然,根据规定,1日元公司成立后必须逐步增加注册资本,在5年之内达到法定的资本金要求。对失业人员自己创办企业、自谋出路,日本政府还给予更加优惠的政策。只要失业人员提出创业申请,政府有关部门将根据具体情况,给予一定数额的事业助成金,并为他们创业提供无担保、无抵押融资。

另外,日本政府对在特殊行业创业给予特殊优惠政策扶持,包括老年人及病人护理、婴幼儿保育、家居装修、人才派遣等社会急需的领域。如果在这些领域创办企业,创业者将得到一笔无偿的事业助成金。一般人员在上述领域创办服务性企业,并在公司设立后一年之内雇佣3名失业人员,将得到最高500万日元的无偿资助。

对于大学毕业生创业,日本政府还给予一定的税收优惠。日本大学生在毕业后自行创业,将获得减免税负的优惠待遇。部分地方政府给新创办的企业,特别是高新技术企业给予税收优惠。为了帮助民众解决创办新企业缺乏资金的问题,日本政策金融公库、中小企业基础整备机构等金融机构可提供低息或者无息的资金支持。只要能够确认新创办企业拥有三分之一以上的创办资金,且经营项目经过有关方面评估并认可,就可以获得不足部分资金的长期低息贷款,年利率在1.5%以下,贷款期限可达7~10年。

二、我国创业活动的发展

我国的创业历史源远流长,最早可以追溯到1873年陈启源创办的继昌隆缫丝厂,标志着古老的自然经济占统治地位的封建社会里第一次出现了民族资本主义的曙光。张謇、张之洞、范旭东、卢作孚等中国近代工业的奠基者历经磨难,荷重负压,备尝艰辛,为中国民族经济的发展做出了积极的努力。但是,民族资本主义的发展受到来自多方面的压迫,在极其艰难的条件和环境下苟延残喘,难以获得大的发展。中华人民共和国成立后,特别是改革开放以来,迎来了我国经济发展和创业的春天。

1978年召开的中共十一届三中全会,开创了我国改革开放和社会主义现代化建设的新时期。党和国家的工作重心转移到了经济建设上。从那时起,中国人便迈开了拓荒者的步伐,走进了创业时代。改革开放以来创新创业实践大致可划分为四个发展时期。

第一个发展时期:1978—1991年

第一次社会创新创业浪潮得益于1978年中共十一届三中全会开启的改革政策机遇。1979年2月,中共中央、国务院批准了第一个有关发展个体经济的报告,7月和10月发文鼓励农村发展社队企业。1980年9月,国务院体制改革办公室出台《关于经济体制改革的初步意见》,提出"我国现阶段的社会主义经济,是生产资料公有制占优势、多种经济成分并存的商品经济"。1987年,中共十三大明确提出鼓励发展个体经济和民营经济。1988年,《中华人民共和国宪法修正案》提出"私营经济是社会主义公有制经济的补充。国家保护私营经济的合法的权利和利益,对私营经济进行引导、监督和管理"。由此带来了以返乡知青、社会闲散人员为主的"个体户"和农村农民专业户、乡镇企业的迅速发展,形成了"草根"特征的创业创新大潮。

第二个发展时期:1992—2000年

1992年初,改革开放总设计师邓小平到南方视察,指出计划和市场都是经济手段。同年10月,中共十四大提出建立社会主义市场经济体制。1993年11月,中共十四届三中全会通过了《中共中央关于建立社会主义市场经济体制若干问题的决定》,提出坚持公有制为主体、多种所有制经济共同发展,"尊重群众首创精神,重视群众切身利益""改革从农村起步逐渐向城市拓展,实现城乡改革结合"等改革新内容。1999年《中华人民共和国宪法修正案》指出:"在法律规定范围内的个体经济、私营经济等非公有制经济,是社会主义市场经济的重要组成部分。国家保护个体经济、私营经济的合法的权利和利益。"由此,市场化改革方向得以明确,人们的思想进一步放开,投身市场经济的热情得以激发,一大批政府机关、科研院所、高等院校和国有企业等体制内的精英、知识分子辞职"下海",第二次创新创业潮形成。

第三个发展时期:2001—2012年

从20世纪90年代末开始,我国管理、技术、资本等全要素参与分配,新的改革开放红利逐渐形成。21世纪初世界互联网经济的蓬勃发展,开始深刻影响我国。2001年12月11

日,我国正式成为世界贸易组织成员,全面融入世界经济体系,全球化步伐大大加快。2002年中共十六大提出,"信息化是我国加快实现工业化和现代化的必然选择,坚持以信息化带动工业化,以工业化促进信息化"。2007年中共十七大提出"发展现代产业体系,大力推进信息化与工业化融合""提升高新技术产业,发展信息、生物、新材料、航空航天、海洋等产业"。改革开放进一步深化,在此背景下,一批"海归"纷纷回国创业。我国互联网经济快速成长,形成了以互联网经济为主要内容、具有开放性特征的第三次创新创业浪潮。

第四个发展时期:2012年至今

我国第四次创业创新浪潮始于中共十八大提出的创新驱动发展战略。2015年中央提出"大众创业、万众创新"战略,中共十八届五中全会强调"激发创新创业活力,推动大众创业、万众创新"。2017年中共十九大再次明确"鼓励更多社会主体投身创新创业",同年中央经济工作会议更是重申"加快建设创新型国家,推动重大科技创新取得新进展,促进大众创业、万众创新上水平",全社会创新创业浪潮渐入佳境。这一轮创新创业与以往相比有着显著不同的作用和特征。"大众创业、万众创新"在新时代我国经济发展中地位更加重要、作用更加突出,高质量、高效率的要求不断提升,多元化的表现更为明显,形成了覆盖全社会的大众创新创业浪潮。

其中,中国"互联网+"大学生创新创业大赛以"'互联网+'成就梦想,创新创业开辟未来"为主题,由教育部与有关部委和当地政府共同主办。大赛旨在深化高等教育综合改革,激发大学生的创造力,培养造就"大众创业、万众创新"的主力军;推动赛事成果转化,促进"互联网+"新业态形成,服务经济提质增效升级;以创新引领创业、创业带动就业,推动高校毕业生更高质量创业就业。大赛自2015年创办以来,累计有490万名大学生、119万个团队参赛,覆盖了51个国家和地区,已经成为面向全体高校学生、影响最大的赛事活动之一。

三、创业活动对经济发展的影响

20世纪70年代中叶以后,创业现象成为西方学者关注的焦点。许多研究发现,随着社会的快速发展,创业活动日趋活跃,中小企业蓬勃发展,再就业、创新和区域发展等方面的贡献越来越突出。特别是美国,高水平的创业活动成为其经济发展最重要的战略优势。德鲁克率先把这一现象概括为"创业型经济"。他认为,人们需要一个创业型社会,在这个社会中,创新与创业将是十分平常、相对固定、持续不断的工作,并成为所有机构、经济和社会赖以生存的主要活动。要想达到这个目标,就需要所有机构的主管人士把创新和创业视为组织中以及自己工作中一种平常的、不间断的日常活动或实践。

百森商学院创业中心主任威廉·拜格雷夫通过实证研究指出,美国经济取得成功的秘密是其拥有一种创新与创业的文化,创业精神与创业活动是美国经济最重要的战略优势。美国创业管理大师、《创业时代》的作者拉里·法雷尔认为,发展创业型经济是打赢21世纪这场全球经济战争的关键。发展创业型经济对促进就业、经济增长和增强国家竞争力具有极其重要的作用。

(一)创业型经济能够创造更多的就业岗位

20世纪90年代以来,工业新增产值的76.6%来自中小企业,中小企业提供了75%的城镇就业机会。互联网、新能源、绿色环保、循环经济、创意产业等新型产业的出现,都带来了更多的创业和就业机会。

（二）创业型经济有利于实现经济高速增长

提高自主创新能力是从根本上提高国家科技创新能力、建设经济强国的有效途径。通过有效的政策措施引导产业结构调整与升级，可促进创新型创业活动，扶持创新型中小企业和高技术中小企业成长，依靠自主创新带动科技进步，进而引领国家经济可持续发展。创业型经济以知识型、创新型、创意型新兴创业企业为主导，从而形成强大的原始创新能力、集成创新能力，持续的技术创新将有力地支撑国家经济高速增长。发展创业型经济需要高水平的创新和创业活动相互促进，以有效利用各种资源，开拓出新产品、新产业、新市场，从而实现经济高速增长。

（三）创业型经济有利于增强国家竞争力

创业型经济更加依赖于创新，各国的竞争聚焦在创业与创新水平上，创业精神和创新型创业活动成为国家竞争优势的重要来源。在创业型经济中，创新创业成为人们的普遍行为和活动，更多的人投入到创业活动中开拓新的事业，有利于开发新产品、新市场和创造出口等。同时，创业是高新技术最终转化为现实生产力的桥梁，更多的技术创新、发明和专利，累积的和持续的创新无疑会增强国家技术创新能力和国际竞争优势。例如，美国的硅谷模式、我国的中关村和温州模式等极大地增强了地区竞争力。

第四节 创业教育

创业是创业者全面素质和综合职业能力的体现，是富有创新精神的高层次劳动。当下，培养具有创新意识、创新精神和创新能力的创业人才已成为我国高等教育的重要目标之一，成为高等教育深化教育教学改革和全面推进素质教育的重要内容。

一、创业教育的内涵与发展

创业教育是联合国教科文组织在研讨面向 21 世纪国际教育发展趋势时提出的一个全新的教育理论，"除了要求受雇者在事业上有所成就外，用人机构或个人正越来越重视受雇者的首创精神、冒险精神、创业能力、独立工作能力以及技术、社交和管理技能，它为学生灵活、持续、终身的学习打下基础"。创业教育就是培养具有开创性的人才的教育。

早在 20 世纪 80 年代初，西方国家就开始尝试"创业教育"。英国学者柯林·博尔在向经济合作和发展组织（OECD）提交的《学会关心：21 世纪的教育圆桌会议报告》中，提出了 21 世纪新的教育哲学观念——未来的人都应具有三本"教育护照"：一本是学术性的，一本是职业性的，第三本是证明一个人的事业心和开拓技能的；并将"创业教育"作为继学术能力、职业能力后的第三种能力，又称"第三本教育护照"，要求"把事业心和开拓技能教育提到和目前学术性和职业性教育护照所享有的同等地位"。由此，学术能力、职业技术能力和创业能力成为一个有机的整体，并得到普遍重视。

创业教育强调社会与学校的相互参与。全国高等学校学生信息咨询与就业指导中心研究员指出，创业教育将培养未来的中小企业主，以及具有良好创业素质的社会公民，是解决社会就业问题的有效手段。为此，高等学校必须将创业技能和创业精神作为教育的基本目标，使毕业生不仅成为求职者，而且成为岗位的创造者。

(一)美国大学创业教育

20世纪90年代以来,美国大学创业教育发展进入成熟阶段,开设创业教育课程的大学数量不断增加,并建立了创业活动中心、创业教育研究会等。创业活动中心与社会建立广泛的联系渠道,成立大学科技园、风险投资机构、创业资质评估机构等,形成了高校、社区、企业良性互动的创业教育系统,建立了创新教育联盟并设定了创业教育的标准。

美国大学创业教育的迅猛发展,得益于其不断探索与院校发展目标相一致的、行之有效的创业教育模式。从总体上看,美国高校开展创业教育主要遵循两条轨迹:一是以创业学学科建设为目标的发展路径;二是以提升学生创业素养和创业能力为本位的发展路径。前者主要采用聚集模式,教学活动在商学院和管理学院进行,培养专业化的创业人才;后者主要采用辐射模式,教学活动在全校范围内展开,主要培养学生的创业精神和创业意识,为学生从事各种职业打下基础。磁铁模式则介于上述两种模式之间。

1. 聚集模式

"聚集模式"是传统的创业教育模式。在这种模式中,学生经过严格筛选,课程内容呈现出高度系统化和专业化的特征,创业教育所需的师资、经费、课程等都由商学院和管理学院负责,学生严格限定在商学院和管理学院。这种纯粹性决定了"聚集模式"创业教育能够系统地进行创业方面的教学,其毕业生真正进行创业的可能性和比例非常高。该模式的创业教育也促使创业学作为一门独立的学科在商学院和管理学院获得发展。

哈佛大学商学院是采取"聚集模式"创业教育的典型代表。作为在世界上最早开设创业教育课程的机构,哈佛大学商学院强调申请者的创业特质,并通过实施相关课程与活动提升学生的创业技能。目前大约40%的哈佛大学MBA毕业生追求一种创业型职业生涯,如创业者、风险资本家或者创业咨询者。

2. 磁铁模式

采用"磁铁模式"的创业教育基于这样一种信念,即非商学院的学生也能从创业教育中获益,具有创造性的创业努力并不仅仅来自商学院学生。麻省理工学院主要采取这种模式,其创业中心的使命是激发、训练以及指导来自麻省理工学院所有部门的新一代创业者。这种模式的创业教育往往先在商学院和管理学院成立创业教育中心,通过整合所有资源和技术吸引来自全校范围内的、有着不同专业背景的学生。大部分创业教育课程,如"创业计划""新创企业"等适应各种专业背景的学生。在这种情况下,对创业感兴趣的学生既可以修习创业课程,也可以根据自身情况和兴趣辅修创业。整个项目的发展依托商学院和管理学院的资金、师资、校友等因素。创业教育中心负责整个项目的规划和运作。这种模式为商学院和管理学院之外的学生提供创业教育而不涉及经费、师资等方面的变革。

"磁铁模式"在保证其开放性的同时,也保证了运行的便利性。所有创业教育和活动由统一的创业教育中心负责协调和规划,师资和经费也由创业教育中心统一调配管理。这样的运行模式整合了有限的资源,有利于打造优质的创业教育项目,有利于吸引新教师的参与,也有利于校友募捐的顺利进行。

3. 辐射模式

"辐射模式"也是一种全校性的创业教育模式,它的发展基于这样一种理念:不仅要创设良好的氛围为非商学专业学生提供创业教育,还应该鼓励不同学院的教师积极参与创业教育过程。它的实施涉及管理体制、师资、经费筹集等各方面的改革。在管理体制上,学校层面成立了创业教育委员会,负责协调和指导全校范围创业教育的开展;所有参与学院负责实质性的创业教育和活动,根据专业特征筹备资金、师资、课程等。这种模式与"磁铁模式"的本质区别是突出了不同学院教师的参与。他们需要根据本专业的特征设置课程,从而保证学生能够结合专业背景进行创业。不同学院的学生可以互选创业课程,从而打破学科边界,实现资源共享。康奈尔大学是采取"辐射模式"创业教育的典型代表。

"辐射模式"创业教育的优势相当明显。对大学而言,在不同学院开展创业教育项目既可以广泛吸引校友,也可以赢得学生的信任;对教师而言,不同学院的教师以创业教育为平台开展广泛的交流与合作,有利于促进教师能力的提升;对学生而言,结合专业特征学习相关创业教育知识和技能,保证了学习的有效性。当然,"辐射模式"创业教育的运行和管理面临着协调、募捐、课程设计、师资等多方面困难。协调是"辐射模式"所面临的最大挑战。比如在康奈尔大学,9个参与学院提供了很多创业课程,虽然这些课程都与学生的专业背景相符合,但是在课程之间缺乏关联性。另外,由于"辐射模式"利益的分散本质,院校无法为一个集中的创业教育项目募捐。在课程设计上,如何巧妙地将创业知识和技能融入具体专业中也是对教师很大的考验。最后,由于创业教育师资由参与学院自行解决,如何动员更多优秀教师参与创业教育项目对院校来说是个极大的难题。

(二)我国高校创业教育

自1999年清华大学举办首届"挑战杯"中国大学生创业计划竞赛,拉开了我国高校开展创新创业教育的序幕,创新创业教育在我国已经有20多年的历史。目前,我国的创业教育正处于自发、分散、探索的状况。我国创新创业教育的发展历程大致可以划分为三个阶段:萌芽阶段(1999—2001年)、试点阶段(2002—2008年)和全面推进阶段(2009年至今)。

1. 萌芽阶段

为了应对世界高等教育发展趋势,满足我国高等教育的发展需要,在20世纪末,我国先后颁布《面向21世纪教育振兴行动计划》和《中共中央国务院关于深化教育改革,全面推进素质教育的决定》,标志我国将创业教育纳入国家发展战略考虑之中。在这一阶段,国家没有出台针对创新创业教育的专门教育政策,创新创业教育实践尚未起步。

2. 试点阶段

2002年,教育部高教司发布《创业教育试点工作座谈会纪要》,确定了清华大学在内的9所高校作为"创业教育试点",由此拉开了创新创业教育在高校试点的实践序幕。在这一阶段,我国将创新与建设创新型国家、就业民生大事紧密联系在一起,显示出对于创新创业的更加重视。创新创业教育在高校中从理论走向更大范围的实践。

3. 全面推进阶段

2009年,高等教育学会召开会议,决定成立中国高等教育学会创新创业教育分会,这标志着高校创新创业教育的发展有了专门的学会组织。此后,我国出台的高校开展创新创业教育政策文件更加具体、明确,显示出对于高校开展创新创业教育的高度重视和大力支持。现阶段我国创新创业教育正如火如荼地发展,各种创新创业教育模式在不断探索中涌现。

二、开展创业教育的意义

大学的创业教育从广义上讲是培养具有开创性的个人,是通过相关的课程体系整体提高大学生的素质和创业能力,使其具有首创精神、冒险精神、创业能力、独立工作能力以及技术、社交和管理技能。从狭义上讲主要是培养大学生创办企业的能力,通过企业知识的学习促使一部分大学生直接实施创业行动,利用自己的知识、才能和技术以自筹资金、技术入股、寻求合作等方式创立新经济实体,大学生解决自己就业的同时,为他人、为社会创造新的岗位,同时实现自己的梦想。大学生创业教育是解决就业问题、构建和谐社会的重要措施,是建设创新型国家、促进经济发展的必然要求,也是促进大学生实现人生价值的有利条件。

创业教育是种下一粒种子,从意识、思维、潜能中埋下一粒种子在适合的环境中破土而出。创业这个美丽的字眼引得很多学子心潮澎湃:不仅让自己找到工作,而且给其他人创造工作岗位,同时实现自己的梦想,这是一件多么令人激动的事情。但事实证明,创办实体不是一件轻而易举的事情,需要知识、能力、机遇、资金、环境等多个条件的组合。从课堂上直接走出成批的"老板"是个神话,更多的大学生可以通过创业教育,走近创业,由陌生到了解关注,将巨额资产老板成长的故事拆分成现实中的点滴积累与努力,在适宜的时机去尝试。

创业教育是拓展一种视野,将创业作为一种职业选择,让大学生不再为了就业而就业。大学毕业生在择业中必然会遇到诸多理想与现实不能一致的问题。创业教育实际上是打通了一条路径,让大学生走近创业,揭开创业神秘的面纱了解创业,为将来可能的创业引路。如果以创业的精神去就业,许多有业不就的问题就迎刃而解了。

创业教育是倡导一种能力——自立能力。要想发展首先应具备生存的能力。不管是具有高学历的人,还是普通的社会成员,会一些基本的生活技能,并从中体味生活本真的意义,都是非常重要的。而对于整个社会而言,也需要有更多具有综合素质和能力的社会成员。

在高校中广泛、系统、科学、有效地实施就业创业教育,将使学生养成初步的生存意识和职业向往,在了解社会产业现状与前景的基础上了解经济发展的实际要求,在掌握基本从业、创业知识技能要求的基础上,形成走向社会自强发展的信心与能力,树立服务社会的职业理想与创业意识,从而在各自的岗位上建功立业,为社会的稳定繁荣做出更大的贡献。

【案例】

2009级的应向阳是福建师范大学教育技术专业的本科毕业生,2013年毕业时,他已担任福州友宝电子科技有限公司的董事长兼总经理,并入选《福布斯》杂志2013年度"30位30岁以下创业者"。

这家公司的产品叫邮宝智能快递终端,是一种类似超市自动储物柜的设备。快递员可以凭借信息指引将快递物品放在柜中,而柜子自带的系统便可以自动为收货人发送一条短信。收货人可以在方便的时候,按照短信上的位置和密码来提取自己的快递物品。现在,这种智能快递终端已经在福州市多家学校、机关、社区等地应用,而应向阳和他的团队也正在为产品走向全国市场做着努力,每到一地他都会先到快递公司体验流程,以便做出适应当地市场的改进。

应向阳从中学时代便喜欢自己动手做小发明,阅读了很多商业类杂志和商业人士的故事,并到社会上售卖小东西。大学时期的前两次创业,让他感到自己虽然有技术,但缺乏财务、市场营销方面知识。而这一点体现在创业团队中,便成为团队互补性不够的致命缺陷。在学校组织的一次讲师培训中,他密集学习了营销知识,并在第三次创业中通过自己在学生会工作的关系与其他院系的同学广泛交流,最后汇集了志同道合的创业者。产品最终能够真正面向市场离不开学校的支持,他们从校方拿到4万元创业基金,又通过学校从省里拿到十几万元创业扶持基金,学校还提供了创业孵化的场地,协助其毕业后进入创业园办公。

高校一直在为学生创业提供着各种支持,也在创业教育上进行着各种探索,特别是在有从商传统的江浙沪地区更是如此:早在2009年,上海理工大学工商管理学院便建立了创业实验班,允许全校学生在大学二年级的时候通过自愿报名的方式转到工商管理学院来。在理工科背景的学校,通过对经管类知识的学习,弥补类似应某某最初在创业过程中缺乏相关经管知识的缺憾。上海交通大学在2010年成立了创业学院,通过非学历教育开设通识课,比如创新大讲堂,讲授关于创业领导力、风险投资与创业等内容,在校园营造创业氛围。

(资料来源:郑悦. 创业教育的中国故事[J]. IT经理世界,2013(18):98,100-101.)

上海交通大学创业学院的副院长桑大伟认为:"失败只是个证伪的过程。也许一个创业者做了两年发现自己并不适合创业,这就是人生的收获。"因此在创业教育中,学校要做的是"埋下一颗种子",任何时候只要觉得水到渠成、适合创业便可以开始,对于这颗种子什么时候发芽则不做要求。

【案例】

冠军诞生记

2019年10月14日,在第五届中国"互联网+"大学生创新创业大赛总决赛中,清华大学交叉双旋翼复合推力尾桨无人直升机项目以1250分的成绩夺得总冠军。

清航装备于2015年由清华大学的博士团队创立,从小怀揣着"造飞机"梦想的李京阳带领5位清华博士等人成立团队,聚焦尖端无人直升机研制,提出并研制的世界首架交叉双旋翼复合推力尾桨无人直升机,具有载重大、操控稳、突防快优势。载重相比传统构型提高30%,速度相比同级机型提升100 km/h。打破了国外在复合推进高性能直升机领域的垄断,填补了国内空白。

"你觉得你们无人机最大的弱点是什么?"10月14日,第五届中国"互联网+"大学生创新创业大赛总决赛冠军争夺赛现场,来自清华大学"交叉双旋翼复合推力尾桨无人直升机"创业团队的李京阳,在答辩环节,首先面对的是360董事长周鸿祎火药味十足的提问。

"我们的飞行速度不够快。"他说。

"不,我问的是最大的弱点。"周鸿祎锲而不舍。

"发动机是进口的!"李京阳实事求是,"除了发动机搞不定,我们什么都能搞定。"

"电线识别对无人机飞行来说是一大难题,小飞机都会撞电线,你们会撞吗?"华为高级副总裁张顺茂紧接着追问。

"我们的无人机也会撞电线。"沉默片刻,李京阳再次没有讳言,"但这是属于AI领域的问题。"

"我们已经做出了不会撞电线的无人机!"张顺茂抛出了一个"炸弹"。

"那太好了,我们可以用你们的系统。"李京阳的话赢得了"满堂彩"。

……

最终,这个被点评专家、用友网络科技股份有限公司王文京称赞为"完美地结合了梦想、技术和商业的项目"获得了现场 150 位评委中 125 位的支持,以绝对优势拿下了本届大赛的总冠军。

要做中国的"洛克希德·马丁"

2014 年,从小就有蓝天梦想的李京阳,已经在清华大学航天航空学院度过了 9 年学习时光。"这么多年的专业学习背景,能不能把它用起来? 担起我们这代青年人的责任,突破当前的技术瓶颈?"

通过广泛调研,他发现,在无人直升机领域,国内还存在空白。

历经多次尝试,他和团队成功研制了交叉双旋翼复合推力尾桨无人直升机。"目前,清航装备已经在技术上构筑起了三大核心竞争力:第一是交叉双旋翼的构型设计,第二是刚性旋翼,第三是高性能电传飞控系统。"他说。

针对传统直升机"低慢小"的痛点,他和团队设计的无人直升机具有"高快大"的显著性能优势,在军工、工业消防、应急救援等领域有着广阔的应用空间。

"洛克希德·马丁公司是全球第一的国防工业承包商,为全球 40 多个国家和地区提供军事服务和旋转翼飞机。我们希望能成为中国的洛克希德·马丁,希望在下一个国庆阅兵式上,起飞属于我们团队的无人直升机。"

创新成果来源于创新精神

"别看我们干的好像是'高大上'的事。其实'苦'才是更经常的状态。"李京阳说。

为了检验直升机在各种极端气候环境下的性能,他和团队经常要带直升机到处进行实验,从南到北,从平地沿海到山川高原。一款飞机从下线到正式定型,至少需要一年试飞来保证产品的可靠性。

"对科学研究来说,一百次实验里面有一次成功,就算成功了,做产品不一样,一百个里面哪怕有一个失败了,就完蛋了。"他说,尤其在实战中,一旦发生技术故障就是不可逆的巨大损失;在工业领域,比如消防,也面临着同样苛刻的要求。

决赛现场,李京阳晒出的一张图片引起了观众的"惊呼"。图片里,他和团队成员正光着膀子、绷着肌肉做实验。

"我们是一群想造世界上最先进飞行器的清华工科男。啃难啃的骨头,攻克最难的问题,是我们清华人的责任担当。"他说,自己想要以这种方式"秀"一下团队和产品的"筋骨"。

创业是场持久战

李京阳身上有很多标签:"大神级"的科学家创业者、"87 年的博导"……集各种"最年轻"于一身,各种荣誉拿到手软。

他和团队创业以来的成绩单也让人惊叹:近 3 年 3 轮融资 1.2 亿元,获得专利 69 项,基地占地 100 亩,空域 52.7 万亩;提出世界首架交叉双旋翼复合推进无人直升机概念,受到我军该领域首个装备科研支持,并纳入全军武器系统采购网。旗下有交叉双旋翼武装无人直升机、系留无人直升机、仿生人工智能飞行器等多款产品,2019 年企业采购订单约

2 000万元。

从面向军工起家,到打开民用的口子,李京阳坦陈创业项目绝非一蹴而就。

从军品研发到具备军品资质,需要漫长的过程。

在之前的初赛现场,看完李京阳的项目,评委向他提出了"希望你能够坚持初心,做好长期准备"的期望。

采访中,已经是两个孩子父亲的李京阳,提起家人多少有些愧疚。

"在这奋斗的日子里,难免要暂时割舍一些东西。就像爱因斯坦所言,我从不把安逸和享乐看作生活的目的。在交叉旋翼与复合推进无人直升机这条路上,我打算'一条道走到黑'。"他说。

(资料来源:中国教育报2019-10-15)

以李京阳为代表,在我国高校,一支敢闯会创、气势磅礴的"双创"大军正在形成。而"互联网+"大学生创新创业大赛、高校创新创业教育改革,正是这支"双创"大军成长成才的丰沃土壤。创新是创业的基础,也是创业的核心要素。更多的大学生正像李博士一样,利用自己掌握的科学文化知识加入到创新创业的大军中来,走出实验室,走向产业,实现科研成果价值最大化。我们希望通过创业教育的开展,来提高青年学子的创业意识、创新精神和创造能力。在他们的心中种下追寻梦想的种子,他们将看到未来的无限可能,并由此激发出创新的蓬勃力量……

本章小结

本章分别介绍了创业的基本概念、创业精神的特征及作用、创业活动对经济发展的影响以及创业教育。创业是一个创造新事物、实现价值增值的过程,需要付出极大的努力,也必须承担一定的风险。创业过程是创业机会、创业团队和资源之间适当配置的高度动态平衡过程,三者相辅相成,缺一不可。创业精神是创业者在创业过程中的重要行为特征的高度凝结,是创业者各种素质的综合体现。创业精神一经形成就会对人一生的发展产生重要影响。在知识经济时代,创业活动促进了国家经济的快速发展。培养具有创新意识、创新精神和创新能力的创业人才已成为我国高等教育的重要目标之一,成为高等教育深化教育教学改革和全面推进素质教育的重要内容。

第二章 企业与创业机会

【学习要点及目标】

1. 了解企业及企业类型
2. 掌握创业机会的基本内涵与构成要素
3. 掌握创业过程中的基本评估方法
4. 了解创业可能面临的风险及应对策略

【导入案例】

如果选择创业,你需要把握创业机会,分析自己创办企业的可行性,并对各种模式进行评估筛选。

相信大家对于有着"吃喝玩乐全都有"宣传口号的美团网都很熟悉,美团的创始人王兴是一名典型的创业者。他是人人网的创始人,却没能等到网站上市收获财富;他推出了中国大陆第一个微博网站,却意外关停被新浪抢夺先机;他曾被业界称为"史上最倒霉连环创业客",屡败屡战。而在 2018 年 9 时 30 分,随着他和美团外卖 85 后女骑手共同在香港联交所敲响美团点评的开市锣,到收盘为止,美团总市值超过京东和小米,成为仅次于腾讯、阿里巴巴、百度的国内第四大互联网企业。他也在当年入选"全球 40 位 40 岁以下商界精英"排行榜,排名第三。

王兴来自福建龙岩,一直是传统意义上的"三好学生"。1997 年,他被保送到清华大学电子工程系无线电专业,毕业后拿到全额奖学金,去了美国特拉华大学读硕士。2004 年,王兴毅然中断学业回国创业。一路走来,他始终扮演着创造者,却少有成为受益者,一次次失败,又一次次从失败中崛起,从崛起中发展,纵情向前,他始终充满激情。他曾说,"传统行业创业好比登山,互联网创业好比冲浪。山总是在那里的,你准备好了就去登,永远有机会,登多高取决于实力。而浪是一个接着一个的,你只要踩上一个浪,保持住,它的高度就决定了你的高度,谷歌、Facebook 都是这样"。

你可能会很好奇,从一名传统意义的好学生,到一名成功的创业者,王兴是怎样实现梦想的。那么,接下来就让我们一同走进创业的历程。

(资料来源:李志刚.九败一胜:美团创始人王兴创业十年[M].北京:北京联合出版公司,2014.)

第一节 企业概述

一、企业的内涵

(一)企业的定义

企业一般是指以盈利为目的,运用各种生产要素(土地、劳动力、资本、技术等),向市场提供商品或服务,实行自主经营、自负盈亏、独立核算的法人或其他社会经济组织。

现代经济学理论认为,企业本质上是"一种资源配置的机制",它能够实现整个社会经济资源的优化配置,降低整个社会的"交易成本"。企业是社会发展的产物,因社会分工的发展而成长壮大;企业是市场经济活动的主要参与者;在社会主义经济体制下,各种企业并存共同构成社会主义市场经济的微观基础。

企业具有几个主要的特征:(1)企业是一种社会组织;(2)企业从事经济活动,也就是能够给社会提供服务或产品;(3)企业是以取得收入为目的,即以盈利为目的。

(二)企业的演进

随着生产力的发展、社会的进步,企业形式也得到不断的发展与完善。企业的演进主要经历了三个阶段。

1. 工场手工业时期

即从封建社会的家庭手工业到资本主义初期的工场手工业时期。16~17世纪,一些西方国家的封建社会制度向资本主义制度转变,资本主义原始积累加快,大规模地剥夺农民的土地,使家庭手工业急剧瓦解,开始向资本主义工场制转变,这也是企业的雏形。

2. 工厂制时期

18世纪,西方各国相继开展了工业革命,大机器的普遍采用,为工厂制的建立奠定了基础。1771年,英国实业家理查德·阿克赖特在克隆福特创立了第一家棉纱工厂。工厂制的主要特性是:(1)实行大规模的集中劳动;(2)采用大机器提高生产效率;(3)实行雇用工人制度;(4)劳动分工深化,生产走向社会化。

3. 现代企业时期

19世纪末20世纪初,随着自由资本主义向垄断资本主义过渡,工厂自身发生了复杂而深刻的变化:(1)不断采用新技术,使生产迅速发展;(2)生产规模不断扩大,竞争加剧,产生了大规模的垄断企业;(3)经营权与所有权分离,形成职业化的管理阶层;(4)普遍建立了科学的管理制度,形成了一系列科学管理理论,从而使企业走向成熟,成为现代企业。

(三)企业与公司的关系

企业,泛指一切从事生产、流通或者服务活动,以谋取经济利益的经济组织。从概念范围来说,公司是企业的一种形式,属于企业的范畴,《中华人民共和国公司法》第二条规定:"本法所称公司是指依照本法在中国境内设立的有限责任公司和股份有限公司。"因此,凡公司均为企业。反之,企业不一定是公司,企业是一个大概念,除了公司外,还包括独资企业和合伙企业。公司只是企业的一种组织形式。

根据我国《公司法》的规定,公司的具体特征有:(1)必须依法设立。即按照我国《公司法》所规定的条件、方式和程序设立。(2)以营利为目的。公司以提高经济效益、劳动生产率和实现资产保值增值为目的。这是公司区别于其他法人组织的一个显著特征。(3)必须具备法人资格。

二、企业的类型

按照不同的分类标准,企业可划分为以下类型。

(一)按企业的经营性质划分

根据企业经营性质的不同,可分为农业企业、商业企业、工业企业、邮电企业、金融保险企业、旅游服务企业、交通运输企业、房地产开发企业、中介服务企业、餐饮娱乐企业等。

(二)按企业的经济成分划分

根据企业经济成分的不同,可分为私营企业、集体企业、国有企业。

私营企业是指由个人投资经营的企业。改革开放后,我国私人投资创办企业的积极性逐渐提升,私营经济得到了长足的发展。私营企业在创造税收、繁荣经济、增加就业等方面做出了贡献。

集体企业是指由集体投资经营的企业。集体企业的收入不由国家分配,而应由集体企业自己决定分配方案。集体企业除按章纳税,将自己的一部分收入交由国家集中支配外,其余的收入用来增加集体企业成员的福利和满足他们的需要。

国有企业也称国营企业,指由国家出资经营的企业。国有企业作为一种生产经营组织形式,同时具有营利法人和公益法人的特点。其营利性体现为追求国有资产的保值和增值。其公益性体现为国有企业的设立通常是为了实现国家调节经济的目标,起着调和国民经济各方面发展的作用。

(三)按企业的组织形式划分

根据企业组织形式的不同,可分为个体企业、合伙企业、股份制企业。

个体企业是由个人出资兴办并直接经营的企业。个人享有企业的全部经营所得,同时对企业的债务负有完全责任。个体企业一般规模较小,内部管理机构简单。

合伙企业是由几个人甚至几十人联合起来共同出资创办的企业。它通常是依合同或协议组织起来的,结构较不稳定。合伙人对整个合伙企业的债务负有无限的责任。

股份制企业是指两个或两个以上的利益主体,以集股经营的方式自愿结合的一种企业组织形式。股份制企业由股东大会作为企业的经营机构。按照股东承担的责任不同,又分为无限责任公司、有限责任公司、股份有限公司等。

(四)按企业的规模划分

按企业规模的大小,可分为大型企业、中型企业和小型企业。大、中、小型企业的划分主要依据企业的经营规模的大小、投入资金的多少、管理人员的数量等情况。中小企业通常由单个人或少数人提供资金组成,其雇用人数与营业额都不大,因此在经营上多半是由个人直接管理,受外界干涉较少。

(五)按企业资源的密集程度划分

按企业资源的密集程度,可分为劳动密集型企业、资金密集型企业和技术密集型企业。

劳动密集型企业又称为劳动集约型企业,是指生产需要大量的劳动力,而对技术和设备的依赖程度低的企业。其衡量的标准是在生产成本中工资与设备折旧和研究开发支出相比所占比重较大,也就是说产品成本中劳动量消耗所占比重较大的企业,比如纺织业、食品企业、日用百货等轻工企业及服务性企业等。

资金密集型企业又称为资本密集型企业,在单位产品成本中,资本成本与劳动成本相比所占比重较大,每个劳动者所占用的固定资本和流动资本金额较高。资金密集型企业的特点是投资大,占用资金多,现代化技术装备程度高,容纳劳动力相对少,劳动生产率高。如钢铁、机械制造、汽车、石油化工、电力等,均属于资金密集型行业。

技术密集型企业指在生产过程中,对技术和智力要素依赖大大超过对其他生产要素依赖的企业。此类企业的技术装备程度比较高,所需劳动力或手工操作的人数比较少,而企业的技术密集程度与企业的机械化、自动化水平成正比,与企业的手工操作人数成反比。技术密集型企业包括微电子与信息产品制造、航空航天工业、原子能工业、现代制药工业、新材料工业等相关企业。

三、中小企业与创新型企业

选择创业,往往从中小型企业起步,而不断提升企业自身的创新能力是企业长期发展的动力之源。

(一)中小企业是大众创业、万众创新的重要载体

在各种类型的企业中,中小企业由于投资少、见效快、经营体制灵活成为实施大众创业、万众创新的重要载体,在增加就业、促进经济增长、科技创新与社会和谐稳定等方面具有不可替代的作用,对国民经济和社会发展具有重要的战略意义。

现代科技在工业技术装备和产品发展方向上有两方面的影响:一方面是向着大型化、集中化方向发展,另一方面又向着小型化、分散化方向发展。产品的小型化、分散化生产为中小企业的发展提供了有利条件。

在新技术革命条件下,许多中小企业的创始人往往是大企业和研究所的科技人员,或者大学教授,他们经常集所有者、发明者和管理者于一身,对新的技术发明创造可以立即付诸实践。正因为如此,20世纪70年代以来,新技术型的中小企业如雨后春笋般出现,在微型计算机、信息系统、半导体部件、电子印刷和新材料等方面取得了极大的成功,有许多中小企业仅在短短几年或十几年里,迅速成长为闻名于世的大公司,如微软、惠普、索尼等。

(二)创新型企业是创新型国家建设的主力军

创新型企业主要是指那些拥有自主知识产权和知名品牌,具有较强国际竞争力,依靠技术创新获取市场竞争优势和持续发展的企业。根据我国企业的实际情况,具有以下特征的企业可以看作创新型企业:(1)有自主品牌,不是代工企业;(2)有较强的研发实力,研发人数在30人以上;(3)有较大的营业规模,年营业收入在8 000万元以上;(4)有较好的成长性,年收入增长率在20%以上;(5)有创新性,不是纯模仿企业;(6)有较好的市场地位,在行业或细分市场上居于前5位;(7)主要通过内生方式实现增长,而不是依赖并购方式实现增长。

创新型企业是一个国家最有活力的企业,是创新型国家建设的主力军,是政府重点扶植的对象,也是风险投资机构最青睐的投资对象。为加快推动民营企业特别是各类中小企业走创新驱动发展道路,强化对科技型中小企业的政策引导与精准支持,2019年8月5日科技部印发了《关于新时期支持科技型中小企业加快创新发展的若干政策措施》的通知,对于科技创新各项政策的完善与落实,以及科技型中小企业研发活动的财政支持、创新资源的集聚、创新服务的提供及金融资本市场支持等方面均进行了阐述。《中共中央关于制定国民经济和社会发展第十四个五年规划和二〇三五年远景目标的建议》中也指出要坚持创新驱动发展,全面塑造发展新优势,发挥大企业引领支撑作用,支持创新型中小微企业成长为创新重要发源地,加强共性技术平台建设,推动产业链上中下游、大中小企业融通创新。

创新是企业发展的动力,是企业活力的源泉,在新的形势环境与国家发展新的战略定位下,选择创业,也要选择创新,把有限的时间、资源,投入能够产出最大的创新、实现最大的效益中去。

【案例】

大疆:坚持极客精神的创业公司

在深圳市南山区"最牛"街道——粤海街道,"飞"出了一家硬核企业,垄断着全球近八成的无人机市场份额,这家企业就是深圳市大疆创新科技有限公司。2020年8月,大疆以1 000亿元人民币估值位列《2020胡润全球独角兽榜》第14位。

从最初的二十几人到现在的几万员工,从仓库创业到现在遍布全球一百多个国家和地区的销售网络,大疆用14年时间,充分展示了其从0元到年销售额200亿元的征程。业界普遍认为,大疆能够独树一帜,在全球无人机领域中迅速崛起转身成为市场的主导者,最重要的原因之一,是大疆对技术的追求,在技术研发中,舍得花本钱。大疆每年研发投入始终占到营业收入的15%。

凭借着技术的优势,2008年大疆研发的第一款较为成熟的直升机飞行控制系统XP3.1一经面市,便深受好评。2010年开始,大疆先后推出了一系列与无人机相关的飞行控制模块,不断完善产品在硬件和软件上的技术实力。到2012年,得益于其简洁和易用的特性,到手即飞的世界首款航拍一体机"大疆精灵Phantom 1"直接撬动了消费级非专业无人机市场。目前,大疆累计专利申请量超过4 600件,有大约四分之一的员工从事研发工作。《华尔街日报》称大疆是"首个在全球主要的科技消费产品领域成为先锋者的中国企业"。大疆始终坚持"只做世界一流产品"的极客精神,印证了创新型企业的无限活力。

(资料来源:《中国战略新兴产业》2020年第19期)

第二节　创业机会概述

未来学家托·富勒说,一个明智的人总是抓住机遇,把它变成美好的未来。创业机会本质上来源于变化和创新,其中,变化主要是市场的变化或技术的发展。创业者需要发现并抓住机会,否则就谈不上创业。

一、创业机会的核心要素

创业机会由有利于创业的一系列条件所构成,至少包含四类要素,即某细分市场存在或新形成某种持续性需求;拟创业者获得了有助于满足持续性市场需求的创意;创业者有能力、有资源,可实施所持有的创意;创业者有可能将自己的创意转变为具体的产品或服务,且不需要大规模的资产与大型的团队。当以上四个要素均得到一定程度的满足时,可认为客观上存在或形成了某种创业机会。

商业机会和市场回应对于创业十分重要。创业的本质是创新,创业是创新实现方式之一。创业可分为商机诱发型创业和创意推动型创业,商机是两类创业不可或缺的要素,市场回应则是两类创业共有的环节。

不能简单地认为商机就是创业机会。如果这种商机是不可持续的、昙花一现的,而创业者还没有起步行动,这样的商机就可能已经消失了。针对特定的商机,创业者如果不能开发出可与之匹配的创意,这样的商机也不能被视为创业机会,因为既无创意,何谈创业。

如果创业者能够开发出与特定市场需求相匹配的创意,但实施相应的创意需要较大规模的资金(所谓重资产)和团队(所谓大团队),这样的商机也不能被视为创业机会。因为创业者起步之初,较为显著的特点是资金的缺乏与数量有限的追随者。需要重资产、大团队的商机,是规模达到一定阈值的企业的商机,创业者如硬要跟进这样的商机,多数会溃败而归。

基于以上,我们不难看到,创业机会本质上是商机、创意、轻资产、小团队四种要素的有机组合。

【案例】

顺丰速运:靠10万元起家的快递巨头

作为一家民营公司,顺丰速运的崛起堪称奇迹:仅用20余年时间,从一个不起眼的公司到成功上市,包揽时效快递、经济快递、同城配送、仓储服务、国际快递等多种快递服务,2020年实现营业收入1 517.43亿元,完成快递件量81.37亿票,成为中国民营快递当之无愧的领头羊。在2020年全球最具价值500大品牌榜上,顺丰排名第460位。

顺丰的快速发展,源于对机遇的有效把握。20世纪90年代,香港8万多制造工厂到内地投资办厂,仅珠三角就占了5万多家,香港与珠三角之间的信件、货运业务量开始暴增。不断增长的货物运送需求,使得物件收发成为创业的良机,在顺德,一家名叫顺丰的快递公司顺势成立了。创业之初,公司仅有资本10万元,员工加老板只有6个人,每个人都是全能型人才,接电话、下单、接件、卸货、搬货、发件,样样都得干,地盘也小得可怜。顺丰的第一桶金来自价格战,"别人70元一件货,顺丰收40","割价抢滩"的策略吸引了大批客户,由于市场需求旺盛,顺丰很快将珠三角一带的快递市场牢牢抓在自己的手上。到了1997年,顺丰几乎垄断了所有的通港快件。创立初期,为快速占领市场,顺丰采用分公司加盟商制度,由于加盟商擅自夹带私货,2002年起顺丰从加盟制转为直营制,并在深圳设立总部,将自身定位于国内高端快递。2003年春天,航空公司生意萧条,借航空运价大跌之际,顺丰与扬子江快运签下包机协议,第一个将民营快递业带上天空,为顺丰的"快"奠定基础。2009年年底,顺丰航空正式获准运营,顺丰购买了属于自己的飞机。经过20余年的发展,直营模式、高端定位以及航空运输成为顺丰成功的"三驾马车"。

(资料来源:曲洪策,杨振.纵向延伸价值链 拓展成本管理空间——顺丰速运的发展之道[J].财务与会计,2015(7):27-28.)

二、创业机会的来源与特征

狄更斯曾说过,机会不会上门来找人,只有人去找机会。创业机会可能是自然生成的,但更多是需要创业者自己去创造的。创业者要想赢得创业机会,就需要弄清并关注创业机会的来源。

创业机会本质上来源于变化和创新。如前所述,创业机会是指有利于创业者创业的一组条件的形成。在这组条件中,市场的变化、创业者的创意是创业机会不可或缺的要素。

变化主要是市场的变化或技术的发展。没有变化,就不会有机会。创业机会本质上源于变化和发展,发展本身也蕴含了变化。基于此,创业者要想发现并抓住某个创业机会,首先应高度关注市场的相关变化,如新需求的产生、市场供求关系的转变、市场竞争态势的变化等,也包括技术的发展。市场需求或其供需关系变了,往往意味着新的需求产生了。如要获取市场需求变化创造的盈利空间,商家需要借助于技术或商业模式方面的创新来获取利润。此时,技术的发展即变化也就发生了。由此可见,创业机会的形成,往往伴随着市场和技术在同一时期的变化。

杰弗里·蒂蒙斯认为,创业机会是具有吸引力、持久性和适时性,并且伴随着能够为顾客创造或增加使用价值的产品或服务。

(1) 吸引力。创业者所选择的行业,即创业者所要提供的产品和服务,对于消费者来说应该是具有吸引力的,消费者为该产品或服务支付费用。

(2) 持久性。创业机会应当具有持久性,能够得到进一步的发展。具体来说,市场能够提供足够的时间使创业者对创业机会进行开发。创业者进行创业机会分析时,应把握创业机会的这一特征,以免造成资源和精力的浪费。

(3) 适时性。适时性与持久性相对。创业机会存在于某个时间段,在这个时间段进入该产业是最佳时机,这样一个时间段被称作"机会窗口"。换句话说,创业机会具有易逝性或时效性,它存在于一定的空间和时间范围内,随着市场及其他创业环境的变化,创业机会很可能消失和流失。

(4) 创造或增加顾客价值。创业机会来源于创意,创意是创业机会的最初状态。创意是一种新思维或者新方法,是一种模糊的机会。如果这种模糊的机会能为企业和顾客带来价值,那么它就有可能转化为创业机会。

【案例】

京东方:大国工业的辉煌重现

京东方的前身是北京电子管厂,是国家"一五计划"期间由苏联援建的重点企业,生产的产品是大型复杂系统的电子管,多年来一直是中国电子工业的第一重镇。20世纪80年代,随着电子管技术被半导体所取代,北京电子管厂陷入了困境,从1986年到1992年,企业连续七年亏损,濒临破产。危难之时,走马上任的新负责人发起了全面改制的"企业再造工程",通过与日本松下合作生产彩色显像管,一举让企业扭亏为盈。

企业能生存了,接下来面临的问题是如何可持续发展。从与松下开始合作生产显像管,一直到松下显像管退出历史舞台,京东方都没有掌握 CRT(Cathode Ray Tube,阴极射线管)的核心技术。这样的经历使京东方明白,用市场是换不来技术的,没有产业链上的核心技术,就避免不了"看人脸色",但走自主研发的道路,在更高端的 TFT-LCD(薄膜晶体管液晶显示器)显示屏领域,京东方又缺乏科技实力。最终,京东方根据自身的发展状况,选择了一条与众不同的发展之路:通过购买国外的生产线,引进全套技术体系,在此基础上进行自主技术研发和产业体系建设。因亚洲金融危机,韩国现代集团出现资金困难,不得已出售显示器业务子公司 HYDIS。京东方果断抓住机遇,2003年以3.8亿美元成功收购该公司,由此突破了技术、专利壁垒,进入了液晶显示器行业。2005年,京东方自主研发建设的第5代面板生产线投入量产,国内企业"无自主液晶屏时代"正式结束。其间,京东方曾面临资金链断裂的危机,国家开发银行和北京市政府向京东方伸出援助之手,打开了一条"银团贷款+政府投资"与企业合作建设运营的新型产业投融资模式。发展到2017年,无论是智能手机LCD显示屏、平板电脑显示屏、笔记本电脑显示屏,还是显示器显示屏、电视显示屏领域,京东方的全球市场份额均位居第一。

(资料来源:《中国经济评论》2020年第5期)

三、创业机会的捕捉与识别

(一)创业机会的捕捉

要想找到合适的创业机会,创业者要结合社会实际发展状况,发掘市场机会,从而捕捉属于自己的创业机会。

1. 现有市场机会与潜在市场机会

市场机会中那些明显未被满足的市场需求称为现有市场机会,那些隐藏在现有需求背后的、未被满足的市场需求称为潜在市场机会。现有市场机会表现明显,往往发现者多,进入者也多,竞争势必激烈。潜在市场机会则不易被发现,识别难度大,往往蕴藏着极大的商机。例如,金融机构提供的服务与产品大多是针对专业投资大户,而占有市场大量资金的普通投资者未受到应有的重视,这种矛盾显示出为一般大众投资提供服务的产品市场极具潜力。

2. 行业市场机会与边缘市场机会

行业市场机会是指某一个行业内的市场机会,而在不同行业之间的交叉结合部分出现的市场机会称为边缘市场机会。一般而言,人们对行业市场机会比较重视,因为发现、寻找和识别的难度系数较小,但往往竞争激烈,成功的概率也低。而在行业与行业之间出现"夹缝"的真空地带,往往无人涉足或难以发现,需要有丰富的想象力和大胆的开拓精神,一旦开发,成功的概率也较高。比如,人们对于饮食需求认知的改变,创造了与健康食品相关的新兴行业。

3. 目前市场机会与未来市场机会

那些在目前环境变化中出现的市场机会称为目前市场机会,而通过市场研究和预测分析将在未来某一时期内实现的市场机会称为未来市场机会。如果创业者提前预测到某种机会可能会出现,就可以在这种市场机会到来前早做准备,从而获得领先优势。

4. 全面市场机会与局部市场机会

全面市场机会是指在大范围市场出现的未满足的需求,如国际市场或全国市场出现的市场机会,着重于拓展市场的宽度和广度。而局部市场机会则是在一个局部范围或细分市场出现的未满足的需求。在大市场中寻找和发掘局部或细分市场机会,见缝插针,拾遗补阙,创业者就可以集中优势资源投入目标市场,有利于增强主动性,减少盲目性,增加成功的可能。

在现实中,有两种不同的创业机会发现方式:一是系统搜寻,即通过有意识的系统搜寻来发现创业机会;二是意外发现,即创业者不是通过系统搜寻,而是凭借自己积累的知识经验来"意外"发现创业机会,也就是创业者个体异质性是机会发现的决定因素。

创业者可以通过一个双维度概念框架来理解创业机会发现的方式(图2.1)。这个框架超越了机会发现观与机会创造观之间的争论,融合了不同学科理论对创业机会的本质界定,弥补了主动搜寻或意外发现无法充分解释创业现象的不足,可以用来解释不同行业和不同类型的创业现象,并预测在创业过程中不同阶段采取何种方式能够更有效地发现机会。

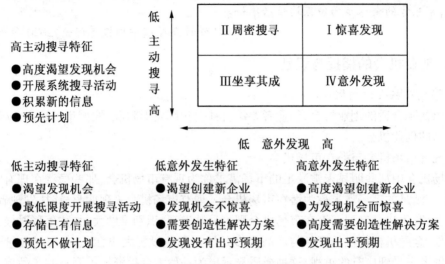

图 2.1 双维度创业机会概念框架图

【案例】

华为:只对准一个城墙口冲锋

2020年3月31日,华为面向全球举行2019年年报发布会,华为轮值董事长对外发布华为2019年经营业绩,2019年华为实现全球销售收入8 588亿元,净利润627亿元。回顾30多年前,1987年9月15日,华为公司在深圳创立,注册资本仅有2.1万元。凭借深圳特区信息方面的优势,公司成立初期,靠着从香港进口产品到内地,赚取差价——这是最常见的商业模式。对于身处深圳的公司而言,背靠香港就是最大的优势,至于是代理交换机还是代理饲料,对于通信技术的门外汉来讲都是要从零开始。在卖设备的过程中,华为意识到了中国电信行业对程控交换机的渴望,同时也注意到整个市场被跨国公司所把持,当时国内使用的几乎所有的通信设备都依赖进口,民族企业在其中完全没有立足之地。要拥有自己的核心技术,坚持"技术是企业的根本",华为从此和"代理商"这个身份告别,踏上了专注发展信息技术的道路。

在明确自身的定位与发展方向后,华为不受外界诱惑或压力影响,持之以恒坚持做自己的事情,长期坚守信息技术研发和产品开发领域。曾有人形容,华为"只对准一个城墙口冲锋",无论外部风云如何变幻,华为始终坚持上下同心,专注做好自己的事情,坚持自主创新,坚持艰苦奋斗。30多年过去,华为已经由一个小作坊成长为全球通信技术行业的领导者和世界500强前百强企业,业务遍布全球170多个国家和地区,创造了世界企业发展史上的奇迹。

(资料来源:经济时报2020-04-01)

(二)创业机会的识别

在发掘到可能的创业机会之后,真正的成功创业还需要进行创业机会的识别。所谓创业机会的识别,一是要从大批"貌似创业机会"的机会中,发现真正的创业机会;二是要从数个真正的创业机会中,发现对于特定创业团队最具价值的创业机会。创业机会的识别是一个反复探索的过程,是将"创业冲动"变为"理性创业"的关键环节。

创业机会识别的主要环节包括商机的价值性分析和商机的时效性分析、机会要素的匹配性分析、机会的风险收益性分析。创业者对于创业机会基本特征的认识,创业者的先前经验、领域知识、悟性及灵感,都会对创业机会的识别产生影响。

创业机会识别的基本技巧,是从寻找细分市场商机做起,特别是进行全面的四要素匹配分析和风险收益分析。

首先,客观上特定商机具有不确定性。商品市场的不确定性是司空见惯的现象。典型的是,原本市场上需要某种商品,但"半路杀出个程咬金",某种替代品的出现导致原本有需求的商品这时就没有需求了。于是,前面出现的商机即消失了。创业机会要求特定商机是可持续的,蕴含着可持续增长的需求。

其次,特定创意与商机的匹配关系具有不确定性。创意与商机的匹配,客观上是一个动态的过程。创业机会要求创业者有创意,进而通过实施相应的创意为客户创造价值。创业者主观上期望自己的创意与客观上存在的商机相匹配,但创意是创业者创造性的智力成果,创意的客观效果与主观期望往往存在差异,这就可能使特定创意与商机的匹配关系处于不确定的状态。

再次,创业者是否有能力实施相应的创业,也具有一定的不确定性。即便是经验丰富的创业者,也只有真正步入创业之后,才会证实自己的能力是否真的与客观需要是一致的。

最后,创业者能否获得创业所需要的资源,更具有不确定性。创业者在起步之初,很难拥有创业所需要的所有资源,而是需要从核心团队之外的个人或机构(含企业)获取相应的资源。但是,资源是需要通过市场交易才可能获得的。创业者需要的某些资源,可能在创业者可触及的范围内,根本就不存在相应的供给者;也可能存在创业者需要的各种资源的潜在供给者,但如果潜在供给者认为将相关资源提供给创业者有可能伤害自己的利益,他们就不会将相关资源提供给创业者。

前述四种要素都具有不确定性,因此创业机会必然也具有不确定性。创业机会识别的动因之一,就是应对并化解机会的不确定性。为规避或减少创业机会的不确定性,创业者需要进行创业机会的辨识,且理性识别机会有助于规避或化解创业的风险。理性的创业者如果没有发现适当的创业机会,多数不会茫然创业。而那些简单地将一般性商机理解为创业机会的人,多数会陷入盲目的创业冲动之中。没有发现适当的创业机会,从一般性商机出发而创业,很可能遇到潜在的竞争者特别是既有企业的竞争。

【扩展阅读】

头脑风暴:你的企业想法是否有价值

所谓头脑风暴(brainstorming),最早是精神病理学的术语。创造学中将其转化为无限制的自由联想和讨论,目的在于产生新观念或激发创意思考。头脑风暴法又称智力激励法、畅谈法、集思法等。

早在古希腊时期,哲学家、思想家苏格拉底就非常重视集体对话的作用,他经常通过集体思考来获得自己难以接近的思想认识。头脑风暴法是由美国创造学家亚历克斯·奥斯本于1939年首次提出、1953年正式发表的一种激发创意思考的方法。在群体决策中,由于群体成员的心理相互影响,易于屈服权威和大多数人意见,因而会形成所谓的"群体思维"。群体思维削弱了群体的批判精神和创造力,损害了决策的质量。奥斯本认为,人类在长期解决问题的过程中总企图走捷径,遇到问题时习惯于本能地过早地进行评判。但这种评判的依据又是什么呢?它经常是依据以前经验而形成的定式,所以评判的结果总是指向与原先行为相同的思路和方式,这样就无法突破定式,无法创造性地解决问题。因此,在创造发明过程中,要控制这种评判,采用群体对话的方式集思广益。这种集体对话的基本原则是"自由阐述""不争论""不打断""仔细倾听"。头脑风暴法在具体使用时,应遵循延迟评判和以量求质的原则。延迟评判就是在群体成员提出想法时,其他任何人不得对发言者的观点进行质疑,不得批判和反驳,直到会议结束再对各种方案进行评价和筛选。这是为了保证发言者能够畅所欲言,提出更多的设想,以防被评价后不敢继续发表自己的观点。以量求质是指在头脑风暴中首先要保证提出足够多的方案,这样才能增加选出优质方案的可能性。

头脑风暴应用策略的具体实施步骤如下:

明确议题阶段。头脑风暴策略的应用是围绕中心议题展开的,所以在会议召开之前,首先要做的就是明确会议主要解决的问题是什么,选题要清晰明确、可操作性强。

准备阶段。根据议题确定参会人员,明确会议分工;通知会议参加者时间、地点及任务;提前布置好会议环境。

热身阶段。这一阶段的主要目的是营造比较宽松的氛围,在会议正式开始前,寻找一些有趣的话题活跃现场气氛,使会议参加者能更快、更好地参与到讨论中来。

自由发言阶段。这是头脑风暴策略应用的主要阶段,主持人宣读议题和规则后,引导大家进入讨论,参加者自由发挥、互相启发、畅所欲言,记录员做好详细记录。

筛选阶段。会议结束后,对会议记录进行整理,再交由专家组筛选,经过多次反复比较、优中择优,确定最佳方案。

头脑风暴会议的目标首先是获得尽可能多的设想,追求创意数量的积累是其首要任务。参加会议的每个人都要抓紧时间多思考,尽可能多地提出设想。至于设想的质量如何,可留到会后的设想处理阶段再解决。在这个过程中,与会者相互启发、相互影响、取长补短,更容易形成创意的"思维共振",尽可能提供一个有助于把注意力高度集中于所讨论问题的环境,鼓励参与者对他人已经提出的设想进行补充、改进,发展出新的设想,形成一系列创意设想的连锁反应。

不过,头脑风暴法在创意提案阶段的实施过程中仍有一些需要注意的地方。切忌让头脑风暴会议演变为漫无目的、没有计划、任意发挥的讨论。在这种情况下,就可能出现想法越来越多,但目标却越来越不明确;创意数量越来越多,但越来越偏离头脑风暴会议初衷的情况。只有在有明确的目标和一定导向的前提下,头脑风暴会议才有可能达到预期的效果。此外,头脑风暴会议中的主持人通常只是引导会议方向,而并非会议中的权威或领导。如果不明确这一点,就会使原本观点平等的会议出现一家之言的情况。因此,在头脑风暴法的具体实施过程中,需要明确头脑风暴的创意主题方向,有明确的阶段性目标,避免漫无目的和所谓的权威角色的出现。

(资料来源:孙红义.创新创业基础[M].北京:机械工业出版社,2016.)

第三节　创业机会的自我评估

当你有了一个创业想法之后,也许会遇到两种截然不同的建议。第一种建议是经验派(实战派):不管三七二十一,只要觉得是个机会,只要有创业的激情就应该马上付诸实践,不要等,实践是检验机会的唯一标准,秉持这种观念的创业导师和创业名人为数不少。第二种建议创业者把任何想法都当作一个假设,必须用证据来验证。证据来自实践和用户,但是不一定全部是自己亲身创业的实践,有很多科学方法可以收集所需要的实证证据。机会评估可以减少低级错误的发生,避免没有必要的损失。机会评估还可以不断调整创业的方向,完善创业机会的内涵,减少时间和资源的浪费,提高创业的整体效率。本节介绍几种在创业过程中常用的自我评估的方法。

一、MAIR 模型:初步分析你是否有成功创业的潜质

MAIR 模型概念最早由英国创业教育专家 Gibb 提出,是用于判断个体是否适合创业的重要参照标准。MAIR 模型主要包括四点内容:动机和决心(motivition)、专业能力与经营管理能力(ability)、想法和市场(idea)、资源和优势(resources)。其中,动机是根本,能力是核心,想法是关键,资源是重要条件,四者相辅相成,缺一不可(图2.2)。

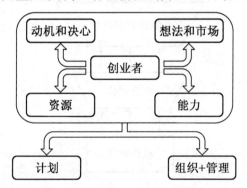

图 2.2　MAIR 模型

(一)动机和决心是创业活动的根本保障

创业活动是具有较强开拓性的创造性活动。所谓创业,就是不拘泥于当前的资源约束、寻求机会、进行价值创造的行为过程。在这一活动过程中,动机负责引起和维持创业者的创业实践,是推动创业者实施一定创业目标的内部动力。缺乏这一要素,创业者的创业实践将难以持续。

(二)具备专业能力与经营管理能力是创业成功的核心

专业能力与经营管理能力是创业者发现商机的重要来源。一个真正的创业者,必须对自己的专业领域非常熟悉,这样他才能真正发现时刻存在却又转瞬即逝的各类商业机会,成为具有"机会敏感特征"的合格创业者。同时,较强的经营管理能力又能够帮助创业者较好地管理团队、开拓市场。这是创新创业成功的核心之所在。

(三)可行的想法和可控的市场是创业成功的关键

想法和市场也可以称为创业机会或者商机,其价值的实现体现出一定的实效性、实践性和主体性的特点。所谓实效性,是指创业的"机会窗口"并不是永远打开的,"机会窗口"的打开与否反映的是市场的一种供需平衡状态。创业者要在"机会窗口"打开时敏锐捕捉商机,迅速采取行动,才有可能取得创业的成功。实践性是指商机最终变为成功要靠具体的实践活动,停留在思考层面的商机本身是没有价值的。而主体性是指创业机会的价值实现要与创业者主体相联系,在创业者的获取、评价、利用等一系列操作中才能实现。

(四)资源和优势是创业的基础性条件

资源和优势表现为创业者可利用的人脉、平台与资金等。拥有良好的资源将促使创业者的创业实践事半功倍。

二、机会选择漏斗模型:创业机会的逐级评估

在现实经济生活中,适于创业的机会并不是很多。创业者可以借助机会选择漏斗模型,经过一层又一层筛选,在众多机会中筛选出真正适于自己的创业机会(图2.3)。

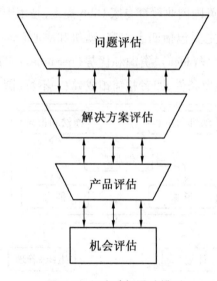

图2.3 机会选择漏斗模型

第一层要筛选出较好的创业机会。一般而言,较好的创业机会有五个特点:一是在前景市场中,前5年中的市场需求会稳步快速增长;二是创业者能够获得利用该机会所需的关键资源;三是创业者不会被锁定在"刚性的创业路径"上,而是可以中途调整创业的"技术路径";四是创业者有可能创造新的市场需求;五是特定机会的商业风险是明朗的,且至少有部分创业者能够承受相应风险。

第二层要筛选出利己的创业机会。面对较好的创业机会,特定的创业者需要回答四个问题:一是能否获得自己缺少但他人控制的资源;二是遇到竞争时,自己是否有能力与之抗衡;三是是否存在自己可能创造的新增市场;四是自己是否有能力承受利用该机会的各种风险。

接下来,需要根据市场的需求,结合创业者的自身实际来制定不同的解决方案,形成独

特的、具有竞争优势的产品,每个层次同样需要不断的评估与反复。

第一阶段:从一般问题到创业问题阶段——问题评估

发现问题是识别和评价创业机会的第一步。对于没有任何工作经验和学科背景的年轻创业者而言,从问题中寻找创业机会往往是最简单、最容易操作的。从一般问题到创业问题阶段,创业者需要对发现的问题进行重新定义、梳理和筛选,从众多问题中排除干扰问题,初步筛选具有一定市场潜力的创业问题。

第二阶段:从创业问题到解决方案阶段——解决方案评估

在筛选出创业问题之后,需要创业者依据其创造能力提出具有独特创意的产品(服务),并据此制订可行的解决方案。解决方案的制订,一方面可以帮助创业者更好地认识和理解创业问题,也是对创业问题的再一次识别和评价;另一方面也是为潜在创业机会的筛选做准备。筛选出的创业问题并不是唯一的,针对创业问题制订的解决方案也不是唯一的,创业者需要对不同创业问题的不同解决方案进行评价,从而筛选出具有高可行性和市场潜力的创业解决方案。

第三阶段:从解决方案到产品设计阶段——产品评估

通过上一阶段解决方案评估筛选出的项目,具有良好的原创性和一定的市场潜力。接下来主要是依据解决方案对产品原型或初始服务模式进行设计,并对技术可行性进行验证。本阶段的评估不仅包含对产品技术可行性的评估,也包含产品市场可行性的评估,主要从产品技术的可实现性及产品与市场需求、行业趋势的匹配度以及行业竞争的激烈程度和自身的盈利机会几个方面对解决方案进行评估。经过产品评估阶段的项目,可以初步确定为技术可行、市场前景较好的潜在创业机会。

第四阶段:从潜在创业机会到创业机会阶段——机会评估

创业机会是整个创业过程的核心,是创业活动的起点,在创业过程中起着至关重要的作用。从潜在创业机会到创业机会阶段的筛选和评估,在上述三个阶段对问题、解决方案和产品评估的基础之上,对潜在创业机会从用户问题、产品创意、市场需求、可营利性、行业趋势、行业竞争等方面进行评估。除此之外,还会涉及更多关于产品、运营、营销、推广、盈利模式等方面的细节性评估;更深层次地考察产品(服务)与市场、行业的匹配程度及产品(服务)的可营利性,从而最终确定将实践的创业机会。

创业机会的识别和评估并不是一个单线条的直线过程,而是一个逐级评价、不断回归的过程。整个识别和评估的过程就像一个个漏斗,每个漏斗设有粗细不等的过滤网,越往下过滤网的网眼越细,漏斗的容量也越小。这代表在逐级筛选的过程中,评估标准会越来越严格,可以通过评估的机会越来越小。同时,在每个漏斗的底端都有一个返回的箭头,这意味着未经过评估的机会可能需要经过调整后,再次进行本阶段或上一个或几个阶段的评估,也可能意味着这个机会完全不符合评估标准,需要放弃。创业机会的识别和评估是逐级评估、不断回归、从无序到有序的过程。

三、Baty 选择因素法

该方法通过 11 个选择因素的设定对创业机会进行判定,具体因素见表 2.1。如果某个创业机会只符合其中的六个或更少的因素,这个创业机会可能不可取;相反,如果某个创业机会符合其中的七个或以上的因素,这个创业机会的成功性会大一些。

表 2.1 Baty 选择因素法

选择因素	是否符合	
这个创业机会在现阶段是否只有你一个人发现了?	是□	否□
初始的产品生产成本是否可以承受?	是□	否□
初始的市场开发成本是否可以承受?	是□	否□
产品是否具有高利润回报的潜力?	是□	否□
是否可以预期产品投放市场和达到盈亏平衡点的时间?	是□	否□
潜在的市场是否巨大?	是□	否□
你的产品是否是一个高速成长的产品家族中的第一个成员?	是□	否□
你是否拥有一些现成的初始用户?	是□	否□
是否可以预期产品的开发成本和周期?	是□	否□
是否处于一个成长中的行业?	是□	否□
金融界是否能够理解你的产品和顾客对它的需求?	是□	否□

第四节 创业机会风险

创业,可以看作对当前资源条件限制的突破与机会的追寻,是将不同资源组合以利用,开发机会并创造价值的过程。风险与机会同在,并伴随创业的全过程,是创业活动的固有属性。对创业者来说,除了风险外,没有什么是确定的。在创业过程中,创业者必须清晰地了解以下问题:创业需要面对哪些风险? 如何有效地识别风险? 如何有效地管理风险?

一、创业风险的特点与分类

一般来说,风险就是发生不幸事件的概率。创业风险来自与创业活动有关因素的不确定性。在创业过程中,创业者要投入大量的人力、物力和财力,要引入和采用各种新的生产要素与市场资源,要建立或者对现有的组织结构、管理体制、业务流程、工作方法进行变革。这一过程中必然会遇到各种意想不到的情况和困难,从而有可能使结果偏离创业的预期目标。

(一)创业风险的特点

1.客观性

在创业过程中,由于内外部事物发展具有不确定性和不平衡性,必然会出现创业风险,这是一种不以人的意志为转移的客观存在。迄今为止,国内外所有的创业统计研究均表明,创业是一种高风险的活动,以 3 年为限,创业企业的成活率不足 30%。即使那些能够顺利生存和发展的创业企业,也需要面对各种各样的风险。创业风险的客观性要求我们采取客观的、正确的态度正视风险,并积极地对待风险。

2. 不确定性

不确定性是指创业风险的发生是不确定的,风险何时发生、在什么地方发生、风险的程度有多大均是不确定的。由于对客观世界的认识受到各种条件的限制,人们不可能准确预测风险的发生。在创业过程中,创业者面临着各种各样的不确定性,如新技术难以产业化、创业资金筹集不足、市场需求预测过于乐观、竞争对手采取狙击行动、政府政策出现调整等,均可能导致创业失败。

3. 可测量性

尽管创业风险具有不确定性,但任何事物的发生都是有其必然性的,都是有规律可循的。随着科学技术的进步和创业者自身素质的不断提高,随着创业研究的不断深入和人们对创业活动的认知不断提升,创业风险的规律性是可以被认识和掌握的。创业者可以通过定性或定量的方法,对创业风险进行测量和评估,并在此基础上推断创业风险的分布、强度及发生的概率。

4. 相对性

创业风险是相对的、变化的。不同的对象有不同的风险,而且随着时间、空间的改变,创业风险也会发生变化。不同的创业主体,面对同一风险事件,会产生不同的风险体验和风险结果,因为他们对风险的认知是有差异的,所拥有的创业资源的数量、质量和结构也不一样,风险承受能力也不相同,所采取的风险管理决策也不尽一致。

5. 双重性

与自然灾害、意外事故等带来的风险只会产生损失不同,创业活动所面临的主要风险是与创业的潜在收益共生的。对创业者而言,为了获得潜在的创业收益,必须要承担相应的创业风险。如果能够很好地防范和化解创业风险,创业收益就会有很大程度的增加,即风险是收益的代价,收益是风险的报酬。

(二)创业风险的分类

1. 按照创业风险的内容分类

(1)项目风险。项目风险是指由各种主客观因素导致的项目选择错误和项目运行失败。在商业机会的识别与评估过程中,由于各种主客观因素的影响,如信息获取不足、逻辑推理偏误、项目评估不科学、高估商机可行性、低估风险与难度等,错误地选择创业项目,或错误地放弃原本有价值的创业项目,使创业面临一开始就出现方向错误的风险。另外,即使选择了合适的项目,也并不意味着创业就一定会成功。因为在项目运行过程中,还会有很多风险,如创业者没有能力整合足够的资源运行项目,市场上忽然出现了更有竞争力的同类产品或服务,等等。这些风险一旦出现,就有可能使创业活动无法继续进行下去。

(2)市场风险。市场风险是指由于市场情况具有不确定性,导致创业企业收益或损失也具有不确定性。市场风险包括市场对新产品的接受时间与接受能力的不确定性、产品扩散速度的不确定性、售后服务的不确定性、新企业市场竞争能力的不确定性等。例如,贝尔实验室在20世纪50年代就推出了图像电话,但20年之后该技术才被市场接受。又如,摩托罗拉公司耗资50亿美元所开发的"铱星"通信系统,在技术上很先进,但当其在1998年年底投入商业应用后,却一直无法形成稳定的客户群体,最终铱星公司不得不关门大吉。

(3)管理风险。管理风险是指在创业过程中因管理不善而导致创业失败的风险。创业者并不一定是出色的企业家,也并不一定具备出色的管理才能,当创业企业发展到一定规模,原来松散的管理方式很容易导致风险事件的发生。创业企业的管理风险主要包括人力资源管理风险、营销管理风险、管理制度风险等。其中,人力资源管理风险主要包括创业团队分裂、员工招募不当、关键员工流失、人员配置不科学等风险;营销管理风险包括新产品市场定位不准、营销策略失误、营销人员管理松懈、营销执行力不足等风险;管理制度风险包括管理制度缺失、制度制定不科学、制度执行不力等风险。

(4)财务风险。财务风险是指由于企业财务结构不合理、融资不当,使企业丧失偿债能力而导致投资收益下降或破产的风险。创业企业的财务风险主要包括筹资风险、投资风险、现金流风险。其中,筹资风险是指筹资不足、筹资形式不当、筹资结构不合理、筹资时机选择不恰当等风险;投资风险是指投资项目不能达到预期收益,影响企业盈利水平和资金回收的风险;现金流风险是指现金流入不确定而造成的风险。

(5)技术风险。技术风险是指由于拟采用技术的不确定性,以及技术在促进经济增长过程中的不确定性,导致创业活动达不到预期目标的风险。技术的不确定性既包括企业现在拥有的技术本身功能与成长的不确定性,如新技术本身不成功、技术无法向新产品有效转化、新技术的市场前景不明朗等,也包括与之相关的配套技术和替代技术的变动所带来的不确定性。特别是对于高新技术企业而言,企业之间的技术竞争十分激烈,技术的生命周期越来越短,现有技术很容易被更新的技术替代。

2. 按照创业风险的来源分类

(1)系统风险。系统风险源于企业之外,是微观决策主体无法左右、无法影响的与宏观的政治、经济、社会等方面相联系的风险。系统风险由共同的宏观因素引发,一旦发生,通常对所有的行为主体均产生影响,因此又称不可分散风险。政治方面,如政权更迭、战争冲突等;经济方面,如利率上升、汇率调整、通货膨胀、能源危机、宏观经济政策与货币政策等;社会方面,如体制变革、所有制改革等。需要指出的是,虽然微观决策主体无法左右系统风险的发生,但我们仍然可以采取各种各样的措施来防范、规避、转移和化解各种系统风险,以免给企业带来损失。

(2)非系统风险。非系统风险则源自企业内部,是微观决策主体本身的商业活动和财务活动所引发的风险。非系统风险与外部宏观环境无关,只由某一企业自身的特殊因素引发,往往也只对个体企业产生影响。创业企业的非系统风险包括创业团队风险、创业融资风险、投资风险、技术风险、市场风险、新创企业管理风险等。

二、创业风险的管理与应对

风险的管理与应对是创业者在风险评估的基础上,选择最佳的风险管理技术,采取及时有效的方法进行防范和控制,用最经济合理的方法来综合处理风险,以实现最大安全保障的一种科学管理方法。

(一)风险管理的基本环节

创业前,需要问自己以下问题:

这个目标值得去冒风险吗?

怎样使风险最小化?

在决定承担风险前需要什么信息?

人力资源或其他资源如何有助于最小化风险?

在承担这个风险时我担心的是什么?

我愿意尽最大努力去实现这个目标吗?

承担风险能使我获得什么?

在承担风险之前,我需要做哪些准备?

有哪些衡量指标(数字量化)说明我的目标已经实现?

在实现目标的过程中,最大的障碍是什么?

尽管承担风险是一种行为方式,但是评估风险却是一种可以提高的技术。创业者应该在做出承担风险的决定之前,对自己的需求进行评估。创业不能脑子一热就栽进去,对于一个创业项目是否可行的标准为"行得通",每个经过验证的对象,要达到行得通后才可以进行。什么是行得通呢?技术上行得通,就是拿得出合乎目标的产品;经济上行得通,就是从市场销售价格倒推到综合成本,看有无利润生长的空间;标准上行得通,就是要以最终用户的接受来论定;模式上行得通,就是你创造的经营环节能够环环相扣,实现目的与方法的和谐。

1. 评估风险

风险分析的第一步就是确定是否存在风险。选择某个备选方案,是否意味着要承担一些潜在的损失?例如,为了满足日益增长的需求而增加生产,你可以有以下选择:维持现有需求满足水平;购买更多设备来满足需求;租借更多设备来满足需求;向小生产商转包生产合同。

如果企业有较好的现金流、充足的现金储备或良好的信用,而且需求在可预见的未来一定会增长,那么选择以上任何一个备选方案都没有太大的风险。但第一个备选方案可能会导致错失利润增长的机会;而在没有利润保证的情况下,第二、三个扩大生产投入的决策显然会存在较大的风险;无论任何情况,第四种备选方案均会面临产品质量不能有效保障的风险。不同备选方案所存在的风险大小程度是有明显区别的,相应的潜在回报(成功)也有所区别,所以要合理有效地评估以上备选方案。

2. 确定目标

下一个步骤是考虑企业的政策和目标。企业的目标可能是缓慢增长,或者稳步增长,也可能是零增长,或在其他产品领域增长。

某个存在风险的决定如果与企业目标完全一致,决策程序将会继续进行,对备选方案进行详细评估。而如果决定导致的结果与企业发展目标并不匹配,就需要更为慎重地考虑,适时中止后续的推进。

3. 分析备选方案

如果一个决定(如扩大再生产的决定)即使存在一定风险,但与企业目标一致,那么下一步就是通盘考虑各种备选方案。要对这些备选方案进行详细、充分的分析,客观评估其成本。除经济成本外,也应评估个人、社会和自然成本。例如,一个备选方案是否需要付出过多的个人努力?如果失败,会不会带来社会声望的损失?要对每个可行的备选方案在经济及其他方面的成本做详细分析。

4. 收集信息,权衡备选方案

接下来的一步是要收集大量信息,这样才能对每个备选方案的成败进行评估。要对各种情况下的需求进行市场评估,还要评估竞争行为的可能性,预计各种竞争行为带来的影响。要通盘考虑各种可能产生的结果,并得出合理结论:如果需求接近饱和,改进产品能否刺激新市场中需求的增长?如果竞争活动使市场份额下降,是否还存在新的市场?设备是否易于改进,从而转型生产其他产品?如果需求增加,供应商和转包商是否会提高收费?要在市场信息、对未来需求的预测、对竞争行为的评估和其他因素(诸如对信贷公司或设备生产商的反应的预测)的分析基础上,对每个备选方案为企业带来的可能回报进行评估。

5. 风险最小化

在这一重要步骤中,要评估创业者对结果成败的影响程度,包括:对创业者个人能力和企业能力的清楚认识;在确定成败如何变化(朝着有利于创业者方向)过程中的创新能力;策划能够影响变化的战略和策略的能力;实施战略的动力、活力和热情。

6. 规划、实施最佳方案

一旦选择了某一备选方案,就要为实施方案草拟出计划,其中应包括时间表、明确的目标、应对可能结果的计划以及反馈程序,这样才能迅速实施必要的改变。

在商业活动中我们是无法避免风险的。在承担风险的时候,你能够发现自己的能力,并能够更好地掌控自己的未来,你会更加自信,并因此对承担风险有了更积极的态度,把风险视为一种挑战来接受,尽自己最大的努力去实现目标。

(二)大学生创业常见风险的应对

风险一:项目选择的风险

大学生创业时如果缺乏前期市场调研和论证,只是凭自己的兴趣和想象来决定投资方向,甚至仅凭一时心血来潮做决定,一定会碰得头破血流。大学生创业者在创业初期一定要做好市场调研,在了解市场的基础上创业。一般来说,大学生创业者资金实力较弱,选择启动资金不多、人手配备要求不高的项目,从小本经营做起比较适宜。

风险二:缺乏创业技能

一些大学生创业者眼高手低,在创业计划转变为实际操作过程中,才发现自己根本不具备解决问题的能力,这样的创业无异于纸上谈兵。一方面,大学生应去企业打工或实习,积累相关的管理和营销经验;另一方面,积极参加创业培训,积累创业知识,接受专业指导,提高创业成功率。

风险三:资金风险

资金风险在创业初期会一直伴随创业者左右。是否有足够的资金创办企业是创业者遇到的第一个问题。企业创办起来后,就必须考虑是否有足够的资金支持企业的日常运作。对于初创企业来说,如果连续几个月入不敷出或者因为其他原因导致企业的现金流中断,都会给企业带来极大的威胁。相当多的企业会在创办初期因资金紧缺而严重影响业务的拓展,甚至错失商机而不得不关门大吉。如果没有广阔的融资渠道,创业计划只能是一纸空谈。除了银行贷款、自筹资金、民间借贷等传统方式外,还可以充分利用风险投资、创业基金等融资渠道。

风险四:社会资源贫乏

企业创建、市场开拓、产品推介等工作都需要调动社会资源。一般来说,大学生往往缺乏相关的资源,平时应多参加各种社会实践活动,扩大自己人际交往的范围。创业前,可以先到相关行业领域工作一段时间,通过这个平台,为自己日后的创业积累人脉。

风险五:管理风险

一些大学生创业者虽然技术出类拔萃,但理财、营销、沟通、管理方面的能力普遍不足。要想创业成功,大学生创业者必须技术、经营两手抓,可从合伙创业、家庭创业或从虚拟店铺开始,锻炼创业能力,也可以聘用职业经理人负责企业的日常运作。创业失败者基本上都是管理方面出了问题,包括决策随意、信息不通、理念不清、患得患失、用人不当、忽视创新、急功近利、盲目跟风、意志薄弱等。特别是大学生知识单一、经验不足、资金实力等明显不足,更会增加在管理上的风险。

风险六:竞争风险

如何面对竞争是每个企业都要考虑的事,新创企业更是如此。如果创业者选择的行业是一个竞争非常激烈的领域,那么在创业之初极有可能受到同行的强烈排挤。一些大企业为了把小企业吞并或挤垮,常会采用低价销售的手段。对于大企业来说,由于规模效益或实力雄厚,短时间的降价并不会对自身造成致命的伤害,而初创企业则承受不起。因此,考虑好如何应对来自同行的残酷竞争是创业企业生存的必要准备。

风险七:团队分歧

现代企业越来越重视团队的力量。创业企业在诞生或成长过程中最主要的力量来源一般都是创业团队,一个优秀的创业团队能使创业企业迅速地发展起来。但与此同时,风险也就蕴含在其中,团队的力量越大,产生的风险也就越大。一旦创业团队的核心成员在某些问题上产生分歧不能达成一致时,极有可能会对企业造成强烈的冲击。事实上,做好团队的协作并非易事。特别是与股权、利益相关联时,很多初创时很好的伙伴也会闹得不欢而散。

风险八:缺乏核心竞争力

对于具有长远发展目标的创业者来说,他们的目标是不断地发展壮大企业,因此,企业是否具有核心竞争力就是最主要的风险。一个依赖别人的产品或市场来打天下的企业是不会成长为优秀企业的。核心竞争力在创业之初可能不是最重要的问题,但要谋求长远的发展,就是最不可忽视的问题。没有核心竞争力的企业终究会被淘汰出局。

风险九:人力资源流失

一些研发、生产或经营性企业需要面向市场,大量的高素质专业人才或业务队伍是这类企业成长的重要基础。防止专业人才及业务骨干流失应当是创业者时刻注意的问题,在那些依靠某种技术或专利创业的企业中,拥有或掌握这一关键技术的业务骨干的流失是创业失败的最主要风险源。

风险十:意识上的风险

意识上的风险是创业团队最内在的风险。这种风险来自无形,却有强大的毁灭力。风险性较大的意识有投机的心态、侥幸心理、试试看的心态、过分依赖他人、回本的心理等。

大学生创业过程中所遇到的风险并不仅此十点。在企业发展过程中,保持积极的心态,多学习,多汲取优秀经验,结合大学生既有的特长优势,相信大学生创业的步伐会越走越远,越走越稳。

本章小结

本章分别介绍了企业及企业类型、创业机会的基本内涵与构成要素、创业过程中的基本评估方法以及创业的风险及应对策略。在创业过程中,创业者首先要了解企业的内涵与基本类型,根据自身特点选择适合的行业方向;其次对于如何把握创业机会有较为深入的理解与认识,能够辨别出属于自己的创业机会,并了解创业过程中的基本评估方法;最后,创业者应当能够辨识、评估风险,在整合资源满足不断变化的市场需求中,逐渐形成相对稳定、科学、有效的风险管理机制。

第三章　创业者

【学习要点及目标】

1. 了解创业者的含义
2. 了解创业者所应具备的能力
3. 学习如何成为一名创业者

【导入案例】

海王集团创业 30 年

改革开放 40 多年来,在中国崛起之路上,无数企业家不懈奋斗、逢山开路、遇水架桥的精神和行动,谱写了国家及世界产业发展的历史篇章。在最需要创新和勇气的年代里,即使饱受质疑、举步维艰,他们依然不改初心,为理想所驱动,并感召志同道合者向前奋进。

海王集团董事长张思民无疑是其中一员。

张思民 1962 年出生于吉林长春一个教师家庭,1979 年考进哈尔滨工业大学,毕业后被分配到北京航天部,1989 年放弃了舒适安逸的铁饭碗,在改革开放的前沿阵地——深圳蛇口创办了自己的公司。以一个海洋科技成果转化项目为开端,他迈出了商海生涯的第一步。

1990 年 6 月,他带领团队成功开发首个创业产品——新型海洋药物"金牡蛎",创新的产品和先进的营销理念,使"金牡蛎"迅速赢得了消费者信赖,1991 年销售额达到 3 000 万元,1992 年快速上升至 1 亿元,由此迈出了创业创新的第一步。

"金牡蛎"的成功让他对健康产业信心大增,开始全面布局医药健康产业。1992 年,他创办海王生物,进军生物医药行业。1998 年,海王集团的新药研发技术中心被认定为"国家级企业技术中心"。

创业九年后,海王集团下属各个产业相继登陆资本市场,从一个个创业项目孵化为公众公司:1998 年海王生物在深交所敲钟上市,2005 年海王英特龙赴港上市,2007 年海王星辰登陆纽交所。一个全产业链医药健康企业集团雏形初现。

今天的海王集团主要业务涵盖医药健康产品研发、制造、商业流通、连锁零售、互联网和电子商务等完整产业链条。其目标是打造具有持续创新能力的医药健康企业,迈向世界 500 强。

这位颇负盛名的企业家说,他还有梦要追,"中国梦"也是他的"企业梦","中国健康产业前景光明,给像我们这样 30 年'咬定青山不放松'的企业,带来了巨大的历史机遇。机会摆在面前,有过去 30 年持续的坚持,有对未来更加清醒的判断和更加美好的愿景,我相信我们未来一定会走得更好。"

下面节选一部分海王集团董事长张思民就个人创业的访谈。

创业是机遇的把握和人生的抉择

张：那是30年前了，当时我比较年轻，是因为要做一个项目。当时看了国家科委主任宋健在《科技日报》发表的一篇文章，文章中说向海洋要资源、要财富，中国会走向海洋大国，等等。当时觉得这是很好的产业机遇。在中信时，正好研究一个海产品开发的项目，是从日本引进的一个牡蛎深度开发技术，这个项目后来不做了，他们就推着我说你做。我想做就做了。

"互联网+模式"是新的机遇

张：术业有专攻，医药健康产业链的链条很长，研发、制造、商业流通、健康管理、健康服务，等等。一个企业必须抓住自身优势，围绕发展不平衡、不充分的地方，寻找重大的产业机会。比如海王全药网，是一个创新的商业模式，通过集中采购，把过去中国医药产业错配的资源重新正确配置过来，通过改变供应渠道，通过规模化的集约采购，把虚高的药价降下来，让老百姓吃到高质量的、便宜的药。

每次国家政策都是全新机遇

张：粤港澳大湾区这片沃土上聚集了7 000万人，目前人均GDP已经达到2万美元。粤港澳大湾区既是国家战略，同时也应该是健康产业的高地。未来会通过充分地开放，引进吸收，成为国内领先、国际一流的大健康产业集群地。海王本身就在粤港澳大湾区里，海王集团、海王生物、海王英特龙、全药网都在这个湾区里，这个湾区里有创新的基因，有各种资源要素的有效配置。海王在未来会有很多机遇，大湾区也会演绎出非常多的创新创业、大健康方面的故事。这个行业未来的集中度会高度提高，创新能力会进一步加强，规模会进一步放大。我对海王是很有信心的。南山的党代会已经把海王写进世界500强的种子梯队，我希望经过两年、三年的努力，我们能进入世界500强，代表中国的企业参与全球竞争。

创业中，机遇和挑战并存

张：我觉得创业的软环境越来越好，这是肯定的。改革开放40多年的成果积累到现在，是逐步走向繁荣经济或者富裕经济的过程。从软环境上，放、管、服等，这些都比过去有进步，而且进步的幅度很大。创业环境一定比过去好。

（资料来源：全景快讯2018-11-07）

在上一章中，我们了解了企业和创业的基本知识后，立刻开始创业可能是你最期待的想法，然而，你了解自己吗？你身上所具有的一系列特质适合成为一名创业者吗？你所掌握的自身不足是否会成为创业过程中的阻碍？如何才能找到方法来弥补自身的不足呢？

从创业的角度去分析自身的问题，其着眼点比较聚焦。通过蒂蒙斯的创业模型演化来看，创业者应具备的要素有自身的动机、自身所具备的与创业相关的能力以及身边具备的资源（图3.1）。也就是说，从这三个关键要素寻求匹配，弥补不足，就会支撑你成为一名创业者。

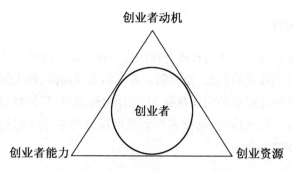

图 3.1 创业者应具备的三个关键要素

第一节 创业者概述

一、创业者的概念

创业者的概念经历了一个演变过程。1755年,法国经济学家坎蒂隆首次将"创业者"引入经济学的领域。1880年,法国经济学家萨伊将创业者描述为将经济资源从生产率较低的区域转移到生产率较高区域的人,并认为创业者是经济活动过程中的代理人,首次给"创业者"做出定义。美籍奥地利政治经济学家熊彼特认为创业者应该是创新者,具有发现和引入更好的能赚钱的产品、服务和过程的能力。

从创业课程体系来看,创业者首先是一个有梦想的追求者,他有着对未来回报的巨大渴望,有着强烈的追求价值的动机,这种动机督促创业者不断获取更大的价值,这种价值的实现,有物质上的诉求,而更多的是人生价值的实现。

"创业者"(entrepreneur)一词来源于17世纪的法语词,表示某个新企业的风险承担者,早期的创业者也是风险承担的"承包商"(contractor)。在欧美的经济学研究中,将创业者定义为一个组织、管理相关生意或企业,并愿意承担风险的人。

创业者一般被界定为具有以下特点的人:

(1)创业者是主导劳动方式的领导人。
(2)创业者是具有使命、荣誉、责任、能力的人。
(3)创业者是组织或运用相关服务、技术、器物作业的人。
(4)创业者是具有思考、推理、判断能力的人。
(5)创业者是能使人追随并在追随的过程中获得利益的人。
(6)创业者是具有完全权利能力和行为能力的人。

在实际生活中,创业者不仅仅是创办一个企业,他还需要在企业的整个发展过程中做出正确的决策,及时解决面临的问题,修正企业的发展方向,使企业长期保持活力,不断发展壮大。同时,界定创业者,还应该站在社会发展的角度,那些建立了新的商业模式并获得了良好发展的企业,并且为其他企业的发展提供样板,为社会提供就业,不断带来财富的企业创立者通常也被称为创业者。

二、创业者的动机

创业动机是创业者由于个体内在或外在的需要而在创业时所表现出来的目标或愿景，在创业过程中驱动着创业者的行为，激励创业者不断发现问题、解决问题，直至实现目标。

创业动机往往是创业成功的内在基础，内在动力性越强，目标越清晰，创业成功率就会越高。根据马斯洛需求层次理论，创业者的动机可以分为生存类创业、寻求自由尊重类创业以及自我价值实现类创业。

(一)生存类创业

一部分人学识技能相对不高，在面临社会生存需求时，希望维持生计或者获得更高的财富回报，这类创业接近于生存类创业。当然，无论什么形式的商业创业，其唯一出发点就是获取财务回报，创业者初期都在为了个人财富的积累而奋斗，因此，追求利润的最大化才是创业存在最为基础的理由，这也无可厚非。

(二)寻求自由尊重类创业

有一部分人不存在生存的紧迫性，他们具有更高的学识技能，追求开创事业，寻求挑战，实现财务独立，放弃雇佣关系，期待不受他人约束，实现社会尊重，这类创业可归纳为寻求自由尊重类创业。

(三)自我价值实现类创业

还有一部分人，具有很高的学识技能水平，头脑灵活、思维活跃、创造性强，他们对创造充满渴望和憧憬，或多或少面临着当前企业无法实现其个人理想抱负的现实。他们会选择带着自己的成果或技能，为早日实现自己的社会价值，开创自己的事业。这种追求自我价值实现的创业者，往往会成为各类企业中的翘楚。

三、创业动机的培养

(一)社会经济的变革发展

信息时代，知识全球共享以及产品的全球化，使得商业更加活跃，创业的种类更加多样。目前保持竞争力已经不再单单依靠有限的技术，一个好的创意往往不受地域的限制，技术、资源甚至是专家团队也变得越来越容易得到，这对于创业者来说是一个有利的环境。

(二)新技术、新知识的出现

我们身边充满了触手可及的全球性的知识、经验、劳动力与资本，技术在迅速更新，这对于创业者来说既是机遇也是挑战。如今的技术突破已不再仅限于几所高校、科研单位，技术的更新也将全球同步，与此同时，企业的竞争也不再像早期一样依靠贸易保护、货币限制、某地优越的地理便利与廉价的劳动力条件。这些都促使创业者必须不断创新以保持竞争优势。创新不仅体现在产品上，也体现在商业活动及运营模式上，技术的创新已经成为创业的驱动力之一。

(三)市场"痛点"的迫切需求

创业的驱动力还来自针对顾客迫切需求的解决方案。当顾客在市场中发现某种不便或者某种需求未被满足时，就为创业者提供了一个创业的契机，这种顾客需求的满足方案可以催生一个好的创业项目。例如,蛋糕制造业的领军企业好利来公司不仅有遍布全国的门店,而且还建有两家大型的食品加工企业,这一成就源于十几年前一个儿子对母亲的孝心:在母亲退休后的第一个生日,他希望能为母亲选购一个样式新颖、口味馨香的生日蛋糕,然而几乎跑遍了全城,也没有寻找到满意的蛋糕。于是,这个儿子在四川雅安开办了第一家蛋糕店,开始了艺术蛋糕的事业。

(四)相似案例的不同解决方案

当其他人的创意获得成功的时候,你还能不能再创新呢?可以明确的是,创业者不会对某一行业的新技术或者新创意已经被运用而产生退缩,相反,如果一个创意获得成功,将会对整个行业甚至是整个经济领域带来不同程度的变化。举例来说,零库存的销售模式不仅带给戴尔公司巨大的财富,而且改变了整个销售行业的现状,为整个商业环境注入了新的风气。这使得创业者有更多的机会利用已经成熟的创新技术帮助自己创业。创业者要学会思考,不需要关注太多细节,而要注意的是,对于那些失败的创新也要进行分析,以便使新的创新不会因为同样的原因而失败。

【案例】

iPad:满足市场需求与错失市场需求

苹果公司推出的 iPad 系列产品是当前平板电脑市场中销量最好的产品之一,这得益于苹果公司最早发现了市场中尚未满足的需求,而同时它们在发展过程中也曾错失一些市场机会。2010 年,苹果公司推出了第一代 iPad,显示屏幕大小达到 10 英寸,是定位于手机与笔记本之间的一种可移动数码设备。外观上看,它就是大一号的 iPhone。当时,许多市场分析人员并不看好 iPad 的市场前景,他们认为潜在的消费者已经拥有了笔记本和手机,不再需要一个夹在中间的产品。但苹果公司的市场主管敏锐地发现,许多消费者使用可移动数码设备是为了娱乐,他们需要一个能够提供比手机更好的视觉和娱乐体验、比笔记本更便于移动和操作的设备。iPad 很好地满足了许多消费者的这一需求,因此销量火爆,4 年卖出超过 2 亿部。

iPad 也曾经遇到强有力的挑战。苹果公司的竞争对手谷歌公司发现,iPad 的体积仍然较大,比较适合家庭娱乐,外出携带并不方便。于是,谷歌公司在 2012 年 6 月推出了 7 寸的平板电脑 Nexus 7,大小介于 iPad 与手机之间,非常便于携带。Nexus 7 推出后,马上得到了许多用户的追捧。

(资料来源:郝培强. iPad 革命:开发者的机遇和挑战[J]. 程序员,2010(5):119 - 121.)

iPad 正是利用了新的技术,解决了人们娱乐屏幕需要大型化、体积小型化的"痛点";而 Nexus 7 则是在 iPad 相似案例的不同解决方案下诞生的产品。它们都得到了很好的市场追捧,取得了巨大的成功。

第二节 创业者的能力

一、创业者的能力内涵

在开始解读创业者能力之前,我们先来做一个自我探索。"我是谁"这是个哲学命题,也是创业中认识自我的过程。作为社会中的人,我们扮演着多种角色,我们经常会比较重视当下角色所面对的工作,而忽略了其他角色所承担的任务,而往往我们身上其他角色所承担的任务更偏向于我们的兴趣、爱好或者责任。以学生为例,学生的当前角色是学习,很多学生会更加关注自身所具备的与学习相关的内容,往往忽略了作为家庭中子女的角色或生活中朋友的角色所需要具备的相关内容。而这些内容可能会为你的创业带来更多的帮助,所以,认清"我是谁"非常重要。

很多大学生在进行职业生涯学习的时候,已经了解了自身兴趣、性格、能力以及价值观的探索方法。比如,在探索兴趣的过程中,可以使用兴趣岛和霍兰德兴趣理论来探索;在探索性格中,可以通过自我访谈的方式澄清;在探索能力时,可以使用能力卡牌的方式进行;而探索价值观排序则可以尝试使用价值观拍卖的方法进行。在这里推荐一个小工具——生活之轮,来探索你生活中所面临的一系列内容。

【小测试】

生活之轮

我们首先选择生活中与你扮演角色相关的八个主题,然后在生活之轮中用阴影大小来标出关注程度即可(图3.2)。

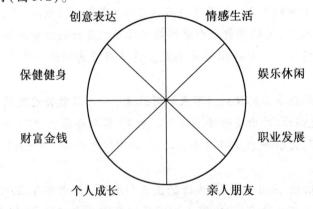

图3.2 "生活之轮"小测试

在完成了阴影标注后,可以逐一分析相关阴影中你学习到了什么、忽略了什么、因为什么忽视了这些内容、它还能为你带来什么,等等。

这个小测试可以让我们意识到,对生活中所关注的领域认识程度上有不同,其所展现出在该领域具有的相关能力也就不同。下面通过知识、技能和特质三个层面来具体分析创业者所应具备的能力。

(一)创业者的知识

知识是由一系列能够在适当的时候回忆起来的信息储备组成的。大量的实例证明,现有的学科知识只要是有助于产品开发的、服务的,或是有助于找到更多客户的,这些专业知识在创业中都有用。当然,基本的商业知识如商业机会、市场竞争、行业结构、消费者、市场营销等方面的知识也是创业者需要具备的。

(二)创业者的技能

当创业者具备了一定知识后,是不是就表示其能够掌握这部分知识的运用了呢?显然不是。怎样将这些知识运用到实践中去,让企业从创办到管理顺畅成功,就需要创业者具备一定的技能。

技能就是指能够熟练运用知识的能力。而在创业过程中,技术上的技能和管理上的技能都是需要掌握的,比如技术上有计算机、工程、机械等,管理上如市场营销、财务管理、组织统筹、领导决策等。

(三)创业者的特质

我们不难通过大多数创业者来总结他们共同的特点:自信、主动、倾听、愿景构建、利润导向、目标导向、持之以恒、努力工作、应对失败、正面回馈、有自己的标准、应对不确定性、诚实可靠、能够承担风险,等等。我们将这些特点总结成创业者的六大特质,即责任承诺和决心、领导力、商业敏感性、创新能力、对风险或不确定性的容纳度、强烈的愿景。

1. 责任承诺和决心

这在创业过程中非常重要,它体现在努力工作上,体现在遇到问题解决困难上,体现在旺盛的精力上,也体现在调动自身各个机能保持敏锐上,以保证创业者在任何情况下都确定自己应该做什么、为什么去承担责任。

【案例】

砸冰箱的故事

1985年,一位用户向海尔反映:工厂生产的电冰箱有质量问题。

为了解决问题,海尔集团高层突击检查了仓库,发现仓库中有缺陷的冰箱还有76台。当时研究处理办法时,有人提出作为福利处理给本厂的员工。海尔集团掌门人却做出了有悖"常理"的决定:开一个全体员工的现场会,把76台冰箱当众全部砸掉,而且由生产这些冰箱的员工亲自来砸!听闻此言,许多老工人当场就流泪了……要知道,那时候别说"毁"东西,企业就连开工资都十分困难。当时,甚至连海尔的上级主管部门都难以接受。

在海尔集团的企业文化中,如果放行这些产品,就谈不上质量意识,因此,不能用任何姑息的做法,来告诉大家可以生产这种带缺陷的冰箱,否则今天是76台,明天就可能是760台、7 600台……所以必须强制实行,必须要有震撼作用!

结果,就是一柄大锤,伴随着那阵阵巨响,真正砸醒了海尔人的质量意识。在家电行业,海尔人砸毁76台有缺陷冰箱的故事传开了。至于那把著名的大锤,已经收入国家博物馆。海尔有着严格的产品质量意识,只有严格要求,企业才能朝着正确的方向迈进。

(资料来源:乱云.砸掉76台不合格冰箱[J].广西质量监督导报,2011(2):23.)

2. 领导力

领导力表现为：对待他人要有"温度"；人际关系要处理得当并能保持下去；公正而诚实地对待他人；为他人树立良好的榜样；具有合作性、可靠；善于倾听，并尊重他人的观点；情绪积极、乐观；愿意协助他人更好地工作；善于接收新观点；与人相处时情绪稳定；忠实于员工，承担责任，能够承认错误；工作努力，能够获得良好的工作结果；养成良好的工作习惯；提升员工福利和归属感；等等。

因此，人本导向的创业者会在工作中表扬员工良好的工作表现，并让他们感受到自己的良好表现总是会被赏识，从而树立员工的信心和自尊；告知员工他们所需完成的事情；具备良好沟通能力是成功的基础；以领导者身份与所有员工保持个人接触；奖励值得鼓励的行为，这样员工就会重复同样的行为；积极地倾听，这意味着要给讲话者以反馈；设定具体、明确、可衡量的目标，并对之不断确认，进行修正与调整；在私下里讨论员工工作表现中的消极方面，而不是在公共场合批评员工。

3. 商业敏感性

对于商业敏感性有很多种不同的定义，我们常说有人"具有生意头脑""很强的商业嗅觉"等，这应当是包括具有一定商业知识，对商业中财务、市场、运营等方面有一定的知识储备，能及时敏感地感知商业动态，并做出良好的判断和应对能力。它具有很强的市场导向特点，具有对财务的敏锐思考和对全局的把控能力等。

4. 创新能力

创新能力会让人另辟蹊径。无论身处何种环境，通过个人的主动性、想象力、直觉和洞察力，总能够改变一些事物，也总能够找到做事情的方法，创新后，能够尽快融入创新的事物并适应接纳它。而创新的基础是寻找信息，敏锐地发现全新的信息，为创新提供重要的灵感。

【案例】

分众传媒的成长之路

2003年5月，年仅30岁的江南春创立了分众传媒，他决定绕开竞争惨烈的传统媒体，走"分众"之路，专攻楼宇液晶媒体，利用数字多媒体技术建造商业楼宇联播网，大获成功。2005年7月，分众传媒在美国纳斯达克成功上市。

"只是一个创意让分众有了今天。创新的动力总是来自对传统的怀疑和颠覆。颠覆性的创意更能创造财富是我的'成功理论'。"江南春曾在多种场合反复强调自己创业成功的秘诀，那就是颠覆性创意。

从传统的广告代理到发现分众传媒这块"大蛋糕"，江南春在一定程度上是靠创意生财的，这也许得益于他"诗意的思维方式"，但最重要的还是他对市场的把握和对产业发展良好的判断能力。分众传媒已经过了当初"跑马圈地"的时代，如今，他要不断保持"创新"的经营思路，为分众传媒找到更加具有前景的发展方向。

(资料来源：《环球人物》2008年第24期)

5. 对风险或不确定性的容纳度

从企业最初的定义来看，即企图冒险从事某项事业。由此可见，任何企业运行都具有某种程度的风险。而创业者对于风险的承担能力以及对不确定性的容纳度越高,则越能面对风险、解决问题。

【案例】

亚马逊曾经是个亏损企业

亚马逊从1995年成立起,一直到2015年,20年里几乎都处于亏损状态,且每年的财务净亏损均维持在2 000万美元左右,很少有巨大的波动。直到2016年,亚马逊才首次实现盈利。尽管亚马逊20年里一直持续亏损,但是其市值却几乎年年上涨。业界甚至有"亏损的亚马逊才是值得投资的亚马逊"言论。

1994年,在一次上网冲浪时,杰夫·贝佐斯偶然进入一个网站,看到了一个数字——2 300%,互联网使用人数每年以这个速度在成长。当时西雅图的微软已经逐渐长大了,他看到这个数字后,眼里放光,希望自己像微软一样,在IT行业取得成功,做网络浪尖上的弄潮儿。

最后他选定了先卖书籍。书籍特别适合在网上展示,而且美国作为出版大国,图书有130万种之多,图书发行业市场空间较大,这个行业年销售额为2 600亿美元,但是,拥有1 000余家分店的美国连锁书店,也是全球9大书店的年销售额,仅占12%。几周后,他拒绝了丰厚的待遇,踏上了创业之路。1994年,30岁的贝佐斯当时已是美国信孚银行史上最年轻的副总裁,但他冒着极大的风险,从父母那里拿了30万美元辞职创业。

(资料来源:顾彦. 亚马逊教给我们的生存法则[J]. 中国战略新兴产业,2019(10):40-42.)

6. 强烈的愿景

开创一项事业必然面临无数的困难和挑战,需要坚持不懈、不言放弃、持之以恒才能获得所期待的回报,而这种坚持背后所体现的强大愿景是非常关键的支撑。

【案例】

认准了就去做

下面的故事来自百度CEO的一段访谈:

我在很早的时候就对计算机非常感兴趣,记得那是在1984年,我当时在山西省阳泉市。我所在的学校就买了几台计算机,学校里光我们一个年级有400多人,总共只有几台这种苹果计算机,所以只有少数学生有机会去学习计算机的使用。当时学校就用一个办法,考一次试,谁的数学成绩好,就选谁去学计算机。当时因为我数学成绩好,所以就满怀信心地去学计算机了。学了一年之后,我们学校进行一次考试,选出了前三名去参加全国青少年程序设计大赛。我记得带队老师带着我们三个人坐着火车到太原去,在火车上老师说你们三个人只要有一个能够冲进全省的前十,我就没白教你们。我说老师你放心吧,我们一定给你争光。第二天我们在太原参加了考试。考试结束之后,我干了一件事,我到太原的新华书店,去看一看那里的书。我一进新华书店就惊呆了,因为它有好几个书架都是有关计算机编程的书,而在阳泉也有一个新华书店,我经常到那里去找,我能够看到的所有关于计算机的书就是我上课时候用的那本教科书。

后来我们三个人没有一个人进入前十名,而且我也很清楚为什么我们进不去,因为大家在信息、资源面前太不平等了。这一次失利对我后来也有比较大的影响。我当时是高一,后来到高三考大学的时候要报志愿,其实我挺喜欢计算机的,但是我觉得我不能报这个专业,因为我知道有太多的人在更大的城市,太原甚至是北京,他们有比我们多得多的资源优势。我就想有没有什么专业既能够应用到计算机但又不完全是纯粹的计算机,于是我翻了各个高校的所有的相关专业,最后找到一个专业,也就是今天的北大的信息管理系。现在想起来,这就是为什么后来我能够做百度,能够让人们这么容易地找到他想要找到的信息。因为我从小心里就埋了这么一颗种子,要让所有的人,要让全中国的人,不管在多偏远的地方,都能够方便、平等地获取信息,找到所求。

(资料来源:李彦宏,冷轩.抉择改变人生[J].中学生百科,2016(7):34-35.)

【扩展阅读】

百森商学院"10个D"特质

相对于创业者应具备的特质,反观企业家应具备的特质,这两者是否有不同呢?基于这个问题,美国百森商学院创业研究中心主任威廉·拜格雷夫研究发现,企业家具备下列特质——10个D。

(1)梦想家(dreamer):企业家对自己、组织及社会都有一个憧憬的未来,更重要的是他们都有能力去完成它。

(2)决策力(decisiveness):企业家不会拖泥带水,由于他们很快地下决定,因此,这种果断的作为将是他们日后成功的重要因素。

(3)实干家(doer):企业家一旦决定了行动方案,便会尽快地完成,并且在行动中随时调整。

(4)决心(determination):企业家会完成其承诺,即使遭遇到一些瓶颈和障碍,也不会轻言放弃。

(5)奉献(dedication):企业家会完全地投入到自身的创业冒险之中,并且维持与朋友和家庭的适当关系,同时还能不遗余力地工作。开始一项工作,常常夜以继日,不辞辛劳。

(6)专注(devotion):企业家会慎重选择创业项目,一旦决定,他们会聚集力量,做到极致。

(7)细节(details):在创立和推动一项新事业时,企业家更注重细节,正所谓"细节决定成败"。

(8)主导命运(destiny):企业家能够主导命运,不会怨天尤人,并积极主动寻求突破。

(9)金钱(dollars):没有钱是万万不能的,对于企业家创业更是如此。他们了解金钱对于事业的重要性,善于整合资源实现财富积累。

(10)分配(distribution):企业家懂得授权,信任对其事业成功非常关键的合伙人;通过激励机制,调动员工的主人翁精神。

【小测试】

创业者的个性特征测试

下列 32 组句子中,选择最能够反映你个人观点的句子。

1. A. 工作一定要完成。
   B. 我喜欢与优秀的朋友在一起,这样我能够获得他们对我的工作的见解和建议。
2. A. 当我的责任增加时,我会感到更加快乐。
   B. 我喜欢把什么事情都事先安顿好。
3. A. 我决不做任何可能使自己受损失的事情。
   B. 理解如何赚钱是创业的第一步。
4. A. 不管多好的事情,如果这件事情失败可能使我招致嘲笑,我就不会冒险去做。
   B. 除了工作之外,我还记挂别人的安康。
5. A. 我会为自己开创的任何事业而努力。
   B. 我只会做那些使我开心并有安全感的事。
6. A. 如果我失败了,别人会嘲笑我。
   B. 尽管我对自己很有信心,我还是需要别人的建议。
7. A. 在遇到困难时,我要找到解决的方法。
   B. 如果在新开创的事业中失败,我会继续目前的工作。
8. A. 如果我觉得一个想法是好主意,我就会去实践这个想法。
   B. 我能够比现在做得更好。
9. A. 工作时,我会注意维系良好的人际关系。
   B. 不管发生什么事,都是我从经历中学习的机会。
10. A. 即使我的努力失败了,我也能从中学到东西。
    B. 我喜欢舒适的生活。
11. A. 我只会投资比赛或彩票,总有一天幸运会落到我头上的。
    B. 如果我在工作中失利,我会努力找出原因。
12. A. 我会尊敬我的员工,并对他们一视同仁。
    B. 如果能有更好的工作,我就会离开现在的工作。
13. A. 在实施一个新的想法之前,我会慎重考虑。
    B. 如果我的叔叔去世,我会先去参加葬礼,即便这会导致公司订单延误好几天。
14. A. 只有当我拥有资本时,我才能够发展一份事业。
    B. 我希望能够自己做出重要决定。
15. A. 当别人的好意和信任被背叛时,我不会坐视不理。
    B. 如果事情没有按照我的想法发展,我会寻求其他的替代机会。
16. A. 我可以犯错误。
    B. 我非常喜欢与朋友谈天。
17. A. 我希望我的钱能够安全地存在银行里。
    B. 我完全认可我的工作,同时我也了解它的优劣。

18. A. 我希望能够拥有很多钱从而过上舒适的生活。
    B. 在做决定时我希望能够得到别人的帮助。
19. A. 人们首先应该照顾好自己的亲人和朋友。
    B. 我喜欢解决难题。
20. A. 即便可能损害自己,我也不会做让别人不开心的事情。
    B. 钱是事业发展的必需品。
21. A. 我希望我的事业能够很快发展起来,这样我就不会遇到经济紧张的困境。
    B. 不能因为不成功就去责备自己。
22. A. 我希望能够独立地按照自己的想法去做事。
    B. 只有为自己的未来积累了一大笔钱后我才会幸福。
23. A. 如果我失败了,那主要是别人的错误造成的。
    B. 我只会做那些让我感觉舒服且令我满意的事情。
24. A. 在开始一份工作之前,我会认真考虑它是否会对我的声誉造成不利的影响。
    B. 我希望自己能和别人一样,也买得起昂贵的东西。
25. A. 我希望能够有舒适的房子住。
    B. 我会从失败中吸取教训。
26. A. 在做任何工作之前,我都要考虑它的长期影响。
    B. 我希望每件事情都能按照我的想法进行。
27. A. 金钱能够带来舒适,所以我的主要目标在于赚钱。
    B. 我喜欢在能够经常见到朋友的地方工作。
28. A. 我了解自己正在做的事,我不怕受到别人的批评。
    B. 如果我失败了,我会觉得自己非常差劲。
29. A. 碰到困难是常有的事,我应该去做一些好的新工作。
    B. 在开始新工作之前,我会采纳有经验的朋友们的建议。
30. A. 我的所有经历都会激励我前进。
    B. 我希望能有很多钱。
31. A. 我喜欢每天从容不迫,万事顺利,没有任何烦恼。
    B. 不管遇到多大的障碍,我将努力达到目标。
32. A. 我不喜欢别人无故干涉我做事。
    B. 为了赚钱,我可以做任何事情。

创业者的个性特征测试评分

测试包括32组句子,在每组中选择A或B,根据下表将每题所得分数相加。每题得分如下:

1. A1分,B2分;2. A2分,B1分;3. A0分,B1分;4. A0分,B1分;
5. A2分,B1分;6. A0分,B2分;7. A2分,B0分;8. A1分,B2分;
9. A1分,B2分;10. A2分,B1分;11. A0分,B2分;12. A1分,B1分;
13. A2分,B0分;14. A1分,B1分;15. A1分,B1分;16. A2分,B1分;
17. A0分,B2分;18. A1分,B0分;19. A0分,B2分;20. A1分,B1分;

21. A1 分,B0 分;22. A1 分,B1 分;23. A0 分,B2 分;24. A1 分,B1 分;
25. A1 分,B2 分;26. A1 分,B1 分;27. A1 分,B1 分;28. A2 分,B0 分;
29. A0 分,B1 分;30. A2 分,B1 分;31. A1 分,B2 分;32. A1 分,B0 分。

将所选选项记录在答题纸上,再根据上表得出最终分数。

0～25 分:不具创业性

26～36 分:中立

37～47 分:具有一定的创业性

48 分以上:非常具备创业性

(资料来源:共青团中央,中华全国青年联合会,国际劳工组织.大学生 KAB 创业基础[M].修订版.北京:高等教育出版社,2015.)

二、创业者的能力培养

创业关键是靠自我挖掘。有了机会,创业者通过自我挖掘,主动去行动,就有了成功的可能。

为什么说自我挖掘的能力是很重要的?有什么好的办法能让创业者更好地挖掘自我的能力?首先,自我能力的挖掘主要是创业活动的性质决定的,再大的外部挖掘力量也不如创业者自己去自我识别、自我甄别。商场如战场,在战场中要知己知彼,才能抓住时机百战百胜。知己比知彼更重要,通过对自己的了解,创业者能够促使自己多些正面的暗示。其次,创业本身要求创业者对错误决策负责。所以创业者必须要训练、提升自己的自主决策能力,正确地认识周围的环境和机会,特别是自己和环境的匹配,若出现错误、失败,自己能够负责,也能够认清挫折和失败可能带来的危害,这才是走向正确决策必要的过程。因此,创业者的能力培养要以自我培养为主,主要有以下几个方法。

(一)注重学习积累

大学生的知识主要来源于其专业背景。那么进入社会以后,如果要做一名成功的创业者,持续的学习显然是必要的,而且需要拿出像科学家钻研技术一般的专注和坚持。首先,我们可以从工作中学习专业知识。实际上,大多数知识是来自工作,获得专业知识的最好办法就是去学习实践。其次就是向别人学习。很多创业者在立稳脚跟之后,还在不断地接受培训,也就是向提供专业知识的机构或人学习。

其实,只要我们在工作过程中肯动脑子,注意工作经历中的各个细节,敢于将市场需求和大胆设想结合起来,这就是一个知识的更新过程,相伴相生的就是商机。实际上,在创业过程中遇到的各种问题,往往就是新机会的前奏,解决了这些问题,就会向前迈进一大步。

(二)注重经验积累

技能是熟练运用知识的能力,换而言之,就是一种知识在实践过程中的经验积累。因此,经验积累是提升技能的很好途径。投入到我们所要从事的行业中去学习是积累经验的最好办法。

(三)多做尝试

在商场上取得成功的创业者,在上学时,或者在其他阶段,他们都有各种各样从事商业的经历。这种经历可能是缓解性的,也可能是项目性的,可能与现在做的事情有关,也可能无关。通过试一试,可以不断地积累成果,将获得的利润积攒起来,实现资本化。

(四)积累人脉

对于创业者来说,人脉资源对日后的事业有着举足轻重的作用。人脉不是要求创业者要与人混得很熟,而是要获得真诚。创业者要把真正对自己将来的追求有所理解的人集中起来,通过建立人脉去建立企业,并与同行之间建立真正的职业伙伴关系,同时要主动帮助他人,以此获得引荐,去扩展二度、三度人脉。

本章小结

本章分别从创业者的概念、创业动机、创业者的能力及培养等方面对创业者个体展开探讨,希望大学生对创业者有一个理性的认识,了解创业者应具备的知识、能力、特质等因素,以及可以使创业者形成创业动机的多个要素等。

第四章 创业团队

【学习要点及目标】

1. 了解创业团队的含义及团队对创业成功的帮助
2. 学习如何组建创业团队
3. 思考创业团队的管理策略

【导入案例】

阿里巴巴初创团队的"隐形"英雄

阿里巴巴初创团队中的蔡崇信,耶鲁大学毕业,在瑞典投资公司银瑞达担任投资主管,每年拿着70万美元的高薪。1999年,他毅然放弃这一高薪,加入每月只能给他500元人民币的阿里巴巴。

作为阿里巴巴的初创人员之一,蔡崇信做事内敛、做人低调,重视细节,严谨细致,做事沉稳冷静,有条理,重视制度。他关注的是落地和实际的制度和规范等。他有传统但开放的性格,面对创业初期团队中强烈的情怀和愿望,他能够冷静思考,将其消化并转换成可操作的执行步骤。他为阿里巴巴内部管理的完善立下了汗马功劳。

在阿里巴巴的成功故事中,他至少做了4件大事。

1. 在初创期间,建立了健全规范的财务制度,消除了股权与合伙人之间的矛盾隐患。
2. 在2000年互联网寒冬的时候,辅助CEO冷静地开源节流,裁减大量"老员工",控制了成本,让阿里巴巴挺过难关。
3. 在阿里巴巴最缺钱的时候,成功引入多笔风投,最有名的是他冷静地与软银集团周旋,为阿里巴巴争取了2 000万美元的融资,助阿里巴巴走过冬天。
4. 他的加入,让阿里巴巴获得很好的背书,打开了阿里巴巴的国际化人脉。一些投资人开始关注阿里巴巴,让阿里巴巴绘出国际化蓝图。

(资料来源:作者撰写)

了解了创业知识,具备了创业者的特质,我们就可以摩拳擦掌地准备创业了吗?一个人就能独打天下了吗?显然是不能的。只有拥有了强大的团队、更多的经验和资源才能迎接未来不可预估的巨大挑战。

通过上述案例可知,企业家也不能只靠一个人达成目标。一个人能成就多大的事业,往往取决于他能吸引并且带领多少人。

对一个创业者最大的挑战是你要不断说服自己,不对未来丧失信心,用持续、高昂的热情不断探索未来,你还要能洞察人性,不断鼓动人心,激发大家的热情,让他们始终坚信,跟你走才有更好的未来。

第一节 创业团队概述

一、创业团队的模型

创业团队需要具备五个关键要素,称为创业团队的5P模型。

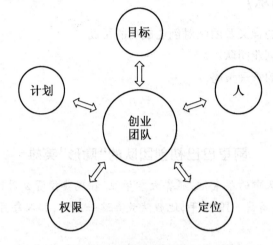

图4.1 创业团队的5P模型

（一）目标（purpose）

创业团队应该有一个既定的共同目标,为团队成员导航,知道要向何处去。没有目标,这个团队就没有存在的价值。目标在创业企业的管理中以创业企业的愿景、战略的形式体现,缺乏共同目标会使团队没有凝聚力和持续发展力。

（二）人（people）

创业团队的构成是人,在新创企业中,人力资源是所有创业资源中最活跃、最重要的资源。创业的共同目标是通过人来实现的,不同的人通过分工共同完成创业团队的目标,所以人员的选择是创业团队建设中非常重要的部分,创业者应该充分考虑团队成员的能力、性格等方面的因素。

（三）定位（place）

定位指的是创业团队中的具体成员在创业活动中扮演什么角色,也就是创业团队的角色分工问题。定位问题关系到每一个成员是否对自身的优劣势有清醒的认识。创业活动的成功推进,不仅需要整个企业能够找到合适的商机,同时也需要整个创业团队能够各司其职,形成良好的合力。

（四）权限（power）

为了实现创业团队成员的良好合作,赋予每个成员一定的权力是必要的。赋予团队成员适当权力,主要是基于团队成员对于控制力的追求往往是他们参与创业的一个重要动因。此外,创业活动的动态复杂性,必须依赖团队成员拥有较多的权力来实现目标。

（五）计划（plan）

计划是创业团队未来的发展规划，也是目标和定位的具体体现。在计划的帮助之下，创业团队能够有效制定短期目标和长期目标，提出相关目标的有效方案，以及加强实施过程的控制和调整措施。可能讨论的计划尚未达到非常复杂的程度，但是，从团队组建和发展过程来看，计划的指导作用自始至终都是存在的。

一个高效的创业团队，其成员能够聚同存异，每个成员按照"适才适所"的原则定好位，有效授权，做到"人尽其才、才尽其用"，这样才能实现创业的共同目标。

二、创业团队的重要性

与个体创业相比，团队创业具有多方面的优势，对创业成功起着举足轻重的作用。创业者可以依靠团队的力量，实现"1+1>2"的效果，这是因为创业团队具有多方面的优势。

（一）团队具有丰富的资源

创业团队中每个成员都有不同的成长经历、知识结构、经验积累、社会资源等，这些资源整合在一起要比单一创业者更具优势，能够更加有效地解决企业所面临的各种问题，提高创业的成功性。同时，团队能够克服单一创业者在时间、人员、精力上的各种不足，避免因为过于依赖单个人而导致的缺位损失。

（二）团队更具创新能力

熊彼特在《经济发展理论》一书中提出创新理论包括五个层面：(1)开发新产品或改良原有产品；(2)发现新材料或者半成品；(3)有创新的产业组织；(4)采用新的生产方式；(5)发现全新的市场。无论上述五种创新的哪一个方面，团队成员都具有不同的思维模式、信息获取渠道及机会认同，这就能均衡地把资源和技能等融为一体，增加创新的发现点，赢得更多的商机和成功的可行性。

（三）团队决策更加合理

团队成员之间分工明确，各司其职，这就使问题在解决上更加多样和丰富，也加强了解决问题的科学性。同样，团队能够分担管理者的管理成本，能让更具高层次决策能力的成员有更多的时间思考企业战略问题，还可以有效地避免单一决策者思考问题片面的困境，为企业决策提供连续性支撑。

（四）团队能带来更高的绩效

团队成员形成凝聚力后，可以使工作绩效大大提高，实现团队绩效大于个人绩效之和的目的。团队成员团结合作、优势互补，所产生的集体智慧远胜于个人。研究表明，工作群体绩效主要依赖于个人的贡献，但团队绩效则基于每个团队成员的不同角色和能力而产生的乘数效应，这也证明了团队工作方式能有效地提高企业的绩效。

【案例】

携程四君子——最美创业团队

携程四君子打造了中国企业史上的一个神奇组合。

1999年，四人创立了携程网。

2002年，四人创立了如家。

在中国的企业家中,三年内两次把自己创办的企业送进美国纳斯达克股市,他们是纪录的创造者,因而这四个人堪称"第一团队"。

担任总裁的季琦——团队的实干者和推动者。1997年开始,做过很多生意,创办了上海携程科技,擅长市场和销售。后认识梁建章,并成为好友,决定共同创业。

担任首席执行官的梁建章——团队的信息者、技术者。原甲骨文中国区技术总监,擅长IT和架构管理,见到美国互联网的发展迅速,提议做网站。

担任首席财务官的沈南鹏——团队的监督者、完美者,此前是德意志银行亚太区总裁。与季琦为同届校友,与梁建章在美国相识。

担任执行副总裁的范敏——团队的行业专家。当时已在旅游业工作了十年,任大陆饭店的总经理,待遇优厚,是季琦的校友,被"三顾茅庐"挖来的。

在性格方面,季琦有激情、锐意开拓;沈南鹏风风火火,一股老练的投资家做派;而梁建章偏理性,用数字说话,眼光长远;范敏则善于经营,方方面面的关系处理得体。四人按照各自的专长组成"梦幻组合"。

在这个组合里,没有"皇帝",也没有"大哥"。他们虽有同学之谊、朋友之情,但性格、爱好不同,经历各异;他们创立的携程和如家虽然经历了多次高层人事变更,却没有发生过震荡,都在纳斯达克成功上市,并且一直保持着优异的业绩;他们为中国企业树立了一个高效团队的榜样,最终实现了共赢。

(资料来源:朱瑛石,马蕾.第一团队:携程与如家[M].北京:中信出版社,2008.)

携程这个团队具有很好的优势互补作用,每个人经历不同,所掌握的资源也不同,组合到一起,能够互相弥补缺陷,发挥更大的创新能力。同时,团队没有"皇帝",也没有"大哥",分工不同,决策更加合理,带来了更加高效的工作,所以,这个团队才成为"第一团队"。

当然,团队创业也存在一定的劣势。主要体现在:团队磨合会增加沟通和交流的成本,也会增加一定的时间成本;集体决策更注重商讨和统一,相较于个人决策在时间成本上必然大大增加;人员在利益分配和团队权责方面会产生一定的冲突,创业初期还有可能导致团队分裂,这些都会为创业带来不明确的危机。

第二节 创业团队的组建

创业团队是一种特殊的群体,创业团队工作绩效大于所有成员独立工作绩效之和。创业团队在企业管理中地位举足轻重,是高层管理团队的基础和最初组织形式。人与人之间存在巨大的差别,而"适合"这两个字则更能体现创业团队的精髓。因此,我们可以这样理解"适合",那就是价值观一致、事业方向有认同感、能力能够相互补充、团队成员不可轻易替代等。然而,在大学生创业的初期,合伙人大部分都是同学、朋友、熟人等,具有高度的同质性,团队中期待的互补性、不可替代性则很难实现。因此,创业初期团队成员的选择,也会成为决定创业成败的关键因素。当然,必要的磨合也是创业初期所要经历的,任何创业团队都无法避免。

一、创业团队的组建原则

在创业初期团队的形成过程中,团队成员构成上应具备以下几个要素:有相关产业经验,有不同的社会网络关系,有不同的创业或工作经历,有不同的教育经历等。团队中每个人所承担的角色不同,有决策者、协调者、执行者、技术人员等,随着创业的逐步成功,还会有投资方、技术顾问、咨询师等角色的加入。在创业的初期,可能创业团队的人数并不会很多,而角色分配上又有一定的需求,可能会要求每一个成员承担多个角色,这也为创业者的整体素质提出了很高的要求。

（一）共同价值原则

共同的价值观是组建团队的一个基本准则。只有在价值认同上一致,团队才有共同的目标和努力方向,才有统一的思路和理念。价值观决定着创业的性质和宗旨,决定着创业的目标和行为准则,也指导着团队成员如何工作、如何取得成功。这其实是在企业文化上的一种认同。当团队成员的个人追求与企业追求一致时,也就是对企业文化的认可,这样个人就会融入团队中,增强团队的凝聚力。如果团队成员缺乏共同理念,就很容易导致个人主义的竞争和角逐,最终导致创业的失败。

（二）相似性原则

研究表明,当其他人在某些方面与自己具有相似性时,人们会感到舒服,而且也倾向于喜欢那些人,这就是"相似性导致喜欢"效应。创业者也会喜欢与自己相似的人一起工作。事实上,多数创业者确实会倾向于选择那些在背景、教育、经验上与他们相似的人组成团队。这样做的好处是容易彼此了解,可以更好地促进成员之间的沟通,并有助于形成良好的人际关系,容易意见一致。但是其缺点也非常明显,那就是他们在知识、技能、社会关系网络等资源的拥有上容易重叠,这不利于创业对资源的广泛需求与利用。一般主张在个人的特征和动机方面考虑相似性。

（三）互补性原则

从人力资源管理的角度看,建立优势互补的团队是保持团队稳定的关键。组建团队时,要考虑成员之间在知识、技术、能力、经验、信息、思维方式、行事风格等方面的互补,尽量保证团队成员的异质性,为企业提供多样化的人力资源基础。这样做的好处是有利于充分发挥个人资源优势,拓宽团队所掌握的资源,强化团队成员之间的合作,加强解决问题的进程,促进每一个团队成员的发展,形成强大的团队合力。一般主张在知识、技能和经验方面考虑互补性。

【扩展阅读】

唐僧师徒是经典的创业团队

在唐僧师徒的团队里,每个成员都有自己的优点和缺点。那么,为什么唐僧师徒能成功呢?他们取得成功的关键是什么呢?首先,唐僧是一个执着于自身追求并且目标十分坚定的人,不管遇到多少艰难困苦,都不言弃,对心中的信念始终坚定不移。唐僧作为这个团队里的领军人物,他的自我控制能力以及坚定的信念,不仅是另外三人的榜样,还对他们的成功起到了相当重要的作用。一个领导者必须具备的条件就是能够始终坚定自己的信念,做到不抛弃不放弃。其次,唐僧具有降服人才的能力,他的紧箍咒往往能在关键时刻让孙悟空妥协。

孙悟空是一个神通广大、不畏艰险、敢于反抗且富有开拓精神的人。他敢想、敢做、敢当且极具创造性,是一个团队中必不可少的人物。但是,这种人往往个性太强,具有强烈的自我意识,容易与其他成员产生矛盾。这时就需要领导者从中调解,充当润滑剂的作用,增强团队的凝聚力。此外,孙悟空还有丰富的人脉关系,在西天取经的路上得到了很多人的帮助。

猪八戒虽然好吃懒做,但他性格温和、憨厚单纯,总能在漫漫的西行之途中为大家带来欢乐。每当唐僧和孙悟空发生一些摩擦的时候,猪八戒就是他们之间沟通的桥梁,起到了缓和成员关系的作用。他还能够知错就改,积极听取他人的意见,在取经途中做到了悬崖勒马,甚至是浪子回头。

沙僧虽然在四人中看似可有可无,但少了他还真不行。沙僧的任劳任怨、踏实肯干以及善良忠心让他在团队中承担了后勤类的工作,并且能够持之以恒地胜任这份工作。在一个团队中,沙僧这一类型的人应该是数量最多的,他们在团队里一直默默奉献,虽然没有领导和骨干风光,但是他们对于一个团队来说,最宝贵的价值就是能够勤勤勉勉、兢兢业业地完成每一项任务。

启示:西天取经团队具有一个共同的团队目标,也就是前面提到的共同价值原则。同时,孙悟空、猪八戒、沙僧同样都是被天庭下放的"戴罪立功"人员,具有一定的相似性,相互体会对方的难处和不容易,相互理解对方的个性和特点。此外,唐僧师徒四人正是由于性格各有不同,各自擅长的方面也不同,实现了团队的互补性,也实现了职能的最大化,最终获得了成功。

(资料来源:作者撰写)

综上所述,创业者在组建创业团队时,不要只和那些背景、教育、经历与自己相似的人一起工作。尽管这样在许多方面做起来容易,并且令人愉快,但它不能提供创业企业所需的丰富的人力资源基础。折中可行的办法是,在知识、技能和经验方面主要关注互补性,而在个人特征和价值观方面则考虑相似性。

当然,组建一支优秀的创业团队往往不是一蹴而就的事情,需要在创业过程中随着时间的推移和企业的发展而逐步完善。业已形成的创业团队也不是持久不变的,创业团队本身也会随着企业不同发展阶段面临的不同任务和要求而进行调整和完善。所以,创业团队的组建本身就是一个动态的过程。

二、创业团队的组建步骤

创业团队如何组建呢?一般可以参照五个基本步骤来进行,如图4.2所示。

图4.2 创业团队组建流程

(一)制定战略目标与重点

明确自己事业的方向与工作重点至关重要。这对于选择创业合作者以及后期整个团队章程的制定等,都起着决定性作用。

(二)创业者自我评估

主要是指根据创业者的各项能力、素质以及现有的资源进行自我测评,明确自己的优势与劣势,为后期寻找相似或者互补的团队成员(创业合作者)、寻找补充性的资源,提供重要参考依据。

(三)选择创业合作者

图4.3列出了创业者是自己独自创业还是合伙创业的决策过程。创业者评估自己是否缺乏经验能力、社会关系和资源资本。如果缺乏,需要判断是否有必要在创业阶段就补足这些资源和能力。如果需要,这时就需要引入创业合伙人。

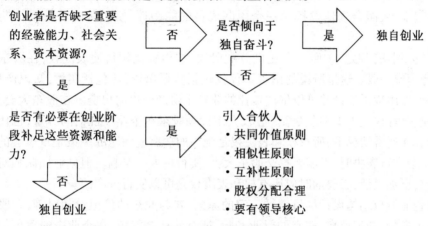

图4.3　创业团队组建流程

(四)确定组织结构、职责、权力

进行初期内部的组织结构设计,简单、高效、便于沟通交流与操作执行即可。同时,明确各自的职责与权力,具体包括组织所赋予的职责与权力范围,以及团队成员的授权范围。需要注意的是,职责的安排不应该是一成不变的,可以在某一时间进行职责轮换,也可以指定几名成员在整个创业过程中共同承担某些职责。

(五)制定组织目标与章程

制定组织目标(尤其是要突出初期现实可行的目标)与章程,主要目的是统一创业团队的努力方向、价值取向以及行为规范,确保创业发展不偏离轨道。章程的具体内容大致包括使命与目标、团队文化、决策原则、团队行动纲领、岗位职责与分工、绩效考核方法、与利益相关者的沟通及关系处理、团队成功的度量标准等。

第三节　创业团队的管理

创业团队对于整个创业过程来说具有十分重要的意义,但是,并不是所有依照上述原则组建起来的创业团队都能取得成功。如前所述,创业团队自身就是一个动态的,随着创业过程、创业阶段发生不断变化的群体,因此,管理好创业团队,维系整个创业过程的管理和运营,是创业过程中重要的环节。

一、创业团队股权设计

大量的研究、经验表明,创业团队的解体,创业团队核心人员的离开,归根结底只有两种可能性,即团队成员心理上受到委屈和利益分配的不均衡。而这两个理由往往指向一个内容,那就是在创业初期象征创业利益分配和企业管理权限的股权设计存在一定的不合理性。

股权是创业中对企业的所有权,包括控制权、决策权、知情权、分红权等。当下互联网时代,合伙创业成为互联网创业的标配,企业的价值更多地体现在股权的分配当中。股权的结构是团队可持续的基础,其核心就是企业的利益分配。股权的设计就是在创业团队中建立一种合理的利益分配,实现利益共享的最大化,通过设计股权,把所有创业团队成员的利益联系起来,从而合理地发挥每一个团队成员的能动性,使团队向着未来长期利益去思考。

我国《公司法》规定,按照出资比例分配股权;按出资比例行使表决权,在股东大会上表决,实行一票一股。这里所说的出资不仅仅包括货币出资,还包括实物、知识产权、土地使用权等可以用货币估价并可以依法转让的非货币财产作价的出资。在股东大会上,所有权、表决权、分红权是1∶1∶1的关系。股权大小代表股东在企业中说话的分量,也代表股东的分红量。在通常情况下,所有权和表决权是统一的。有些问题的决策是董事会的职权范围,在董事会进行表决时,不需要提交股东大会,实行一人一票制。但创业团队相对需要的股权设计会更加灵活,必要的时候所有权和表决权是可以实行分离的。

初创企业股权结构设计尽量遵循一定的原则,要与股东的价值量相对等,即股东的股份应与其出资额、知识产权、拥有的行业经验、拥有的社会资源、在企业中的角色与承担的义务多少相对等。要基于一定的原则,如最大责任者所具有的股权应当最大,应当具有决策权和对公司的控制权,同时,还会有一定数量的合伙人,如2~3人,合伙人的股权控制在10%~20%。

创业团队的决策机制也与股权设计紧密相关,很多创业团队设计初期是具有一定民主协商色彩的。但随着创业过程的不断深入,创业企业的不断成长,团队间的不断磨合,很多不同的意见是需要不断归纳和形成统一思想的,这在最后的决策过程需要有人去确定最终意见,因此,股权的设计一定是有比例的,而不是绝对平等的。当然,初创企业由于资金筹措方面的问题,往往会出现出资最多的大股东却不一定是创业者,也不一定能够维持初创企业的运营,这时候,股东出资比例、分红比例和控制权、决策权在设计之初就需要进行确定。所谓"出钱不干活的股东是小股东"这种做法也是可行的,能够被创业者广泛认同。这也体现了"人"是股权分配的最大变量。由此,我们在股权结构设计时,也可以将股权分为资金股、人力股,从而调配资金股和人力股的比例,来确定股权的最终设计结构。当下很多初创企业全职核心合伙人团队的股权都会分为资金股与人力股,资金股占小股份,人力股占大股份;其中,人力股会和创业团队的服务期限相挂钩,分期成熟;另一方面,通常对于创业团队出资合计不超过100万的,资金股在整体结构中不超过20%。当然,无论是常规设计还是特殊设计,都应当是整个创业团队共同协商的结果,需要让每一个团队成员感到公平、合理。

同样,也存在着很多创业团队前期没有股权设计,待到后期面临利益分配时,讨论股权设计的情况。这种情况并不是一个创业团队正确的创业流程,也往往是后期利益分配矛盾的根源。因此,创业前期的股权设计是十分必要的。

在股权设计中,还应当考虑未来创业团队的人员离开、新人员的进入等情况,因此,在股权设计时还要遵循一个"股份绑定、分期兑现"的原则。在美国,对初创企业通常有一个股权绑定的机制设计,公司股权按照创始人在公司工作年数或月数逐步兑现,并且任何初创股东都必须在公司任职满1年才可持有股份(包括创始人),这也是我们前面说的人力股与全职服务期限相挂钩的体现。这个设计也可以看出,较好的股份绑定计划一般会按照四到五年期来执行,例如四年期,每年兑现所持股份额度的25%,四年期满全额兑现。当然,在初创企业成长过程中,贡献的高低、人员的流动都可以将未兑现的股份进行再设计、再分配,从而达到合理化股权设计的目的。在这一设计过程中,再设计、再分配时,还要注意团队成员的长期贡献性,避免某次单一的贡献或技能而使股权分配过度倾斜。

另外,企业的发展离不开人才的加入,预留一定的新成员股份也很重要,股权是吸引人才加入的重要手段之一,初创团队最初分配股权时,建议预留10%~20%的股份放入股份池,用于持续吸引人才和进行员工激励,预留这一部分股份可以先由初创团队核心人员代持。

综上,股权设计中应当注意以下几个事项:
(1)股权设计要从创业初期就进行合理的设计和确定,并形成契约;
(2)要设计必要的退出机制;
(3)设计初期形成"股份池",为未来员工预留一定的股权。

二、创业团队管理技巧

在确定了股权设计、管理权、决策权以及利益分配之后,对于团队的运行管理还需要具有一定的技巧和灵活性。

(一)人员选择技巧

人员选择往往是创建企业的第一步,这里要解决两个关键问题:聘用什么样的人和怎样聘用。第一个问题根据企业的具体需求来决定,遵循的原则在上面组建团队的内容里已经提到。考察人员的智力、经验和人际交往能力,不仅要考察其表现出来的能力,还要考察其潜在能力。具体考察策略可以通过正式招聘程序来进行专业评估,同时通过非正式渠道进行了解。第二个问题可以通过多种渠道来解决,如招聘、猎头公司、非传统渠道等。招聘程序尽量做到严格、正规、有一套完整的招聘流程。最终的目的是找到与业务需求相匹配的合适人选。

(二)沟通技巧

沟通是有效管理团队的最重要内容之一。没有沟通,团队就无法运转。首先,沟通使信息保持畅通,实现信息共享,避免因为信息缺失出现错误的决策与行为。其次,沟通可以化解矛盾,增强团队成员彼此之间的信任。在长期合作共事的过程中,成员之间难免会有矛盾,缺少沟通可能导致相互猜疑、相互埋怨,矛盾会随着时间的推移越来越大,最后可能导致团队的分裂。再次,沟通可以有效解决认知性冲突,提高团队决策的质量,促进决策方案的执行。在企业经营管理过程中，团队成员对有关问题会有不一致的意见、观点和看法，这种论事不论人的分歧称为认知性冲突。优秀的团队并不回避不同的意见，而是进行充分的沟通和交流，鼓励创造性思维，提高团队决策质量。这也有助于推动团队成员对决策方案的理解和执行，提高组织绩效。

（三）维系团队关系

维系团队感情可以保持团队士气和热情，控制情感性冲突，从而提高团队绩效。没有人喜欢在冷漠、生硬、敌对的团队中工作。首先，要尊重每个人，相互了解并体谅他人的难处。其次，要抽时间共处，这可以通过组织团队活动来实现。通过组织活动来联络团队感情要注意适度，太多的联络活动可能会让团队成员疲于应付，也让团队不堪重负。组织联络活动还要讲究策略，尽可能地让更多的人积极参与，获得大家的满意和认可。这样才能起到提高团队绩效的作用。此外，还要有丰厚的回报，包括物质的和精神的。

（四）重视团队成员的发展

组建一支优秀的、稳定的团队的关键之一是给个人提供广阔的发展空间。因此，在团队管理方面，最重要的一项职责就是要保证团队每一个成员得到发展。这样才能使成员对工作满意，激发工作热情，创造更多的价值。个人的发展不仅依靠经验的积累，还要借助目标设定、绩效评估、反馈程序等来实现。这三个程序可以激发员工潜力，使其清醒认识自己的优点和不足，从而改善提高自己，获得更大的发展空间。

（五）激励机制

激励是团队管理中极为重要的内容。如何对创业团队进行有效激励，现在还没有固定的方式可以套用，但可以通过授权、工作设计、薪资制度等诸多手段来实现。薪酬是实现有效激励最主要的手段，毕竟收益是创业成功的重要表征。在设计薪资制度时，应考虑差异原则、绩效原则、灵活原则。最终目的是通过合理的报酬让团队成员产生一种公平感，激发和促进创业团队的积极性，实现对创业团队的有效激励。

【扩展阅读】

提高管理技能

创业者管理员工的时候，要清楚什么事情该做，什么事情不该做。

创业者应该坚持不懈去做的是：

- 做到始终如一
- 做到公正、诚实
- 激发员工的热情
- 鼓励员工提出问题
- 鼓励员工独立思考
- 让员工树立信心
- 与员工充分地交流和沟通
- 主动倾听员工的呼声
- 认识到个人能力的差异性
- 树立个人榜样

- 对员工的个人感受给予更多的关注

创业者应该尽量避免发生的是：
- 好辩成性
- 独断专行
- 对员工提出过高的要求
- 不理性、易冲动
- 对员工隐瞒真相
- 打击员工的主动性
- 挫伤员工的好想法
- 轻视员工
- 指示不明确
- 对待员工缺乏公正性
- 当着其他员工的面对某个员工大声斥责
- 拘泥小节

三、创业团队运行策略

新创企业的管理，实际包括企业组织、生产服务、市场营销等几个方面，其管理重点一般会落在生产、市场、服务等环节上。因此，运营策略就显得非常重要了。

（一）注重团队凝聚力

团队的凝聚力是指群体成员之间为实现共同目标而实施团结协作的程度，表现在团队成员的个体动机行为对群体目标任务所具有的信赖性、依从性甚至服从性上。在创业过程中，团队所有成员都认同整个团队是一股密切联系而又缺一不可的力量。团队的利益高于团队每一个成员的利益，如果团队成员能够为团队的利益舍弃自己的小利时，团队的凝聚力极强。

（二）合作第一

虽然创业团队中每一个成员都可以独当一面，但是合作仍然是团队成员首先要学会的。在成功的创业企业中，团队的成功远远高于个人的成功，创业者与团队核心成员要相互配合，共同激励。

（三）致力于价值创造

团队的每一个成员都致力于价值的创造，想办法解决问题，一旦决策方案提出，大家都会认真执行。在企业的成长期发展到成熟期的过程中，每一个成员不但会获得丰厚的物质回报，同时个人的技能也会得到提升。

（四）分享成果

在新创企业中，一般的做法是将公司的股份预留出10%~20%，作为吸引新的团队成员的股份。团队中不仅要有资金的分享，还要有理念、观点、解决方案的分享。

（五）重视绩效考核

绩效是提供评估者和被评估者所需要的评价标准，以便客观地讨论、监督、衡量绩效。绩效管理可以使团队成员明确自己的职、责、权和团队的目标、计划，明确自己的角色与承担的工作，同时也可以根据自身价值对薪资产生期待。

在团队中,扮演好自己的角色至关重要,这涉及团队的运作效率以及核心凝聚力。

(六)充分发挥决策者的作用

决策者的角色一般由企业的拥有者承担,他们不但对企业进行决策,而且承担决策产生的后果,所以在企业做出每一项重要的决策时,决策者通常都会在决策前召集团队成员讨论解决方案。如果团队大部分成员的意见与决策者相左,就应该重新分析方案的可行性,并对方案进行修改。决策的主要内容是企业发展的长期目标与一定阶段的计划,还有一些是与企业发展相关的重大决策。

(七)明确执行者的任务

执行者根据企业制订的业务计划和目标,从职能领域安排自己的工作和计划,细化量化自己的工作,具体执行决策者的决策。

在新创企业中有时会遇到团队成员职、责、权混淆的情况,这时就需要制定出规范化的企业制度保证团队成员的工作;而且企业的拥有者也应该时刻明确角色分配,其中,决策者的角色并不是一成不变的,决策者应首先以执行者的标准要求自己,只有当自己完成方案时,才能将方案交给其他执行者去执行。

四、创业团队冲突解决

在创业过程中很多人会有一个误区,认为自己贡献了创意就应当占有更多的股份,这往往是很多创业团队股权设计初期面临的问题,也是导致团队无法达成一致的原因所在。其实,在创业领域已经形成了基本的共识,那就是执行比创意更重要。在企业初创和发展中,产生的团队冲突也不在少数,当然,更多其他的团队冲突会在未来的创业过程中逐步显现。如何应对团队冲突,有效地解决团队矛盾,也是创业团队初期需要掌握的技巧之一。因此,在不同阶段应当有不同的措施来应对团队冲突。

在创业形成期,团队共同的目标、成员之间的关系以及共同规范约束尚未形成,此时,领导创业者的核心任务是让成员快速融入团队,要让成员理解个人目标和团队目标之间的相互依存性,以此为着眼点,应对团队的矛盾和冲突,促使团队的凝聚力形成。

在创业团队的凝聚期,企业中日常事务可以正常运作,但主要的决策和问题仍需要核心创始人的管理和决策。此时,创始人的管理内容是挑选核心成员,并培养核心成员的能力,建立更广泛的授权和更清晰的权责划分,从而规避不必要的矛盾和冲突。

创业团队进入开放期,目标由创始人与核心成员制定,经过沟通和征求更多成员的意见,逐步转化为团队成员的共同愿景。此时的管理内容就变为培养团队的自主能力,有效的沟通技巧、良好的团队关系维护成为解决团队矛盾和冲突的有效手段之一。

进入创业成熟期,团队爆发出前所未有的潜力,创造出非凡的成果,并且获得很高的客户满意度等,此时团队管理的内容则转变为保持成长的动力,避免老化。这一阶段,良好的股权分配将是化解利益冲突的最好手段,而较好的激励机制以及为每一个团队成员个人成长的谋划将有效避免团队冲突和矛盾。

除了阶段性的任务之外,维护团队的整体意识也是核心团队成员要重视的内容之一。团队是企业凝聚力的基础,团队成员要时刻认识到成败是整体而非个人的。成员能够同甘共苦,经营成果能够公开且合理地分享,团队就会形成坚强的凝聚力。团队中要避免个人英雄主义,每一个成员的价值表现为其对于团队整体价值的贡献。每一个成员应将团队的利益置于个人利益之上,并愿意牺牲短期利益来换取长期成功的果实,将利益分享放在成功之后。因此,团队核心成员应该在创业的整个过程中贯彻团队意识与集体合作精神,从而提高团队的凝聚力,这也是解决团队冲突的最有效机制。前面在管理技巧中也提到过维系团队感情,有了融洽的成员关系,团队才能实现相互依赖、相互信任的高效整体。因此,必须积极地与团队成员进行良好的沟通,并能正确地处理团队成员之间的矛盾,促使更融洽的关系形成,让创业团队拥有抵御风险的能力。

当然,很多团队成员之间的冲突是无法规避的,这种冲突一般可以分为两大类:一类是恶性冲突,或者说是破坏性冲突,主要是发生冲突的成员间所面临的目标或者途径不一致而导致的。此类冲突导致的后果也往往是颠覆性的,持有不同意见的冲突双方缺乏统一的既定目标,纠结于事务的细枝末节,在冲突中往往不分场合、途径,是团队内耗的主要原因。这类冲突危害性大,积累性强,容易引发团队破裂,要通过有效的沟通和目标的一再确认,甚至团队核心领导人员的积极担当来有效规避。另一类则有所不同,可以认为是建设性冲突,即冲突双方目标是一致的,在一定范围内发生争执,这一类冲突的最显著特点是双方具有共同的奋斗目标。这要求团队管理者通过一致的途径及场合了解对方的观点、意见,以冲突争论的问题为中心点,通过互换信息、沟通有无,最终达成一致。当然,这类冲突对创业团队的目标实现是有一定积极作用的,应当正确引导,适当鼓励。一般来说,面对建设性冲突,用开放、坦诚、不分彼此的方式去解决,往往能凝聚团队合作,清晰目标指向。

【案例】

新东方团队的创业之路

回首新东方的创业之路,可以划分为四个阶段。

第一阶段,可以定义为"个体户+夫妻店"阶段。1991年,新东方英语培训班成立。前两年的冬天,一对小夫妻在北京中关村二小的门房里,只有一张桌子、一把椅子,常常是自己拎着糨糊桶在零下十几摄氏度的天气里贴广告,往往刚把糨糊刷在电线杆上,广告还没贴上,就成冰了。

1996—2000年,新东方进入了第二阶段,也就是朋友合伙、团队创业阶段。这个阶段新东方有了"三驾马车"的新阵容。他们怀着创业的激情和对自由的憧憬来到新东方。靠着这种梁山聚义的方式,借着当时英语学习热和出国热,新东方开始如野草般疯狂生长。

2001—2004年,新东方迎来最痛苦的时刻,就是打架阶段。这一阶段新东方要把合伙人变成股东,进行拆分改制,完成真正的股份改革。其中最头疼的是利益问题,做大了,股份怎么分?新进入的市场怎么分?创业之初的伙伴们在新东方日进斗金后,不再像以前一样安于自己的分成,逐渐产生了利益纠葛。由于以前没有一套机制来规定剩余利益的归属,大家开始了争执和吵闹。两个主创团队人员递交了辞职书,"三驾马车"中的两驾要脱离组织。2004年,另外两大支柱也相继出走。曾经的"盟友"纷纷"造反",新东方快到土崩瓦解的边缘,虽然到了创业最艰难的时刻,但最终没有崩盘。

从2005年初开始,新东方度过危机进入了第四个发展阶段——国际融资阶段。经过成功的机构改造,新生的新东方团队完成了凤凰涅槃。

(资料来源:闫婷.俞洪敏:变形记[J].东方企业家,2008(8):54.)

新东方团队的创业故事，很多人都耳熟能详，随着电影《中国合伙人》的上映，我们也看到了这个创业团队的分分合合。这个团队很好地告诉我们，任何创业团队都避免不了矛盾，只有真诚和执着，才能护航团队砥砺前行。当然，这个团队也有其固有的原则，凡是违反了不该违反的道德准则，也是绝不留情的。正是核心团队成员价值层面相对一致，维系了团队的成长。这种冲突的有效解决、不断磨合，也让新东方团队这艘大船能够顶住各种风浪，扬帆远航。

本章小结

本章通过创业团队的组建、管理等层面展开介绍，帮助大学生认识到创业团队对于创业的重要性，了解组成创业团队的基本思路、创业团队对创业活动的影响，掌握管理创业团队的技巧和策略，认识领导创业者的角色和作用等。

第五章　市场与营销计划

【学习要点及目标】

1. 了解市场基本概念和市场调查基本方法
2. 掌握制定市场营销计划的方法

【导入案例】

海澜之家

提到海澜之家,我们首先想到的是它的那句广告定位"男人的衣柜"。精准的市场定位+密切贴合目标客户的心理需求,是海澜之家取得成功的法宝。

市场定位:"男人的衣柜""一年只逛两次海澜之家"

海澜之家最初将自己定位于"男人的衣柜""一年只逛两次海澜之家",一开始就锁定目标客户群体,且牢牢抓住了这类群体的心理。男性与女性在购物方面的最大不同在于他们目标明确,不喜欢随便逛。如果有一家专门的品牌,提供男性的衣物,只要服装品质没有太大问题,他们会成为这个品牌的忠实客户群体。而海澜之家将自己定位于"男人的衣柜"切合男性需求。

就市场细分而言,海澜之家精准的目标群体是年龄在25~40岁的男性,这类职场男性对服装有一定要求。海澜之家主要市场投放在三四线城市,将自己与高档品拉开一定距离,又将自己脱离了低档行列,价格在多数目标群体能承受的范围内。随着海澜之家的定位从"男人的衣柜"转移到国民品牌,国民品牌拔高了海澜之家的品牌定位,但也模糊了目标群体。

品牌知名度推广方式:名人效应+广告投放

海澜之家的代言人有主持人和演员,代言人的年龄层次代表着海澜之家目标群体阶层。海澜之家通过立体和平面广告宣传,扩大自己的知名度,且"海澜之家,男人的衣柜"广告语更是深入人心,紧紧将品牌与目标群体联系起来。在广告投入方面,海澜之家通过在央视投放广告、国际服装服饰博览会、赞助受欢迎的综艺等形式推广品牌,给人一种高端大气的印象,将平台和品牌相联系,海澜之家的品牌在潜移默化中形成。

服务方面:首创"无干扰,自选式"购衣模式

多家品牌实体店为了让客户享受到更好的服务,往往安排导购员进行全程讲解,导购员一对一"狗仔式"紧跟非但没有让客户体会到优质服务,反而徒增厌烦,败坏品牌好感。

海澜之家总结出核心目标群体特征:男性购物目的性强,有自己的主见,相对女性而言,更追求服装的舒适度,对于旁人的干扰会反感。由此出发,海澜之家首创的"无干扰,自选式"购衣模式提供的轻松自在的购物环境刚好可以避免其他品牌带来的困扰,形成海澜之家独特的购物体验。

海澜之家的营销主要是针对核心用户出发,抓住这类群体的心理,提供精准宣传和服务。且"海澜之家,男人的衣柜"已在忠实目标群体心中生根发芽。

这个案例说明,市场是无处不在的,最缺少的是发现市场的眼睛。而市场调查研究是经营决策的前提,只有充分认识市场,了解市场需求,对市场做出科学的分析判断,决策才具有针对性,从而推出优质产品拓展市场,使企业兴旺发达。

(资料来源:王倩.海澜之家品牌战略研究[J].市场周刊,2017(9):75-76.)

第一节 市场与市场调查

创业是在充满大量的不可控制因素的社会环境中进行的。在这个社会环境中,有许多内容和创业密切相关,如法律、条例、道德等因素,当然还包括社会态度、经济条件、技术因素和竞争对手等。成功创业的一个重要方面就是发现并利用市场上出现的机会,而市场的机会来自变化。如果一个创业者不了解来自社会中的这些变化,要想获得成功创业是不可能的。

通过前面的学习,你已经有了明确的创业项目。现在你需要学习市场营销的知识,评估你所要创办的企业生产的产品或提供的服务有没有市场。在这一节,你将学习怎样识别潜在的顾客,了解他们各个方面的信息以及竞争对手的情况。你可以利用这方面的信息制订市场营销计划,它将成为你的创业计划中的重要部分。一个切实可行的市场营销计划能帮助你满足顾客的需求,占有并拓展市场。

一、市场与市场细分

(一)市场的概念

广义的市场是各方参与交换的多种系统、机构、程序、法律强化和基础设施之一。市场是产生交易行为的场所。在创业过程中,狭义的市场是指需要你的产品或服务的顾客,这些顾客愿意购买并且具有一定的购买能力,他们不仅指现有的顾客,也包括潜在的顾客。

(二)市场细分

市场细分的概念是美国营销学家温德尔·史密斯于20世纪50年代中期提出来的。简单地说,市场细分即指营销者通过市场调研,依据消费者的需要和欲望、购买行为和购买习惯等方面的差异,把某一产品的市场整体划分为若干消费者群的市场分类过程。其中,每一个消费者群就是一个细分市场,每一个细分市场都是具有类似需求倾向的消费者构成的群体。

市场细分是制定市场营销战略的关键环节。制定市场营销战略主要是解决如何将总体市场细分为若干个市场,然后从中选择目标市场,结合初创企业的内外部优势,制定适合企业需要的市场营销战略。

那么,究竟如何进行市场细分?

市场细分之前,需要先把市场进行区隔。市场可以细分,因为人从性格上可以分很多类,市场主要说的是人的一种需求。从婴幼儿到老年人都是有需求的,但是相同的产品不可能适应所有人。一个产品适合一个年龄段的人群,这个年龄段就叫整体人群的区隔人群。群体大就是大的区隔人群,小的就是小的区隔人群。人群划分出几块来,有婴儿、幼儿、少年、青年、中年、老年,这是从年龄上分出来的区隔,还可以从性别、经济能力上进行区隔。有些产品适合从年龄上区隔,有些产品适合从性别上区隔,还有些适合从经济能力上区隔。共性的需求产品一般从年龄上直接区隔就可以了,但是市场上的产品不仅是共性需求的产品,还有满足其他方面需求的产品,有满足爱好的,还有满足娱乐的。不同的产品针对的人群不一样,把产品对应的人群给分开,就会形成一个个区隔的人群范围。比如,一个产品面对25~35岁的女性群体,这是它的消费人群。如果它是女性化妆品,其市场已经非常成熟了,这个年龄段的消费者已经不满足这个产品给她们带来的产品的共性利益了,所以要进行细分。如何细分呢?就是在产品的共性利益基础上加上个性利益,然后针对这个年龄段不同个性特点的人所要求的个性利益点,这就是细分。怎么能对应利益点呢?比如,生产一种香皂,共性的利益是去污、杀菌。这个利益对这个年龄段的人都有作用。但细分之后就产生了不同,美白香皂就对应了一类既去污,又杀菌,还需要美白的人群;而润肤的香皂就对应了需要润肤的人群;还有需要保养的、防衰老的等。用产品的特点对应25~35岁的人群里每一种个性化的利益需求人群,这就叫细分。

在一个需求方式里,同一个人在不同时间点上的需求不同,这也是细分。我们在做细分产品时要考虑这个市场成熟不成熟,市场没有成熟到一定程度的时候不要细分,市场成熟之后,就会有更多细分的产品出现。

二、市场调查的意义

市场调查是一种把消费者及公共部门和市场联系起来的特定活动——这些信息用以识别和界定市场营销机会和问题,产生、改进和评价营销活动,监控营销绩效,增进对营销过程的理解。

市场调查的过程包括采取手段、收集信息、整理资料、分析情况、做出预测等。

在市场调查分析中,你首先要了解进行调查分析的目的,弄清自己能从市场调查和分析中获得什么。一般来说,成功的市场分析和市场调查包括对目标市场的消费者、竞争对手(市场环境)的分析。最重要的是你要通过这些对外在因素的分析得出自己的企业所拥有的资源、优势、弱点,从而明确该企业在市场上的准确定位,并能在以后的经营活动中确立有利的营销策略。

创业要坚定不移地推行以市场为行动准则的经营宗旨,围绕市场去做文章,在市场上寻找与未来顾客的联系并与他们进行交流。如果你通过市场调查和分析,发现了自己的创业设想并未得到未来顾客的认可,你就得果断地放弃它。这么做并不会给你带来很大的损失,你只需回到第一阶段,重新找到一个创意。

三、市场调查的主要原则

到底怎样调研才能有效果?调研需要掌握以下原则。

(一)市场调查要深入现场

日本实业家稻盛和夫指出:"搞调研不是写小说,光靠想象是不行的,只有深入现场才能发现问题,产生新的洞察和创意。"创业者们要记住一句话:没有深入调研,就没有发言权。

(二)市场调查要多观察消费者购买行为,多跟消费者聊天

调研不只是拿着一堆问题去问消费者。

要观察:为了给韩束做营销策划,尚道营销公司与美容院老板合作,通过听取服务员与顾客的聊天,从而掌握了消费者最真实的消费动机。

要多跟消费者聊天:脑白金负责人在推广产品之前,就专门跑到公园里找老年人聊天,发现很多老年人都不舍得自己买保健品,反倒是希望子女送他们保健品,这才有了家喻户晓的"今年过节不收礼,收礼只收脑白金"。

消费者最隐秘而真实的需求,一定不是写在纸上,而是藏在他们的言行和习惯里,只有去听、去看、去参与、去感受,才能真正把它们挖掘出来。

(三)市场调查要做到"无我"

调研的目的是形成观点,而不是印证观点。所以,在调研过程中,要避免"先入为主"和"预设立场",要拿事实和数据说话,同时尊重逻辑和规律,从而得出有洞察力的结论。调研过程"无我",调研结果"有我",是每一次调研都应该遵循的基本原则。

四、市场调查的内容与方法

那么,如何进行市场调查与分析呢?首先必须确定什么是你最想知道的。明确你所需要的信息范围;明确销售群体的组成;为了分析不同的销售对象,需要有不同的标准,所以你需要了解各类顾客对你未来的产品的接受情况以及评价。当然市场环境和竞争对手等其他情况也是你必须了解和掌握的。

(一)消费者市场调查

首先要弄清谁是你的消费者?顾客原指购买物品、商品的人,现解释为消费者。其次要明白消费者为什么购买你的商品?消费者购买产品和服务的目的是满足不同的需求。不同的产品有不同的消费者。以这两个问题为核心可以找到目标消费群体,了解他们更多的信息。

1. 收集消费者的信息——目标消费群体

(1)who(谁):消费者群体的性质、年龄、学历、性别、收入等;

(2)what(什么):消费群体的需要;

(3)why(为什么):消费群体的购买理由;

(4)when(时间):购买的时机;

(5)where(地点):在什么地点购买;

(6)how(如何):购买的方式。

2. 收集目标消费群体信息的方法

(1)情况推测法(依据经验、观察情况判断)。

预测者根据个人的经验和知识,通过对影响市场变化的各种因素进行分析、判断和推理来预测市场的发展趋势。如大学生可能根据自身体验对外卖送餐易冷易丢深有体会,萌生出保温储餐柜的创业想法。

(2)行业信息法(专家、书报、杂志、网络)。

从业内人士那里了解本行业市场大小方面的有用信息。要了解某一产品的市场份额及顾客的需求和意见并不难,可以与该产品的主要销售商(批发商)聊聊,听听他们怎么

说；也可以通过阅读行业指南、报纸、商业杂志来了解你需要的信息。

(3)抽样调查法(询问法、电话调查法、座谈)。

调查人员通过各种方式向被调查者发问或征求意见来搜集市场信息。主要有深度访谈、座谈会、问卷调查等方法，其中问卷调查又可分为电话访问、邮寄调查、留置问卷调查、入户访问、街头拦访等调查形式。

(4)观察法(对消费者购物行为观察记录)。

调查人员在调研现场，直接或通过仪器观察、记录被调查者行为和表情，以获取信息。

(5)实地考察(深入行业收集第一手资料)。

调查人员直接深入一线，了解第一手资料，如了解儿童教育行业市场情况，可以深入本地知名的儿童教育机构，了解其招生、收费、师资等情况。

3. 基本调研步骤

一个完善的市场调研一般包括以下几个方面。

(1)确定调查目标(确定目标客户)。

根据市场调查目标，在调查方案中列出本次市场调查的具体目的要求，如了解某产品的消费者购买行为和消费偏好情况等。

(2)划定调查范围(确定目标客户地域)。

调查地区范围应与企业产品销售范围相一致，当在某一城市做市场调查时，调查范围应为整个城市。

(3)明确调查对象(确定潜在消费群体)。

市场调查的对象一般为消费者、零售商、批发商，零售商和批发商为经销调查产品的商家，消费者一般为使用该产品的消费群体。在以消费者为调查对象时，要注意有时某一产品的购买者和使用者不一致，如对婴儿食品的调查，其调查对象应为婴儿的父母。

(4)确定调查内容(确定市场调查主题)。

调查内容是收集资料的依据，是为实现调查目标服务的，可根据市场调查的目的确定具体的调查内容。如调查消费者行为时，可按消费者购买、使用、评价三个方面列出调查的具体内容项目。调查表是市场调查的基本工具，调查表的设计质量直接影响到市场调查的质量。

(5)直接进入市场(亲临现场实际考察)。

在调查对象中抽取调查样本，由于调查对象分布范围较广，应制定一个抽样方案，以保证抽取的样本能反映总体情况，并现场进行实地调查。

(6)多方搜寻信息(多渠道多途径收集)。

在调查过程中，既可以进行线下问卷调查，还可以通过线上问卷调查、交互式计算机辅助电话访谈等方式开展调查。同时，线上调查的方式还可以是Email问卷调查、网络论坛调查等。

【扩展阅读】

市场调查涉及的相关内容

在进行问卷调查设计前，可以将需要了解的问题逐一列出来。

首先，创业者需要回答以下问题：

我的销售对象是哪些人？
我应该了解顾客的哪些情况？
经营设想的市场接受情况如何？
我应该了解公司所在地的哪些情况？
我应该了解竞争对手的哪些情况？
我应该了解本行业市场的哪些情况？
其次，创业者必须了解信息渠道，其问题的设计可以参照下列问题：
我从哪里可以获得关于市场的数据？
我可以使用哪些市场分析报告和信息来源？
再次，关于未来的顾客的情况，创业者主要了解：
怎样了解顾客对我的经营设想的反响？
我的顾客以当地顾客为主，还是外地顾客居多？
从地理位置上去考虑，我的顾客分布的地区范围有多大？我的销售范围是国内市场还是国际市场？
从不同的人群去考虑，我的顾客的年龄、性别如何？
我的顾客的职业特征如何？
我的顾客的家庭规模如何？
我的顾客中有多少属于集团购买或者集团消费？
这些集团购买或集团消费的团体属于什么样的团体？
最后，创业者应该得出这次调查的总体分析：
预计销售市场的长期经营走势如何？
从这次市场调查和分析中我可以得出什么样的结论？

上述内容为市场调查和分析时的一系列问题，在具体操作时，还可以通过更加具体的形式，如表格、问答等形式。当然，如果要对顾客做调查，还需要申明这不是一次商品推销，因为如果顾客一旦了解你要推销商品，他回答问题时的客观度就大大降低，那样对你的参考价值也就相应降低。

相关调查问题设计如下：
顾客姓名/名称：
第一印象：
您觉得我（我们、我们公司）的这个设想如何？
您使用该项产品/该项服务要解决什么问题？
您准备将该项产品/该项服务用在什么地方？
您认为该产品/服务的主要特点是什么？
该项产品/服务的缺点是什么？哪些地方需要进一步改进？
该项产品/服务的优点是什么？
您觉得该项产品/服务有哪些地方尚有不足（如服务欠周到、缺少相关的信息等）？请您说出不购买该项产品/服务的三大理由。
请您说出您购买该项产品/服务的三大理由。
您打算为该项产品/服务付多少钱？

您会常常购买该项产品/服务吗？
您的家庭中谁将是该项产品/服务的最终购买者？
您将通什么形式购买该项产品/服务？
您打算购买多少数量的该项产品/服务？
哪些公司/企业是该项产品/服务的主要竞争者？
在您熟悉的人群中，还有哪些人有可能购买该项产品/服务？
您对这一经营设想的总体评价如何，您认为它是否能在市场竞争中最终获得成功？

(二) 竞争对手调查

在你没有踏入市场之前，市场中存在着你的竞争对手，他们是先于你营造市场的商家，是你可以学习经验的老师。

1. 有效了解竞争对手

当今市场，一个企业独霸某行业、没有竞争对手的情况早已不复存在。"知己知彼，百战不殆"，了解竞争对手是十分必要且重要的，对竞争对手的了解应该是深入的、细致的、全方位的。那么要从哪些方面去"知彼"呢？首先，要对竞争者的现状进行了解。其次，要了解竞争对手下一步策略，如他们有哪些新产品即将问世或者正在研制，是否还有正在考虑中的产品。同时，还要了解竞争对手的市场行为，诸如产品的价格和特征，销售对策、途径及经销商情况，市场销售量、市场占有率及其成长率等情况，这将有助于评估竞争对手的当下情况，了解竞争对手的真实实力。除此之外，竞争对手的企业内部关系、管理团队的个性特征等也要进行调查。

综合上述各个方面，对竞争对手有一个透彻的了解，创业者可以预测竞争对手的下一步计划。而有了这些预测之后，就可以掌握攻击竞争对手的时机和不断抵御竞争对手反击的能力。需要特别指出的是，了解竞争对手，不仅仅是战胜对手，最根本的是增强自我竞争力。在强化自我的同时，创业者还要向竞争对手学习，既要有竞争的意识，又要有合作的观念。"未来唯一持久的优势，是有能力比你的竞争对手学习得更快。"这是新管理大师彼得·圣吉对职场人士的忠告。可见，向竞争对手学习是自我提升的良方。

【扩展阅读】

竞争对手涉及的相关信息

关于竞争对手，创业者可以通过以下问题了解其有关信息。

竞争者的名称：
产品的服务：
市场定位/销售对象：
销售额：
利润：
员工数量：
投资能力：
生产负荷：
销售范围：

未来市场和销售的对象是什么?

竞争者采用了哪些经营战略?

目前最主要的赢利产品/服务是什么?

获得成功的三大诀窍是什么?

竞争者所占的市场份额是多少?

竞争者目前将要推向市场的产品/服务是什么?

竞争者产品/服务的缺点是什么?

竞争者产品/服务的优点是什么?

竞争者产品/服务的定价是多少?

竞争者拥有怎样的销售系统?

竞争者主要采用了哪些市场营销手段?

竞争者的主要客户有哪些?

竞争者的员工素质如何?

顾客对竞争对手的产品/服务的信赖度如何?

2. 与竞争对手对照的SWOT分析

确定了竞争对手并收集到足够数据后,就可以对竞争对手进行深度分析。SWOT是经典的战略分析工具,即基于内外部竞争环境和竞争条件下的态势分析,就是将与研究对象密切相关的各种主要内部优势、劣势和外部的机会、威胁等,通过调查列举出来,并依照矩阵形式排列,然后用系统分析的思想,把各种因素相互匹配起来加以分析,从中得出一系列相应的结论,而结论通常带有一定的决策性。

这种方法可以对研究对象所处的情境进行全面、系统、准确的研究,从而根据研究结果制订相应的发展战略、计划以及对策等。

S(strengths)是优势,W(weaknesses)是劣势,O(opportunities)是机会,T(threats)是威胁。按照企业竞争战略的完整概念,战略应是一个企业"能够做的"(即组织的强项和弱项)和"可能做的"(即环境的机会和威胁)之间的有机组合。

SWOT分析工具使用的目的在于使分析者清晰并客观地了解自己(或被分析者)在竞争中处于何种地位,具备哪些可以利用的有利的资源条件,为将来采取何种竞争策略提供现实依据。

创业之初,创业者和其团队还没有真正介入市场竞争,首先需要了解自己将面临的是怎样的竞争环境。如果没有客观全面的市场调研,SWOT分析也只能停留在主观层面,并不能帮助创业者真正解决问题。所以,形式上的SWOT毫无意义。

创业者首先需要了解:目标行业市场中同类产品及其替代产品的销售分布情况;市场容量有多大;目前目标市场供求关系如何;主要供应商各自的市场占有率如何;目标市场进入门槛如何;主要竞争企业的资源配置情况如何;不同品牌间消费群的差异如何;包括政策环境影响在内的,未来目标市场的总体趋势如何;等等。

之后,用上述内容来对比自身现状,找出优势,如自身和团队的能力优势——自身具备的哪些有利于将来竞争的能力是其他竞争者没有或是比较薄弱的;资源优势——包括资金、社会关系(人脉)、针对性的保护政策、渠道、成本、专利、技术、客户以及自然环境等各方面的资源中,哪些是可能的竞争者不具备或是不充分的;管理优势——是否有新的更为高效的运营模式或盈利模式,且这种模式是目标竞争者尚未采用的或是无法模仿的。

同样,创业者也要分析在以上各方面都存在哪些劣势。然后分析潜在威胁,首要的威胁当然是关于市场进入的门槛;其次是可能的资源消耗情况——现有资源能够支撑多长时间,在这段时间内,创业者有无可能达成基本的盈利目标;再次是产品及其技术的生命周期对创业者的竞争目标的达成有何影响;此外如可能的政策环境或市场环境的变化对创业者有何不利的影响,以及其他可能的干扰因素等。

S	W
1.擅长什么 2.组织中有什么新技术 3.能做什么别人做不到的 4.和别人有什么不同 5.顾客为什么来 6.最近因何成功	1.什么做不到 2.缺乏什么技术 3.别人有什么比我们好 4.不能满足何种顾客 5.最近因何失败
O	T
1.市场中有什么适合的机会 2.可以学什么技术 3.可以提供什么新的服务 4.可以吸引什么新顾客 5.怎么可以与众不同 6.组织在5~10年的发展	1.市场最近有什么变化 2.竞争者最近在做什么 3.是否赶上顾客需求的变化 4.政策环境的改变是否伤害到组织 5.是否有什么事情会威胁到组织的生存

图5.1 SWOT分析

最后,结合自身优势,对比威胁因素,找出可能的机会,如有无可能发现或掌握新的资源、有无可能发现客户新的价值需求、有无可能找到一些新的方法以规避或减少不利因素的影响,等等。

总之,SWOT分析越细致,对于创业者的整体思路越有帮助,也越有利于企业在市场中站稳脚跟。

3.行业环境调查

创业者要调查所经营的业务,开展的服务项目所属行业的发展状况、发展趋势、行业规则及行业管理措施。比如,从事先进制造行业,应该了解该行业国内及区域的发展状况,国际国内科技发展趋势和先进制造技术,该行业的行业规范和管理制度有哪些。"家有家法,行有行规",进入一个新行业,应充分了解和掌握该行业信息,这样才能尽快实现从外行到内行的转变。因此,我们常使用PEST分析法来做行业环境调查分析。

PEST分析是指宏观环境的分析。宏观环境又称一般环境,是指一切影响行业和企业的宏观因素。对宏观环境因素做分析,不同行业和企业根据自身特点和经营需要,分析的具体内容会有差异,但一般都应对政治(political)、经济(economic)、社会(social)和技术(technological)这四大类影响企业的主要外部环境因素进行分析。

(1)政治环境。

政治环境包括一个国家的社会制度,执政党的性质,政府的方针、政策、法令等。不同的国家有着不同的社会性质,不同的社会制度对组织活动有着不同的限制和要求。即使社会制度不变的同一国家,在不同时期,由于执政党的不同,其政府的方针特点、政策倾向对组织活动的态度和影响也是不断变化的。诸如，政治环境是否稳定；国家政策是否会改变法律从而增强对企业的监管并收取更多的赋税；政府所持的市场道德标准是什么；政府的经济政策是什么；政府是否关注文化与宗教；政府是否与其他组织签订过贸易协定；等等。

(2) 经济环境。

经济环境主要包括宏观和微观两个方面的内容。宏观经济环境主要指一个国家的人口数量及其增长趋势，国民收入、国民生产总值及其变化情况以及通过这些指标能够反映的国民经济发展水平和发展速度。微观经济环境主要指企业所在地区或所服务地区的消费者的收入水平、消费偏好、储蓄情况、就业程度等因素。这些因素直接决定着企业目前及未来的市场大小。

(3) 社会环境。

社会环境包括一个国家或地区的居民教育程度和文化水平、宗教信仰、风俗习惯、审美观点、价值观念等。文化水平会影响居民的需求层次；宗教信仰和风俗习惯会禁止或抵制某些活动的进行；价值观念会影响居民对组织目标、组织活动以及组织存在本身的认可与否；审美观点则会影响人们对组织活动内容、活动方式以及活动成果的态度。

(4) 技术环境。

技术环境不仅包括发明，还包括与企业市场有关的新技术、新工艺、新材料的出现和发展趋势及应用背景。如科技是否降低了产品和服务的成本，并提高了质量；科技是否为消费者和企业提供了更多的创新产品与服务，例如网上银行、智能手机等；科技是如何改变分销渠道的，例如网络销售、拍卖等；科技是否为企业提供了一种全新的与消费者进行沟通的渠道，例如 Banner 广告条、CRM 软件等。

行业环境是相对宏观的，需要对政治、经济、社会、技术等多方面政策和趋势做出细致分析和整体判断，有时甚至需要专门的咨询公司或调查公司才能完成。目前，行业环境调查比较便捷的方式是参阅该行业上市公司的招股说明书，通常说明书中对行业有较为详细的研究报告。

4. 市场需求调查

创业者如果要生产或经销某一种或某一系列产品，应对这一产品的市场需求量进行调查。也就是说，通过市场调查，对产品进行市场定位。

比如经销某种家用电器，创业者应调查一下市场对这种家用电器的需求量，有无相同或相类似的产品，市场占有率是多少；或者提供一项专业的家庭服务项目，应调查一下居民对这种项目的了解和需求程度，需求量有多大，有无其他人或企业提供相同的服务项目，市场占有率是多少。

市场需求调查的另一个重要内容是市场需求趋势调查。了解市场对某种产品或服务项目的长期需求态势，了解该产品或服务项目是逐渐被人们认同和接受而需求前景广阔，还是逐渐被人们淘汰导致需求萎缩。了解该种产品和服务项目从技术和经营两方面的发展趋势如何等。

【案例】

吉列公司市场调查的成功案例

男人长胡子,因而要刮胡子;女人不长胡子,自然也就不必刮胡子。然而,美国的吉列公司却把"刮胡刀"推销给女人,居然大获成功。

吉列公司创建于1901年,其产品因使男人刮胡子变得方便、舒适、安全而大受欢迎。20世纪70年代,吉列公司的销售额已达20亿美元,成为世界著名的跨国公司。然而吉列公司的领导者并不以此满足,而是想方设法继续拓展市场,争取更多用户。就在1974年,公司提出了面向女性的专用"刮毛刀"。

这一决策看似荒谬,却是建立在坚实可靠的市场调查的基础之上的。

吉列公司先用一年的时间进行了周密的市场调查,发现在美国30岁以上的女性中,有65%的人为保持美好形象,要定期刮除腿毛和腋毛。这些女性除使用电动刮胡刀和脱毛剂之外,主要靠购买各种男用刮胡刀来满足此项需要,一年在这方面的花费高达7 500万美元。相比之下,美国女性一年花在眉笔和眼影上的钱仅有6 300万美元,染发剂5 500万美元。毫无疑问,这是一个极有潜力的市场。

根据市场调查结果,吉列公司精心设计了新产品,它的刀头部分和男用刮胡刀并无两样,采用一次性使用的双层刀片,但是刀架则选用了色彩鲜艳的塑料,并将握柄改为弧形以利于妇女使用,握柄上还印压了一朵雏菊图案。这样一来,新产品立即显示了女性的特点。

为了使雏菊刮毛刀迅速占领市场,吉列公司还拟定几种不同的"定位观念"到消费者之中征求意见。这些定位观念包括:突出刮毛刀的"双刀刮毛",突出其创造性的"完全适合女性需求",强调价格的"不到50美分",以及表明产品使用安全的"不伤玉腿"。

最后,公司根据多数女性的意见,选择了"不伤玉腿"作为推销时突出的重点,刊登广告进行刻意宣传。结果,雏菊刮毛刀一炮打响,迅速畅销全球。

(资料来源:苏雪莲.把剃须刀卖给淑女[J].中国农资,2019(3):11.)

需求是市场存在的基础,在不同的时代背景下,人的需求也在不断变化。目前,我国强调经济上进行供给侧结构性改革,需要避免重复、过度的无效供给。只要肯下功夫,用心体察,找到人群中的普遍痛点,就能发现真实的需求。

第二节 市场营销计划

一、市场营销的概念

市场营销,又称作市场学、市场行销或行销学。对于企业来说,营销活动的出发点和归宿是市场。市场营销既是一种职能,又是组织为了自身及利益相关者的利益而创造、沟通、传播和传递客户价值,为顾客、客户、合作伙伴以及整个社会带来经济价值的活动、过程和体系。它主要是指营销人员针对市场开展经营活动、销售行为的过程。

二、市场营销相关理论

与20个世纪相比,今天的市场有很大的不同,无论是竞争格局,还是消费者的思想和行为,都发生了很大的变化。而随着环境的变化,营销理念也随之发生了几次变化,经历了三种典型的营销理念,即以满足市场需求为目标的4P理论、以追求顾客满意为目标的4C理论和以建立顾客忠诚为目标的4R理论。

(一)基于满足市场需求的4P理论

1964年,美国营销专家鲍敦提出了市场营销组合概念,是指市场营销人员综合运用并优化组合多种可控因素,以实现其营销目标的活动总称。这些可控因素后来被营销学大师麦卡锡归并为四类:产品(product)、价格(price)、地点(place)、促销(promotion)。这四个方面构成了市场营销的整个内容。由于这四个词的英文第一个字母都是"P",所以,常把市场营销中的四个方面简称为4P。具体可解释为调查市场了解顾客需要,为之提供他们需要的产品服务;以合适的有竞争力的价格,通过最方便的渠道把产品或服务销售给顾客以求占取更多的市场份额;为此还要做力所能及的促销活动。

(二)基于达成顾客满意的4C理论

20世纪80年代,美国营销理论专家劳特朋提出了4C营销理论:顾客(customer)、成本(cost)、便利(convenience)和沟通(communication)。

1. 顾客

主要指顾客的需求。企业必须首先了解和研究顾客,根据顾客的需求来提供产品。同时,企业提供的不仅仅是产品和服务,更重要的是由此产生的客户价值。

2. 成本

不单是企业的生产成本,或者说4P中的价格(price),它还包括顾客的购买成本,同时也意味着产品定价的理想情况,应该是既低于顾客的心理价格,也能够让企业有所盈利。此外,这中间的顾客购买成本不仅包括其货币支出,还包括其为此耗费的时间、体力和精力,以及购买风险。

3. 便利

即为顾客提供最大的购物和使用便利。4C理论强调企业在制订分销策略时,要更多地考虑顾客的方便,而不是企业自己方便。要通过好的售前、售中和售后服务来让顾客在购物的同时,也享受到便利。便利是客户价值不可或缺的一部分。

4. 沟通

常用以此取代4P中的促销(promotion)。4C认为,企业应通过与顾客进行积极有效的双向沟通,建立基于共同利益的新型企业/顾客关系。这不再是企业单向的促销和劝导顾客,而是在双方的沟通中找到能同时实现各自目标的途径。

(三)基于构建顾客信任的4R理论

4R理论是以关系营销为核心,注重企业和客户关系的长期互动,重在建立顾客忠诚的一种理论。它既从厂商的利益出发又兼顾消费者的需求,是一个更为实际、有效的营销制胜术。

4R理论的营销四要素:

1. 关联(relevancy)

即认为企业与顾客是一个命运共同体。建立并发展与顾客之间的长期关系是企业经营的核心理念和最重要的内容。

2. 反应(reaction)

在相互影响的市场中,对经营者来说最难实现的问题不在于如何控制、制定和实施计划,而在于如何站在顾客的角度及时地倾听和从推测性商业模式转移成为高度回应需求的商业模式。

3. 关系(relationship)

在企业与客户的关系发生了本质性变化的市场环境中,抢占市场的关键已转变为与顾客建立长期而稳固的关系。与此相适应产生了5个转向:①从一次性交易转向强调建立长期友好合作关系;②从着眼于短期利益转向重视长期利益;③从顾客被动适应企业单一销售转向顾客主动参与到生产过程中来;④从相互的利益冲突转向共同的和谐发展;⑤从管理营销组合转向管理企业与顾客的互动关系。

4. 报酬(reward)

任何交易与合作关系的巩固和发展,都是经济利益问题。因此,一定的合理回报既是正确处理营销活动中各种矛盾的出发点,也是营销的落脚点。

三、市场营销组合4P理论

前文所述的4P理论产生于20世纪60年代的美国,随着营销组合理论的提出而出现的。1964年,鲍敦在美国市场营销学会的就职演说中创造了"市场营销组合"这一术语,指市场需求或多或少地在某种程度上受到所谓"营销变量"或"营销要素"的影响。

1967年,美国经济学教授菲利普·科特勒在其畅销书《营销管理:分析、规划与控制》中进一步确认了以4P为核心的营销组合方法,即:

产品:注重开发的功能,要求产品有独特的卖点,把产品的功能诉求放在第一位。

价格:根据不同的市场定位,制定不同的价格策略,产品的定价依据是企业的品牌战略,注重品牌的含金量。

渠道:企业并不直接面对消费者,而是注重经销商的培育和销售网络的建立,企业与消费者的联系是通过分销商来进行的。

宣传:很多人将promotion狭义地理解为"促销",其实是很片面的,它应当是包括品牌宣传(广告)、公关、促销等一系列的营销行为。

(一) 产品

产品是指拟(计划)向顾客销售的东西,服务也可以是产品。

一个完整的产品属性包括三个层次:核心产品是基本效用和性能,即使用价值,如人们购买自行车是为了方便出行;形式产品包括质量、特色、式样、品牌和包装,如人们购买生日蛋糕都需要精美的包装;附加产品包括附加服务和附加利益,如计算机经销商可能为购买计算机的顾客提供免费软件安装和培训服务。

【案例】

打造客户需要的汽车——领克

近年来,随着消费升级的持续深化,汽车市场个性化、年轻化与运动化潮流方兴未艾。如何提供契合用户全新需求的产品成为汽车品牌面临的首要课题。基于用户与市场的前瞻洞察,领克自诞生起,便始终坚持以用户为原点,用高质量标准打造自身产品。技术上,得益于吉利控股集团全球协同优势,吉利与沃尔沃联合开发了 CMA 基础模块架构和核心部件,赋予领克汽车强大的技术领先性和前瞻性。正是基于 CMA 架构的高起点,领克为消费者打造了高颜值、高性能、高科技、高安全、高价值的产品,并快速构建了"SUV + 轿车""燃油 + 新能源"及性能车的立体产品布局,满足了消费者的多样化产品需求。全能智驾 SUV 领克 01 满足家庭用户对空间实用、出行趣野的需求;高能轿跑 SUV 领克 02 面向潮流时尚,个性自我的平方青年群体;领潮运动轿车 03 家族,集运动性能与实用操控于一身,其中 03 + 作为中国品牌首款性能运动轿车,让忠于性能车的中国车主情怀落地,引领中国性能车市场潮流。

2020 年 6 月,领克公布了销量数据。领克汽车 6 月实现月销量达 13 214 辆,环比增长约 2%,同比增长约 53%,连续三个月获得双增长,并创下过去七个月以来最高月销量表现。2020 年 1 月至 6 月,领克汽车总销量达到 54 763 台。凭借着领先的产品力、出众的用户口碑,以及厚积薄发的数字线上能力,领克汽车实现了逆势稳定增长,凸显了过硬的核心竞争实力与发展含金量。自 2017 年年底首款车型投放市场至今,领克累计总销量达到 309 255 辆,在不到三年时间里,赢得了 30 余万用户的认可与信赖,得益于领克始终坚持用户思维,以用户为中心,驱动了技术、产品、品牌建设、用户服务以及创新营销等领域的全面发展。

(资料来源:新民晚报 2020 - 07 - 08)

领克汽车凭借精准洞察用户需求,驱动其产品、技术、营销等工作,实现立体产品布局,走出了独具品牌特色的领克发展路径,不仅为用户带来极致的用车体验,更在存量市场下,为中国汽车高质量发展做出了有益探索。

(二)价格

价格是商品同货币交换时单位商品量需要货币的多少。在现代社会的日常应用之中,价格一般指进行交易时,买方所需要付出的代价或付款。

定价策略是市场营销组合中一个十分关键的组成部分。价格通常是影响交易成败的重要因素,同时又是市场营销组合中最难以确定的因素。企业定价的目标是促进销售,获取利润。这要求企业既要考虑成本的补偿,又要考虑消费者对价格的接受能力,从而使定价策略具有买卖双方双向决策的特征。此外,价格还是市场营销组合中最灵活的因素,它可以对市场做出灵敏的反映。

1. 你的产品成本——成本导向定价法

这是一种最简单的定价方法,即在产品单位成本的基础上,加上预期利润作为产品的销售价格。售价与成本之间的差额就是利润。由于利润的多少是有一定比例的,这种比例就是人们俗称的"几成",因此这种方法就成为成本加成定价法。

例如,某电视机厂生产 2 000 台电视机,总固定成本 600 万元,每台电视机的变动成本为 1 000 元,确定目标利润率为 25%。则采用总成本加成定价法确定价格的过程如下:单位产品固定成本 6 000 000 ÷ 2 000 = 3 000 元,单位产品变动成本 1 000 元,单位产品总成本 4 000 元,单位产品价格 4 000 × (1 + 25%) = 5 000 元。

2. 顾客愿意出多少钱买你的产品——需求导向定价法

这是企业以消费者对产品价值感知为出发点的定价思路。其目标是最大程度获取消费者理解和需求。具体有感知价值定价法、心理定价法、差别定价法等。通常是一种较理想的定价方式,但了解消费者对产品价值的感知要比估计产品的生产成本更为困难和抽象。此外,当消费者对产品的感知价值低于产品的单位成本时,导致企业不得不以低于成本的价格销售产品。

【案例】

"暇步士"的试销

"暇步士"(Hush Puppies)是一种松软猪皮便鞋的牌子,由美国沃尔弗林集团生产。当"暇步士"问世时,该公司为了了解消费者的心理,采取了一种独特的试销方法:先把 100 双鞋无偿送给 100 位顾客试穿 8 周,8 周后,公司派人登门通知顾客收回鞋子,若想留下,每双鞋子 5 美元。其实该公司并非真想收回鞋子,而是想知道 5 美元一双的猪皮便鞋是否有人愿意购买。结果绝大多数试穿者把鞋留下了。得到这个消息,沃尔弗林集团便大张旗鼓地开始生产、推销。结果以每双 7.5 美元的价格,销售了几万双"暇步士"。

(资料来源:百度文库)

"暇步士"采用试销的方法,准确地掌握了消费者对产品的价值感,实现了精准的定价从而获得成功。

3. 竞争者同类产品的价格——竞争导向定价法

竞争导向定价法是以市场上相互竞争的同类产品或服务的价格为依据的产品定价思路。其目标是促使企业在市场上获得一定的优势地位或谋取一定的生存空间。主要包括随行就市定价法、投标定价法、高价竞争定价法和低价竞争定价法。由于该定价方法基于市场均衡价格,因此不需要过多地估计消费者的价值感知和企业的生产成本,是一种易于操作的定价方法。

【案例】

凯特比勒的拖拉机

美国凯特比勒公司是一家生产经营拖拉机的公司。它的定价方法不是成本定价,而是根据消费者的理解价值来定价。如市场上销售的拖拉机价格大都在 2 万美元左右,而该公司却卖 2.4 万美元,虽高出 4 000 美元,但十分畅销。当顾客询问该公司产品为何贵 4 000 美元时,该公司经销人员给购买者算了如下一笔账:(1)与竞争者同一型号机器价格相同,应定价 20 000 美元;(2)因本产品更耐用,加价 3 000 美元;(3)因本产品可靠性好,加价

2 000 美元;(4)因服务更佳,加价 2 000 美元;(5)因保修期更长,加价 1 000 美元。总价格为 28 000 美元,减去折扣 4 000 美元,本产品最终价格为 24 000 美元。美国凯特比勒公司的定价方法称为竞争导向定价法。

这么一笔账明白地告诉客户,根本没多收你一分钱,而是你花了 24 000 美元买了一台值 28 000 美元的拖拉机。是你占了便宜,而非本公司攫取了暴利。从长远看,购买这种拖拉机的成本比一般牵拖拉的成本更低。至此客户能不动心吗?

(资料来源:百度文库)

凯特比勒公司以其他公司同类产品价格为对照,定价时从产品质量、耐用度、可靠性、售后服务、保修期等用户关心的角度为其算清账,取得用户的信赖,成功地销售了产品。

4. 定价技巧

(1)尾数定价法

尾数定价策略是指在确定零售价格时,利用消费者求廉的心理,制定非整数价格,以零头数结尾,使用户在心理上有一种便宜的感觉,或者是价格尾数取吉列数,从而激起消费者的购买欲望,促进商品销售。这种定价策略已被商家广泛应用,从国外的家乐福、沃尔玛到国内的北京华联、大型百货商场等,从生活日用品到家电、汽车都采用尾数定价策略。超市、便利店等以中低收入群体为目标顾客,经营日常用品的商家适合采用尾数定价策略。而以中高收入群体为目标顾客,经营高档消费品的大商场、大百货不适合采用尾数定价法,而应该用声望定价策略。

(2)撇脂定价法。

撇脂定价法是指在产品生命周期的最初阶段把产品价格定得很高,以求最大利润,尽快收回投资。这是对市场的一种榨取,就像从牛奶中撇取奶油一样。撇脂式定价法只在一定条件下有意义。首先,产品的质量和形象必须与产品价格一致,有相当多的顾客接受这种价格下的产品。其次,生产较少量的产品的成本不能太高,以致抵消定高价所带来的好处。最后,竞争者没有可能很容易地进入市场,以同样价格参加竞争。撇脂定价多用于行业中缺乏有竞争力产品的情况。

(3)渗透定价法。

渗透定价是在产品进入市场初期时将其价格定在较低水平,尽可能吸引最多的消费者的营销策略。价格的高低与产品周期相关。它是以一个较低的产品价格打入市场,目的是在短期内加速市场成长,牺牲高毛利以期获得较高的销售量及市场占有率,进而产生显著的成本经济效益,使成本和价格得以不断降低。

渗透价格并不意味着绝对的便宜,而是相对于价值来讲比较低。其优点是新产品能迅速占领市场,并借助大批量销售来降低成本,获得长期稳定的市场地位;微利阻止了竞争者进入,可增强企业的市场竞争能力。低价策略促进消费需求。缺点是利润微薄,降低企业优质产品的形象。采用条件是市场对价格敏感。需求对价格极为敏感,低价可以刺激市场迅速增长。生产经营费用随经验的增加而降低。低价不会引起实际或是潜在的过度竞争。

【案例】

戴尔等公司的迅速渗透定价

戴尔和盖特惠公司采用市场渗透定价法,通过低成本的邮购渠道销售高质量的计算机产品。它们的销售量直线上升,而此时通过零售店销售的 IBM、康柏、苹果和其他竞争对手根本无法和它们的价格相比。沃尔玛、家庭仓库和其他折扣零售商也采用了市场渗透定价法。它们以低价格来换取高销售量。高销售量导致更低的成本,而这又反过来使折扣商能够保持低价。

(资料来源:作者撰写)

戴尔公司凭借直销的渠道优势迅速渗透定价,为其赢得了市场中的一席之地。

(4)差别定价法。

差别定价是实际中应用较典型的定价策略之一,是对企业生产的同一种产品根据市场的不同、顾客的不同而采用不同的价格。一般来说,只要对不同类型的顾客就同一种产品采用不同的价格,或经营多种产品的企业对具有密切联系的各种产品所定的价格差别同它们的生产成本的差别不成比例时,就可以说企业采用了差别定价。比如工业用电和生活用电的价格不同,而每度电的生产成本是一样的。与采用统一价格相比,差别定价不仅更接近一个特定顾客愿意支付的最高价格(即"保留价格"),也可能服务于不能按统一价格购买的顾客,或者诱使他们消费得更多,从而获取较大的利润。

例如:工业用电和生活用电的价格不同;打长途电话,白天和夜间的价格不同;航空公司的差别定价;批发价与零售价的差别等。

【案例】

法林百货公司"自动降价"

一些商场实行部分商品或全部商品"自动降价"的定价策略。所谓"自动降价",实际是针对消费者心理采用的一种营销技巧。主要做法是:标出商品价格及首次上架时间。确定商品价格折扣幅度和不同价格的保持时间,将其公布于众。在整个销售过程中,对商场的商品拥有量保密。

运用这种定价技巧的关键问题是把握价格折扣率和不同价格的保持时间。当然,若在销售过程中泄露了商场存货数量,这种技巧就没有什么刺激性,商场也会遭受不必要的损失。在美国波士顿著名的法林联合百货公司里,附设了一个法林自动降价商店。在法林商店出售的所有商品,在上架后的 12 天按最初标价出售。

从第 13 天开始至第 18 天,商品降价 25%,即原价 100 美元的商品降价为 75 元。第 19 天至第 24 天,商品按原价的 50% 出售,即 50 元就能把原价 100 美元的商品拿走。到了第 31 天至 365 天,商品如果卖不出去,也不再降价,而是全部送给慈善机构。

国外有些企业对积压滞销商品拍卖时,也运用"自动降价"技巧。经常的做法是:首先宣布商品基价和拍卖日期,拍卖日期一般定为 16 天。第 1 天,商品 9 折拍卖;第 2 天 8 折拍卖;第 3 天和第 4 天 7 折拍卖;第 5 天和第 6 天 6 折拍卖……第 15 天和第 16 天 1 折拍卖,即基价100美元的商品10美元即可到手。

法林联合百货公司的创办人爱德华·法林在刚刚设立与众不同的标价方式时,许多人对他的生意能否兴隆感到怀疑。而法林自己则信心十足。他相信,美国人喜欢标新立异的性格特点和人人都希望价廉物美的心理会助他成功。事实确实如此。同法林的预料一样,每个人在这种自动降价的商品面前,都恨不得以最低的价钱换来自己想得到的东西,但同时却总是担心再等下去会坐失良机。

一般来说,所有的自动降价商品在销售或拍卖开始阶段,人们基本上采取观望的态度;而商品降价至七八折时,有人便开始有所担心,不知存货情况如何;而商品降价至五六折时,许多人便会产生不能再等下去的心理。据西方国家的一些资料来看,如果降价折扣率和不同价格的保持时间确定适度,商品降价至五六折时的销售量最大,全部商品最终平均五折售出。

(资料来源:文武."自动降价商店"中的玄机[J].科技创业月刊:创富指南,2006(12):57.)

(三)地点(渠道)

企业选址应该考虑以下几个方面。销售方面应尽可能地接近消费者聚居的地区,也就是说,要有足够的顾客群。交通运输方面应便于原材料(货物)、产品的进货与销货渠道畅通。信息通信方面信息应畅通,信息闭塞将阻碍企业的发展。其他还有劳动力方面、货源方面、周边社会治安方面等。

选择经营场地要考虑的几个因素:租金高低;物业条件是否能满足经营面积、布局要求;该地区商圈辐射范围大小、人口密度、生活和消费水平;是否接近目标顾客群体;社区未来发展前景;同类生意的竞争状况;交通是否方便等。

(四)促销

促销策略是一种促进商品销售的谋略和方法,有各种不同形式,如按照顾客在购买活动中心理状态的变化,适时展示商品以刺激顾客的购买欲望,或启迪诱导以激发顾客的购买兴趣,或强化商品的综合印象以促进顾客的购买行为。简单来说,促销是指把企业的产品信息传递给顾客,吸引他们来购买产品。

促销有多种方式,常用的促销手段有广告、人员推销、营业推广、公共关系等,每种方式有不同的特点。

表5.2 各类促销手段的不同特点

广告	人员推销	营业推广	公共关系
高度大众化	灵活,就近观察顾客态度,随时调整	短时期的特别促销	间接的促销
可多次重复	促进购买建立友谊	用赠品、优惠券、降价等刺激	不要求达到直接的销售目标
充分利用文字声音和色彩	及时得到顾客反馈	显示急售意图	认为新闻报道可信
特别适合分散目标顾客传递	最昂贵	频繁会降低身价	传递给避开推销和广告的顾客

表 5.3　常见的企业促销方式

优惠券	印小传单邮寄、街头派发
附赠抽奖	每购买一定金额的商品抽奖或兑奖
赠送商品	买一送一
有奖销售	赠送保险单、体育奖券
集点优惠	会员卡、会员制购物俱乐部
明折优惠	现场打折、降价销售
包装促销	收集包装物换取奖品,包装再利用
免费样品	在街头派发,如食品免费品尝
广告	布标、海报、招牌、陈列品、电视、网络
商品回收与以旧换新	旧家电、旧家具
实地参观	参观生产、加工现场
限时特卖	不同时段不同价格,每日限量特价品
分期付款	如房屋、汽车、家电等贵重商品
承诺售后服务	如质量三包、培训顾客、开通热线电话

本章小结

本章介绍了市场的基本概念、市场调查的基本方法以及掌握制定市场营销计划的方法。创业者需要对现有市场和潜在市场都有深入的了解,才能确定创业的方向和基本思路。为此需要对市场进行广泛而科学的调研,以确定创业项目的可行性。可行性确定之后,则需要围绕产品、价格、渠道、促销等开展营销计划以使企业能够在市场中占据一席之地并可持续地壮大发展。市场的重要性毋庸置疑,其内涵、理论模型及应用场景都随时代的发展发生变化,创业者需要根据不同形势采取不同策略,及时调整市场需求,方能在竞争中立于不败之地。

第六章　创业资源

【学习要点及目标】

1. 了解创业资源的内涵与种类，掌握创业资源的整合模式
2. 了解创业资源在创业过程中的作用
3. 了解影响创业资源获取的因素，掌握最基本的创业资源获取途径与技能

【导入案例】

蒙牛的创业故事

蒙牛最初创业的几个人跑遍全国、东拼西凑了900万元，于1998年8月18日注册成立了"内蒙古蒙牛乳业股份有限公司"。蒙牛最初的启动资金来自挚爱亲朋，承载着亲情、友情和信任。蒙牛10位创业者有5位是来自伊利，凭借行业内经验丰富、广泛的人脉关系和可以利用的市场渠道，蒙牛在第一年最后3个半月就实现了3 730万元的销售收入。过了这道坎蒙牛就没有办不到的事了，它的销售收入开始以223%的年复合增长率上升。2002年已驶入快车道的蒙牛对资金仍然十分渴求，资本的注入对其成长至关重要。而蒙牛却是被顶级的国际投资人相中的。2002年10月和2003年10月，摩根、英联、鼎辉分两次向其注入了约5亿元资金。

销售收入从1999年的3 730万元到2009年超过200亿的飞速增长，蒙牛企业文化中有"四个98%"：资源的98%是整合，品牌的98%是文化，经营的98%是人性，矛盾的98%是误会。其中，第一个98%就是资源整合，可见在蒙牛眼中资源整合之重要。蒙牛资源整合的主要方式是资源借用。

在乳制品这个行业，没有品牌很难销售，因为品牌代表着安全可靠。蒙牛在创立初期，实施借用地域品牌和行业领军品牌的"借船出海"的广告战略，打出口号："蒙牛甘居第二，向老大哥伊利学习"。口号一出，让伊利哭笑不得。一个不知名的品牌马上挤进全国前列。蒙牛不只是盯着伊利，而是把自己和内蒙古的几个知名品牌联系起来，说："伊利，鄂尔多斯，宁城老窖，蒙牛为内蒙古喝彩！"因为前三个都是内蒙古的驰名商标，自己放在最后，给人感觉就是内蒙古的第四品牌。蒙牛没有花一分钱，却迅速让自己的品牌成为知名的品牌。

作为乳品企业，"得奶源者得天下"。但当时的奶源已被大企业瓜分殆尽。自建奶源基地，自建工厂，没有一年半载根本不可能，如果按部就班，在强大竞争对手的层层围困中，弄不好就会落个"出师未捷身先死"的下场。面对窘境，公司管理层跳出"先建工厂，后建市场"的窠臼，采取了"虚拟联合"的方式。1999年2月，蒙牛找到哈尔滨一家乳制品公司，这家公司设备都是新的，但是营销渠道这一块没有打通，所以产品一直滞销，蒙牛找到这家公司的老板说："你来帮我们生产，我们这边都是伊利技术高层，帮忙技术把关，牛奶的销售

铺货我们也承包了。"这位老板一听，马上答应下来。通过合作，蒙牛运作了国内8个困难企业，盘活7~8亿元资产，实现了双赢。

蒙牛在创建时，利用承包、租赁、托管的方式"盘活"其他乳制品企业，派出自己的管理人员和技术骨干进行技术改造和设备更新。蒙牛用标准、技术和品牌，把别人的工厂变成了"自有"车间，具有"研发与销售在内，生产和加工在外"的"杠铃型"企业组织特点，凭借自己的核心管理资源、经验、技术和文化等获得快速、大规模的产品上市，从而创造了"先有市场、后有工厂"的奇迹。

蒙牛创业团队把一个无奶源、无工厂、无市场的"三无企业"发展成为年销售额达800多亿元的大企业，成功的秘籍就在于创业资源的运用和整合。

（资料来源：王延荣. 创业与创业管理[M]. 北京：机械工业出版社，2015.）

第一节 创业资源概述

一、创业资源的概念

资源是创业活动顺利开展的关键因素之一，学者们从不同的角度对其概念进行了界定。从经济学的角度看，资源是生产过程中所使用的投入；从管理学的角度看，资源是基于信息和知识的各种生产要素的集合，通常将其分为有形资源和无形资源；从组织战略的角度看，资源是为了实现组织目标而使用的所有的有形资源和无形资源的集合。学者们根据不同的研究目标，在创业理论发展的过程中，就创业研究领域对创业资源的定义也各有不同，见表6.1。

表6.1 创业资源定义分类

国内外学者	创业资源定义
Wemerfelt	创业过程中投入的全部有形和无形资源
Hall	无形资源可以细化为两种形态，即技能和资产
Dollinger	所有创业企业在创业活动中投入的要素和要素的组合
林嵩、张巧、林强	能够促进企业生存和稳定发展，企业控制或可支配的所有要素和要素组合，包括技术、专利、知识、能力、组织属性等
刘霞	企业投入到创业过程中的各类资产、能力、信息与知识的统称
余绍忠	可以促进企业生存和发展，实现组织战略目标与愿景，为企业所拥有或能够控制的各类要素和要素组合
冯碧云	创业者全部的有形资源和无形资源是在有限的条件下通过自身差异化能力获得的，这种能力会对整个创业过程产生影响，不断推动企业的发展和战略目标的实现

概括地说，创业的前提条件之一就是创业者拥有或者能够支配一定的资源。所谓资源，依照目前战略管理中有影响的资源基础理论的观点，企业是一组异质性资源的组合，而

资源是企业在向社会提供产品或服务的过程中,所拥有的或者所能够支配的用以实现自己目标的各种要素和要素组合。

创业资源是企业创立及成长过程中所需要的各种生产要素和支撑条件。对于创业者而言,只要是对其创业项目和新创企业发展有所帮助的要素,都可归入创业资源的范畴。

创业资源之于创业活动的重要意义不仅仅体现在单纯的量的积累上,应当看到创业过程实质上是各类创业资源重新整合,支持企业获取竞争优势的过程。从这一角度看,创业活动本身是一种资源的重新整合。

二、创业资源的分类

尽管学术界对于创业资源类型界定尚未有统一标准,但是目前对创业资源的多视角分类有助于人们理解创业资源的来源、构成以及资源的获取与整合。

早期的学者将资源分为三种类型,即物质资源(存货、设备)、财务资源(资金、贷款)、人力资源(劳动力、管理者)。资源基础理论强调资源的异质性和独特性,因此,这些资源演变为后来描述更加细致的组织资源(技能和知识的结合)、技术(技术诀窍)和声誉资源。后来,Brush 等学者提出了突出创业者重要性的一种资源——社会资本,又称网络资源或关系资源。另外,创业过程通常被解释成组织的形成过程,所以对于创业企业来说组织资源是具有标志性意义的一类资源。这些划分方法都在一定程度上推动了创业研究。目前,学术界对创业资源的分类大致有以下五种类型。

(一)创业资源按其来源分类

创业资源按其来源可以分为自有资源和外部资源。自有资源是指创业者或创业团队自身所拥有的可用于创业的资源,如自有资金、技术、创业机会信息等。外部资源是指创业者从外部获取的各种资源,包括从朋友、亲戚、商务伙伴或其他投资者筹集到的投入资金、经营空间、设备或其他原材料等。自有资源的拥有状况(特别是技术和人力资源)会影响外部资源的获得和运用。

(二)创业资源按其存在形态分类

创业资源按其存在形态可以分为有形资源和无形资源。有形资源是具有物质形态的、价值可用货币度量的资源,如组织赖以存在的自然资源以及建筑物、机器设备、原材料、产品、资金等。无形资源是具有非物质形态的、价值难以用货币精确度量的资源,如信息资源、人力资源、政策资源以及企业的信誉、形象等。无形资源往往是撬动有形资源的重要手段。

(三)创业资源按其性质分类

根据资源的性质,可将创业资源分为六种资源,即人力资源、社会资源、财务资源、物质资源、技术资源和组织资源。

1. 人力资源

包括创业者与创业团队的知识、训练、经验,也包括组织及其成员的专业智慧、判断力、视野、愿景,甚至是创业者、创业团队的人际关系网络。创业者与创业团队是新创企业中最重要的人力资源。

2. 社会资源

主要指由于人际和社会关系网络而形成的关系资源。社会资源可以是人力资源的一部分，或者说是特殊的人力资源。社会资源对创业活动非常重要，因为社会资源能使创业者有机会接触到大量的外部资源，有助于透过网络关系降低潜在的风险，加强合作者之间的信任和声誉。开发社会资源是创业者与创业团队的重要使命。

3. 财务资源

包括资金、资产、股票等。对创业者来说，财务资源主要来自个人、家庭成员和朋友。由于缺乏抵押物等多方面原因，创业者从外部获取大批财务资源比较困难。

4. 物质资源

创业和经营活动所需要的有形资产，如厂房、土地、设备等。有时也包括一些自然资源，如矿山、森林等。

5. 技术资源

包括关键技术、制造流程、作业系统、专用生产设备等。通常技术资源包含三个层次：一是根据自然科学和生产实践经验而发展成的各种工艺流程、加工方法、劳动技能和诀窍等；二是将这些流程、方法、技能和诀窍等付诸实现的相应的生产工具和其他物资设备；三是适应现代劳动分工和生产规模等要求的对生产系统中所有资源进行有效组织和管理的知识、经验和方法。技术资源与人力资源的区别在于，后者主要存在于个人身上，随着人员的流动会流失，技术资源大多与物质资源结合，可以通过法律手段予以保护，形成组织的无形资产。

6. 组织资源

包括组织结构、作业流程、工作规范、质检系统。组织资源通常指组织内部的正式管理系统，包括信息沟通、决策系统以及组织内正式和非正式的计划活动等。一般来说，人力资源需要在组织资源的支持下才能更好地发挥作用，企业文化也需要在良好的组织环境中培养。组织资源来自创业者或其团队对新创企业的最初设计和不断调整，同时包括对环境的适应和对成功经验的学习。由于创业过程通常被解释成组织的形成过程，所以对于创业企业来说组织资源是具有标志性意义的一类资源。

(四)创业资源按其对生产过程的作用分类

资源还可以按照其对生产过程的作用分为生产型资源和工具型资源。生产型资源直接用于生产过程或用于开发其他资源，如物质资源，像机器、汽车或办公室，被认为是直接用于生产产品或提供服务。工具型资源则被专门用于获得其他资源，如财务资源，因为其具有很大的柔性而被用于获得其他资源，比如用来获得人才和设备。产权型技术可能是生产型资源，也可能是工具型资源，这要根据其所依存的条件，如果依赖于某个人则可能是工具型资源，如果是以专利形式存在的则可直接用于生产过程。需要指出的是，对于新创企业来说，个人的声誉资源和社会网络也属于工具型资源，有些时候市场资源也可以用来吸引其他资源，因此也将其归为工具型资源。

(五)创业资源按其在创业过程中的作用分类

学者通常将创业资源划分为两类：一类是运营性资源，主要包括人力资源、技术资源、资金资源、物质资源、组织资源和市场订单等资源。另一类是对新创企业生存和发展具有关键作用的战略性资源，主要指知识资源。知识型社会给企业带来了持续而深远的影响，知识成为企业进行生产、竞争的关键，企业组织工作的重要任务是战略性地开发和利用知识资源。由于新创企业的高度不确定性及创业者和资源所有者之间的信息不对称性，知识资源对运营资源的获取和利用具有促进作用。

另外，还有学者将资源分为离散资源和系统资源两种类型。离散资源的价值相对独立于组织环境，合同和专业技能都属于这类资源。系统资源的价值则体现在这种资源是网络或系统的组成部分，比如分销网络或团队能力，其价值依赖于所处的系统环境。

第二节 创业资源的作用

一、创业资源在创业不同时期的作用

创业过程大体可以分为企业创立之前的机会识别和创立之后的企业成长过程两个阶段，在每个阶段中创业资源都发挥着重要作用。

（一）机会识别时期

机会识别与创业资源密不可分。从直观的含义上看，机会识别是要分析、考察、评价可能的潜在创业机会。项目管理领域世界权威大师科兹纳认为，机会代表着一种通过资源整合、满足市场需求以实现市场价值的可能性。因此，创业机会的存在本质上是部分创业者能够发现其他人未能发现的特定资源的价值的现象。例如，在同样的产品或者盈利模式下，一些人会付诸行动去创业，其他人却往往放任机会流失；有的人会经营得很成功，而另一些人却会遭受损失。对后者来说，往往是缺乏必要创业资源的缘故。

（二）企业成立发展时期

企业创立之后，一方面，创业者仍需要积极地从外界获取创业资源；另一方面，已经获取的创业资源在企业发展过程中逐渐被整合、利用。资源整合对于创业过程的促进作用是通过创业战略的制定和实施来实现的。丰富的创业资源是企业战略制定和实施的基础和保障，同时，充分的创业资源还可以适当校正企业的战略方向，帮助新创企业选择正确的创业战略。

需要指出的是，新创企业所拥有的创业资源必须加以有效整合，才能形成企业的核心竞争优势。资源整合就是把企业所拥有的自然资源、信息资源和知识资源在时间和空间上加以合理配置、重新组合，以实现资源效用的最大化。必须注意的是，这种资源效用的最大化，并非简单的各项资源各安其位、各司其职，而是能够通过重新整合规划，创造企业独特的核心竞争力，实现企业在市场上的竞争优势。

二、不同类型资源在创业中的作用

创业活动的本质是创业者围绕潜在机会来调动和整合一切可能获得的资源以创造商业价值的过程，这些资源主要包括人力资源、资金、技术以及专业人才等。创业者所拥有或者能够支配的资源在很大程度上决定了创业方向。

（一）人力资源在创业中的作用

人力资源在创业中的作用主要体现在创业者与创业团队通过社会联系获取稀缺资源并由此获益的能力。这里的稀缺资源包括权力、地位、财富、资金、学识、机会、信息等。当这些资源在特定的社会环境中变得稀缺时，创业者可以通过两种社会联系获取：第一种社会联系是个人作为社会团体或组织的成员与这些团体和组织所建立起来的稳定的联系，个

人可以通过这种稳定的联系从社会团体和组织获取稀缺资源。第二种社会联系是人际社会网络。与社会成员关系不同,进入人际社会网络没有成员资格问题,无须任何正式的团体或组织仪式,它是由于人们之间的接触、交流、交往、交换等互动过程而发生和发展的。

人力资源能使创业者有机会接触大量的外部资源,有助于通过网络关系降低潜在的风险,加强合作者之间的信任与信誉。有学者研究发现,虽然个人的财务资源与其是否成为创业者没有显著关系,但是从创业者个体来看,其获取资源的能力决定了创业活动能否成功启动;创业者常常通过社会网络获取所需的信息和资源,而那些拥有丰富社会资本的创业者往往可借此得到较难获取的资源,或以低于市场的价格购买取得。

斯坦福大学研究中心的一份调查显示:一个人赚的钱,12.5%来自知识,87.5%来自基于正常社会经历建立的人际关系。而我国的数据显示,社会交往面广、交往对象趋于多样化、与高社会地位个体之间关系密切的创业者,更容易发现创新性更强的创业机会。

【案例】

阿里巴巴通过职业经理人引入社会资本

1999年,初始阿里巴巴团队是一个"三无团队":一无显赫的出身,二无成功案例或财务数据,三无特别的技术优势,即没有任何显性优势。而正是具有资深风险投资背景的职业经理人蔡崇信加入了阿里巴巴,才改变了"三无团队"的性质,壮大了团队力量,更重要的是完成了阿里巴巴与资本世界的沟通,为阿里巴巴带来了高盛牵头的500万美元的天使投资,进而有机会进入软银的视野,为后来获得更多的投资创造了条件。

蔡崇信作为纽约州执业律师,持有耶鲁大学经济学及东亚研究学士学位和耶鲁法学院法学博士学位。1990年至1993年,在纽约Sullivan &Cromwell律师事务所以律师身份从事税务法律业务。1994年至1995年,曾任纽约并购公司Rosecliff, Inc.的副总裁及总法律顾问。1995年至1999年,出任北欧地区最大的工业控股公司Investor AB附属公司InvestorAsiaLimited的副总裁及高级投资经理,主要负责该公司亚洲私募股本业务。

蔡崇信在阿里巴巴刚成立时加入,就任CFO。他的到来,才使阿里巴巴真正规范化运作。而他所掌握的社会资源也帮助阿里巴巴集团完成许多里程碑事件,包括于1999年领导成立阿里巴巴集团香港总部及于2005年主导收购中国雅虎及雅虎对阿里巴巴集团的投资的谈判。

(资料来源:蒋光宇.从580万元到500元的"跳槽"眼光[J].经营与管理,2016(1):118.)

(二)资金在创业中的作用

资金是创业者资源整合的重要媒介。从产生创意、发现创业机会到构建商业范式,创业者或创业团队都绕不开资金这个话题。换言之,创业过程的每项活动都会发生成本,都需要进行成本补偿。比如,对于新创企业来说,无论是进行产品研发还是生产销售,都需要大量的资金,因此如何有效地吸收资金资源是每个创业者都极为关注的问题。

很多创业者在创业之前,没有正确看待创业资金的重要性,认为企业一开始投入就能盈利,能够弥补创业过程中的资金短缺问题。事实上没那么简单,很多时候一个创业项目在起步后的相当一段时间内是没有收入的,或者收入不会像预期的那么容易。因此,在创业之前必须要做好资金问题的思想准备,以备不时之需,尽可能避免因为一时的资金问题让创业团队陷入困境。

大学生创业的最大困难之一就是资金缺乏。即便已经建立若干年的企业,资金链的断裂也是企业致命的威胁。据国外文献记载,倒闭破产的企业中有85%是盈利情况非常好的企业。而这些企业倒闭的主要原因是资金链的断裂。企业可能不会由于经营亏损而破产清算,却常常会因为资金断流而倒闭。

虽然资金在创业过程中起着至关重要的作用,但融资数量并非多多益善,要考虑到企业实际的资金需求。

(三)技术在创业中的作用

对于制造类型或提供基于技术服务的新创企业而言,技术资源是企业存在和发展的基石,是生产活动和生产流程稳定的根本,其成功的关键是寻找成功的创业技术,原因有三:一是创业技术是决定创业产品的市场竞争力和获利能力的根本因素。在创业初期,创业资金需求基本满足的情况下,创业技术是最关键的资源。二是创业是否拥有技术核心决定了所需创业资本的大小。对于在技术上非根本创新的创业企业来说,创业资本只要保持较小的规模便可维持企业的正常运营。三是从创业阶段来说,由于企业规模较小,因此管理及对人才的需求度不像成长期那样高,创业者的企业家意识和素质是创业阶段最关键的创业人才和创业管理资源。

技术资源的主要来源是人才资源,重视技术资源的整合也就是注重人才资源的整合。技术资源的整合不仅要整合、积聚企业内部的技术资源,还要整合外部的可资利用的技术资源,比如积极寻找、引进有商业价值的科技成果,加强和高校科研院所的产学研合作,等等。整合技术资源只是起点,技术资源整合是为了技术的不断创新、自主研发并拥有自主知识产权,保持技术的领先,提高新创企业的核心竞争力。

【案例】

技术推动"思必驰"快速发展

作为一家技术驱动型的企业,思必驰一直专注为智能硬件产品提供语音交互技术和解决方案,专注在以端到端对话技术为核心的人工智能领域。

思必驰是国内为数极少的拥有全套智能语音技术知识产权的公司之一,在语音识别、语音合成、语义理解、声纹识别、对话管理、音频分析等方面,尤其是对话交互系统设计和实现方面均有深厚技术积累。

思必驰也是国内极少数的人工智能产学研一体化的企业之一,与上海交通大学共同建立智能人机交互联合实验室,保证了基础创新技术的持续研发能力。实验室研究人员从事前沿和底层技术研究,思必驰研发人员侧重应用技术研究,相关技术成果和知识产权都由思必驰独享并转化。

与其他语音公司不同,思必驰更专注语音交互在智能硬件场景的应用,专注面向智能车载、智能家居、智能机器人和智能穿戴4个场景,提供人机对话解决方案和服务。车载后装产品,比如智能后视镜,思必驰市场占有率已经达到了60%。

2019年,思必驰拿到了来自国际顶级资本新一轮近2亿元投资。

(资料来源:思必驰官网)

（四）专业人才在创业中的作用

组织资源观认为，塑造以知识为基础的核心能力是组织获取持续竞争优势的有效策略。这种核心能力具有独特价值，是不可模仿和难以转移的，它需要组织内部的长期开发。专业人才在创业过程中的作用可以从创业者、创业团队、管理团队及骨干员工的角度体现出来。

大量的实证研究表明，团队创办的企业在存活率和成长性两方面都显著高于个人创办的企业。这是因为团队创业通常具有更多样化的技能和竞争力基础，可以形成更广阔的社会和企业网络，有利于获取额外的资源。创业投资家也经常把新企业创业团队的素质作为其投资与否的最重要的决策依据之一。当然，创业者的人力资本和社会资本对创业团队的组建也有重要作用。一方面，优秀的创业领导人更有可能吸引优秀的人才来共同创业；另一方面，创业者的社会资本对创业团队的组建和持续性发挥着不可忽视的作用。

第三节　创业资源的获取

一、影响创业资源获取的因素

资源获取是在识别资源的基础上，得到所需资源并用之于创业过程的行为。对于新创企业而言，能否从外界获取所需资源，首先取决于资源所有者对创业者或创业团队的认可，而这一认可在很大程度上取决于商业创意的价值。商业创意为资源获取提供了杠杆，一项能被资源所有者认同的、有价值的商业创意，才有助于降低创业者获取资源的难度。

除了商业创意的价值，影响创业资源获取的因素还包括创业导向、创业者（创业团队）先前工作经验、资源配置方式、创业者的管理能力、社会网络等。

（一）创业导向

创业导向的概念源于战略管理领域的战略决策模式研究，其根源可以追溯到战略选择理论。该理论强调企业通过市场分析来选择并实施战略行为和新市场进入行为。概括地说，创业导向反映了企业建立新事业、应对环境变化的一种特定心智模式，是一种态度或意愿，这种态度或意愿会导致一系列创业行为。

在常见的创业研究模型中，创业导向被划分为三个维度：创新性、风险承担性和前瞻性。创新性是指企业热衷于能够带来新产品、新服务、新工艺的新思想、新观点和新的实验手段。风险承担性是指管理者愿意承担较大和有风险事务的程度。前瞻性是指企业通过预测未来需求改造环境，来寻找比竞争对手更早引入新产品或服务的机会。在日益激烈的竞争环境中，新创企业往往需要采取更多的创新行为、承担更多的风险来参与竞争，以取得良好的企业绩效。在明确的创业导向指引下，企业能够创造性地整合资源、利用资源，并在资源的动态获取、整合、利用过程中，注意区分不同的资源，充分发挥知识资源的促进作用。为此，创业者要注重创业导向的培育和实施，充分关注创业团队的价值观、组织文化和组织激励等影响创业导向形成的重要因素。

（二）创业者（创业团队）先前工作经验

创业者（创业团队）先前工作经验分为创业经验和行业经验两大类。其中，创业经验是指先前创建过新的企业或组织，是创业者在此过程中所获得的感性和理性的观念、知识和技能等,它提供了诸如机会识别与评估、资源获取和企业组织化等方面的信息。行业经验是指创业者在某行业中的先前工作经历,它提供了有关行业规范和规则、供应商和客户网络以及雇佣惯例等信息。

创业过程本身就是一个知识迁移的过程。从先前创业经验中迁移来的知识能够提高创业者有效识别和处理创业机会的能力,有助于发现、获取创业资源。

先前行业经验中所积累的顾客问题知识、市场服务方式知识、市场知识等造就了创业者的"知识走廊",强化了其发现创业机会、获取资源的能力。同时,先前行业的管理经验能够帮助创业者解决创建和管理创业团队过程中遇到的诸多困难,而且管理能力越强,获取资源的可能性越大。此外,拥有先前行业经验的创业者往往享有更强的社会网络。其在先前行业中获得的公正声誉和处理利益相关者之间关系的技能有利于新创企业获得合法性认可。

(三)资源配置方式

资源配置是指人们对相对稀缺的资源在各种不同用途上加以比较做出的有利选择。在创业过程中,资源总是表现出相对的稀缺性,创业者不可能获取到所有资源以开发创业机会,因此要求创业者对有限的、稀缺的资源进行合理配置,充分利用好已有的资源、身边的资源、别人不予重视的资源,发挥资源的杠杆撬动作用。

资源的配置方式有市场交易与非市场交易两种。在市场经济条件下,大多数资源可以通过市场交易而得到。但是,由于资源的异质性、效用的多样性和知识的分散性,人们对于同样资源往往具有不同的效用期望,有些期望难以依靠市场交易得到满足。因此,如果通过资源配置方式创新,能够开发出新效用,使之更好地满足资源所有者的期望,创业者就有可能从资源所有者手中获得资源使用权,以开展生产经营活动。

(四)创业者的管理能力

创业资源获取的关键往往取决于企业的软实力。创业者的管理能力是企业软实力的主要表现,管理能力越强,获取资源的可能性越大。创业者的管理能力可以从其沟通能力、激励能力、行政管理能力、学习能力、外部协调能力等多方面予以衡量。

(五)社会网络

社会网络是多维度的,能够提供企业正常运转所需的各种资源,也是新创企业最重要的资源之一。社会网络是隐性知识传播的重要渠道,它能通过促进信息(包括技能、特定的方法或生产工艺等)的快速传递而协助组织学习,同时还可以大大降低企业的交易成本,帮助获取与企业需求相匹配的资源,因此对于创业资源的获取具有重要意义。

研究表明,社会网络的关系强度、关系信任以及网络规模对创业资源的获取具有正向影响,因此新创企业应关注强关系网络的维护和利用,以弥补其合理性的不足。强关系网络的主体通常以家庭、亲戚、朋友为主,与这些关系的频繁、密切接触,更易于获取资金、技术、人力等运营资源和有益的创业指导和建议。

不同的社会网络和网络地位,为人们之间的沟通协作提供了不同的渠道。在社会网络中处于优势地位的创业者,具有较好的社会关系依托,可以有选择地了解不同对象的效用需求,有针对性地对不同对象传递商业创意的不同方面,有目的地获取不同资源所有者的理解和信任,最终成功地从不同网络成员那里获取所需的不同资源,为自己进行资源配置方式创新提供基础。

二、创业资源获取的途径

获取创业资源的途径分为市场途径和非市场途径两大类。当创业所需要的资源有活跃的市场,或者有类似的可比资源进行交易时,可以采用市场交易的途径;其他情况下则可以采用非市场交易的途径。

(一)通过市场交易途径获取资源

通过市场途径获取资源的方式包括购买、联盟和并购。

1. 购买

购买是指利用财务资源通过市场购入的方式获取外部资源,主要包括购买厂房、装置、设备等物质资源,购买专利和技术,聘请有经验的员工等。需要注意的是,诸如知识尤其是隐性知识等资源虽然可能会附着在非知识资源之上,通过购买物质资源(如机器设备等)得到,但很难通过市场直接购买,因此,需要新创企业通过非市场途径去开发或积累。对创业者来说,购买资源可能是其最常用的资源获取方式,大部分资源尤其是物质资源、技术资源、人力资源等都可以通过从市场上购买的方式得到。

2. 联盟

联盟是指通过联合其他组织,对一些难以或无法自己开发的资源实行共同开发。这种方式不仅可汲取显性知识资源,还可汲取隐性知识资源。但联盟的前提是联盟双方的资源和能力互补且有共同的利益,而且能够对资源的价值及其使用达成共识。通过联盟的方式共同研究开发获取技术资源也是创业者经常采用的方式,尤其是对于高科技企业来说,通过与高等院校和研究机构的联盟,可以在不增加设备投入的同时,及时得到企业发展所需要的技术资源,使企业保持可持续发展的后劲。

3. 并购

资源并购是通过股权收购或资产收购,将企业外部资源内部化的一种交易方式。资源并购的前提是并购双方的资源尤其是知识等新资源具有比较高的关联度。并购是一种资本经营方式,通过并购可以帮助创业者缩短进入一个新领域的时间,从而及时把握商机,实现创业目标。

(二)通过非市场途径获取资源

非市场途径获取资源的方式主要有资源吸引和资源积累。

1. 资源吸引

资源吸引指发挥无形资源的杠杆作用,利用新创企业的商业计划,通过对创业前景的描述,利用创业团队的声誉来获得或吸引物质资源(厂房、设备)、技术资源(专利、技术)、资金和人力资源(有经验的员工)。创业者在接触风险投资或者技术拥有者的过程中,可以通过对创业前景的描述或团队良好声誉的展示,获得资源拥有者的信任和青睐,从而吸引其主动将拥有的资源投入到创业企业之中。

2. 资源积累

资源积累指利用现有资源在企业内部通过培育,形成所需的资源。主要包括自建企业的厂房装置设备,在企业内部开发新技术,通过培训来增加员工的技能和知识,通过企业自我积累获取资金等。创业者很多时候会采用资源积累的方式来筹集企业所需的人力资源或技术资源。通过资源积累的方式获取人力资源可以作为一种激励方式,激发创业团队或企业员工的工作积极性,提高工作效率;通过资源积累的方式获取技术资源,则可以在获得核心技术优势的同时,保护好商业机密。

通过市场途径还是非市场途径取得资源,主要依赖于资源在市场的可用性、成本等因素。若证明快速进入市场能够带来成本优势,则外部购买可能就是获取资源的最佳方式。

获取资源贯穿创业的全过程,在创业的初始阶段,它具有更加重要的作用。对于多数新创企业来说,由于初始资源的不完整性,创业者需要取得资源供应商的信任来获取资源。但无论如何,采用多种途径同时获取不同资源总是正确的选择。2010年,策略学教授凯普伦和杜克大学教授米切尔经过对162家电信公司长达10年的研究得出结论,与采用单一途径的企业相比,通过多种方式获取资源的企业更有优势:它们在未来5年内继续经营的概率比那些主要依赖联盟的企业高46%,比专注于并购的企业高26%,比坚持内部研发的企业高12%。

三、创业资源获取的技能

成功的创业活动必须对机会、创业团队和资源三者进行最适当的匹配,并且还要随着事业的发展而不断进行动态平衡。创业过程由机会启动,在创业团队建立以后,就应该设法获得为创业所必需的资源,这样才能顺利实施创业计划。为了合理获取、利用资源,创业者往往需要制定设计精巧、谨慎的创业战略,而创业团队则是实现创业这个目标的关键组织要素,为此创业者或创业团队必须具有高超的领导力和沟通能力,能够适应市场环境的变化。

(一)沟通

为了获取创业资源,创业者及其团队应该有较好的人际沟通能力、沟通技巧及顺畅的沟通机制。

创业者获取资源、整合资源的过程就是与新创企业内外部的资源供给者充分沟通的过程。在企业外部,创业者需要与投资者、银行、媒体、同行从业者、消费者、供应商等通过沟通建立联系,获得信任,消除利益分歧,争取对方的扶持与帮助,取得共赢的结果;在企业内部,创业者需要通过顺畅沟通,鼓舞士气,吸引人才、留住人才,进而提升企业运营绩效。

【扩展阅读】

沟通的重要性

有研究结论可以很直观地证明沟通的重要性,即两个70%,同样适用于创业者获取资源这一任务。

第一个70%是指企业的管理者实际上70%的时间用在沟通上。开会、谈判、谈话、做报告是最常见的沟通形式,撰写报告实际上是一种书面沟通的方式,对外各种拜访、约见也都是沟通的表现形式,所以说有70%的时间用在沟通上。

第二个70%是指企业中70%的问题是由于沟通障碍引起的。比如企业常见的效率低下的问题,实际上往往是有了问题、有了事情后,大家没有沟通或不懂得沟通所引起的。另外,企业里面执行力差、领导力不高的问题,归根到底都与沟通能力的欠缺有关。

(资料来源:李家华.创业基础[M].2版.北京:清华大学出版社,2015.)

(二)战略领导力

尽管学术界对创业者能力的组成要素有不同的认识,但是对于创业者在战略方面的领导能力认识却大体一致。创业者战略领导能力是创业者能力与新创企业战略管理过程的契合点,是创业者能力在企业战略管理各个阶段中体现出的一种独特的思考型实践能力,包括战略思维能力、战略决策能力、战略规划能力和战略控制能力。

新创企业成长伴随着不断的创新和创业活动,扩大企业经营规模,实现从创业期走向成长期。受到知识经验和资源有限的约束,在起步阶段解决不确定性和模糊性成为创业成长最棘手的问题。新创企业与大企业不同,不能依赖市场的惯性取得成功,不能错误地使用资源。新创企业要想获得生存并持续成长,应该很清晰地看到所处的竞争环境,更应该考虑商业战略。

创业企业的创立与创业者个人的追求目标、价值观和创业能力是密不可分的,这也成为新创企业最初的战略愿景。创业者要具有出色的言语表达能力,把自己创新的想法不断传输给企业的各个部门,要将企业的战略意图适当地向企业外界表达出来,以此获取企业所需要的资源。因此,在新创企业获取资源、整合资源的过程中,如果创业者具备战略领导能力,则很容易打动资源所有者。

【案例】

华为从资源整合中走来

华三是杭州华三通信技术有限公司的简称,又称为H3C,其前身是华为3COM(华为三康)公司,是华为与美国的3COM公司的合资公司。

2003年11月17日,华为和3COM合资成立杭州华三通信技术有限公司(H3C),共同研发、生产及销售数据通信产品。

其中,华为以技术入股,向合资企业提供企业网络产品的业务资源,持有合资公司51%的股权,3COM以1.6亿美元和整个中国区业务注入合资公司,还授权新公司使用相关的IP许可,拥有49%的股份。双方约定:华为负责H3C中国及日本的销售,3COM则负责其余海外地区。可以说,H3C的成立对于合资双方都极具战略意义,它帮助3COM实现了更广泛的产品线、更具竞争力的成本结构以及中国市场上更好的竞争地位;同时帮助华为实现了当时最需要实现的目标——开拓国际市场,提升品牌知名度。

H3C成立之后,华为在中国市场的销售能力远远大于3COM在海外的销售能力。H3C官方网站数据显示,2006年,H3C销售收入7.12亿美元,连续三年保持70%左右的同比增长。分析师们普遍认为"这是3COM最优质的资产"。

2005年11月初,按照两年前合资协议,3COM宣布以2 800万美元购入华为所持的H3C的2%股权,从而拥有了51%的控股股权。

一年之后,股权再度发生变更。2006年11月29日,华为出让手中持有的3COM公司的49%股份,而获得3COM的8.82亿美元资金。也就是说,华为团队利用当时3COM先期投入的1.6亿美元,在完成华为摆脱危机的历史使命的同时,在3年的时间里,为华为挣了68亿元人民币。

(资料来源:玉红玲.从并购动机透析华为收购美国3COM[J].财务与会计,2008(8):17-18.)

纵观世界著名的成功企业家,无一不是整合资源、利用资源的高手,创业者最重要的不是拥有多少资源,而是学会管理和利用。资源整合的能力就是创业者的竞争力。

本章小结

本章分别介绍了创业资源的内涵与种类、创业资源的作用、创业资源的获取。尽管目前对创业资源的概念界定及具体分类并没有公认的标准,但创业者获取创业资源的最终目的是组织这些资源并实现创业机会,因此,获取创业资源之后还要学会进一步整合,从而提高创业绩效并获得创业成功。

第七章　创业融资

【学习要点及目标】

1. 了解创业融资的基本概念、重要性及风险
2. 了解创业融资的主要渠道及差异
3. 掌握创业融资选择策略

【导入案例】

阿里巴巴从"无"到"有"

1999年,一个18人的创业团队集资50万元成立阿里巴巴。阿里巴巴成立初期,公司小到不能再小,18个创业者往往是身兼数职。当阿里巴巴有了一定名气后很快也面临资金瓶颈,这时,以高盛为主的一批投资银行向阿里巴巴投资了500万美元。日本软银集团决定给阿里巴巴投资3 000万美元,最终阿里巴巴确定了2 000万美元的软银投资,帮助其度过寒冬。2004年2月17日,阿里巴巴再获8 200万美元的巨额战略投资。这笔投资是当时国内互联网金额最大的一笔私募投资。2005年8月,雅虎、软银再向阿里巴巴投资数亿美元。之后,阿里巴巴创办淘宝网,创办支付宝,收购雅虎中国,创办阿里软件。2007年11月6日,全球最大的B2B公司阿里巴巴在香港联交所正式挂牌上市,登上全球资本市场舞台,成功筹集到15亿美元的资金。阿里巴巴的上市,成为全球互联网业第二大规模融资。美国时间2014年9月19日,阿里巴巴正式登陆纽交所,股票代码BABA。阿里巴巴此次上市成为全球最大规模IPO。

(资料来源:勤思.企业文化的建设之道[J].商业文化,2014(26):74-78.)

第一节　创业融资分析

一、创业融资的概念

融资,是指资金的融通。狭义的融资主要是指资金的融入,也就是通常意义的资金来源,具体是指通过一定的渠道、采用一定的方法、以一定的经济利益付出为代价,从资金持有者手中筹集资金,组织对资金使用者的资金供应,满足资金使用者在经济活动中对资金需要的一种经济行为。广义的融资不仅包括资金的融入,也包括资金的运用,即包括狭义融资和投资两个方面。

创业融资是指创业者为了将某种创意转化为商业现实,通过不同渠道、采用不同方式筹集资金以建立企业的过程。创业者应该根据新创企业在不同发展阶段的资本需求特征,结合创业计划及企业发展战略,合理确定资本结构和资本需求数量。

二、创业融资的重要性

任何企业的生产经营活动都需要资金的支撑。尤其是对于新创企业来说,在企业的销售活动能够产生现金流之前,企业需要技术研发,需要为购买和生产存货支付资金,需要进行广告宣传,需要支付员工薪酬,还可能需要对员工进行培训。另外,要实现规模经济效应,企业需要持续地进行资本投资;加上产品或服务的开发周期一般比较漫长,就使得创业企业在早期需要大量筹集资金。

对创业者来说,融资的重要性主要表现在以下三个方面。

第一,资金是企业的血液。资金不仅是企业生产经营过程的起点,更是企业生存发展的基础。资金链的断裂是企业致命的威胁。

第二,合理融资有利于降低创业风险。创业企业使用的资金是从各种渠道借来的资金,都具有一定的资金成本。因此,合理选择融资渠道和融资方式,有利于降低资金成本,将创业企业的财务风险控制在一定范围之内。

第三,科学的融资决策有利于企业可持续发展,为创业企业植入"健康的基因",保证创业企业可持续发展。

【扩展阅读】

创业小故事

说到大宇汽车,现在一些年轻人或许没有听说过。大宇曾经是韩国三大汽车公司之一,与现代起亚齐名。它曾创造了世界车坛的一个速成神话,从成立到崛起为汽车业界的巨无霸之一,仅用了不到二十年时间。后来因为极速扩张和盲目自信,再加上1997年亚洲金融危机,2000年年底,公司的正常运营资金有近4 500亿韩元的缺口,最终因资不抵债和经营不善,宣布破产。错误地判断市场形势,大量借外债扩张,欲借用外来资金运转,最终导致了大宇的失败,破产后美国通用汽车收购了大宇。

(资料来源:秦大军.大宇破产的背后[J].经济世界,2001(1):72-74.)

三、创业融资难的原因

许多调查显示,缺少创业所需资金及创业资金筹集困难是创业者面临的最大挑战。创业融资难的主要原因是新创企业的不确定性大、企业和资金提供者之间的信息不对称、资本市场欠发达等。

(一)新创企业的不确定性大

相对于成熟的企业,新创企业在资产、销售和雇员等方面处于弱势,存在高度的不确定性。不确定性客观上反映了企业技术、产品或商业模式成功的可能性,进而影响风险投资提供资本的意愿和方式(无论是一次性全部提供还是阶段注入);而且,不确定性还将使创业企业与外部投资者签订依赖特定条件或状态的合同变得困难,进而增加了外部融资的成本。所以,创业活动本身的不确定性,使得外部投资者难以判断商业机会的真实价值和创业者把握机会的实际能力。

(二)企业和资金提供者之间的信息不对称

融资过程中企业和资金提供者之间的信息不对称主要表现在以下三方面。

第一,创业者处于信息优势。创业融资中的信息不对称表现为创业者比投资者对创业活动的创意、技术、商业模式、自身能力、团队素质、产品或服务、企业的创新能力和市场前景等的了解多,从而处于信息优势,投资者则处于信息劣势。

第二,创业者倾向于对创业信息进行保密。创业者在融资时,出于担心商业机密泄露的考虑,往往倾向于保护自己的商业机密及其开发方法,特别是进入门槛低的行业的创业者更是如此。这样,创业者对创业信息的隐藏会增加投资者对信息甄别的时间和成本,使其在有限信息的条件下难以判断项目优劣,进而影响其投资决策。

第三,新创企业的经营和财务信息具有非公开性。新创企业或者处于筹建期,或者开办时间较短,缺乏或只有较少的经营记录,企业规模一般也较小,经营活动透明度较差,财务信息具有非公开性,这些特征使得潜在投资者很难了解和把握创业者和创业企业的有关信息。

(三)资本市场欠发达

目前,我国的资本市场仍然不够完善,缺少擅长从事中小企业融资的金融机构和针对创业企业特点的融资产品,对企业上市的要求较高,产权交易市场不够发达,高素质的投资群体尚未形成,致使创业企业的融资受到一定限制。

此外,与既有企业相比,创业企业在融资方面还具有明显劣势,包括缺少相应的抵押和担保、单位融资成本较高、资金的安全性难以评估、创业者的人力资本定价困难,等等。

第二节 创业所需资金的测算

一、创业资金的分类

创业资金按照不同的标准可以进行不同的分类,对于创业资金不同种类的认识有利于创业者在估算创业资金时充分考虑可能的资金需求。

(一)按照资金占用形态和流动性分类

按照资金的占用形态和流动性,可以分为流动资金和非流动资金。占用在原材料、在制品、库存商品等流动资产,以及用于支付工资和各种日常支出的资金,称为流动资金;用于购买机器设备、建造房屋建筑物、购置无形资产等的资金,称为非流动资金。

流动资金的流动性较好,极易使用和变现,一般可在一个营业周期内收回或耗用,属于短期资金的范畴,创业者在估算创业资金需求时需考虑其持续投入的特性,选择短期筹资的方式筹集相应资金。非流动资金占用的期限较长,不能在短期内回收,具有长期资金的性质,能够在1年以上的经营过程中给企业带来经济利益的流入,创业者在进行创业资金估算时,往往将其作为一次性的资金需求对待,采用长期筹资的方式筹集相应资金。

(二)按照资金投入企业时间分类

按照资金投入企业的时间可分为投入资金和营运资金。投入资金发生在企业开业之前,是企业在筹办期间发生各种支出所需要的资金。投入资金包括企业在筹建期间为取得原材料、库存商品等流动资产投入的流动资金;购建房屋建筑物、机器设备等固定资产,购买或研发专利权、商标权、版权等无形资产投入的非流动资金；以及在筹建期间发生的人员工资、办公费、培训费、差旅费、印刷费、注册登记费、营业执照费、市场调查费、咨询费和技术资料费等开办费用所需资金。营运资金是从企业开始经营之日起到企业能够做到资金收支平衡为止的期间内，企业发生各种支出所需要的资金，是投资者在开业后需要继续向企业追加投入的资金。企业从开始经营到能够做到资金收支平衡为止的期间叫作营运前期，营运前期的资金投入一般主要是流动资金，既包括投资在流动资产上的资金，也包括用于日常开支的费用性支出所需资金。

创业企业开办之初，企业的产品或服务很难在短期内得到消费者的认同，企业的市场份额较小且不稳定，难以在企业开业之时就形成一定规模的销售额；而且，在商业信用极其发达的今天，很多企业会采用商业信用的方式开展销售和采购业务。赊销业务的存在，使企业实现的销售收入的一部分无法在当期收到现金，从而现金流入并不像预测的销售收入一样多。规模较小且不稳定的销售额，以及赊销导致的应收款项的存在，往往使销售过程中形成的现金流入在企业开业后相当长的一段时间内，无法满足日常的生产经营需要，从而要求创业者追加对企业的投资，形成大量的营运资金。

营运前期的时间跨度往往依企业的性质而不同，一般来说，贸易类企业可能会短于1个月；制造企业则包括从开始生产之日到销售收入到账这段时间，可能要持续几个月甚至几年；不同的服务类企业其营运前期的时间会有所不同，可能会短于1年，也可能会比1年要长。

在很多行业，营运资金的需求要远远大于投入资金的需求，对营运资金重要性的认识，有利于创业者充分估计创业所需资金的数量，从而及时、足额筹集资金。

二、投入资金的测算

如上所述，投入资金包括创业企业开业之前的流动资金投入、非流动资金投入，以及开办费用所需要的资金投入。一般来说，在估算投入资金时，大部分创业者均能想到购置厂房、设备及材料等的支出，以及员工的工资支出、广告费，但常常会忽略诸如机器设备安装费用、厂房装饰装修费用、创业者的工资支出、业务开拓费、营业税费等开业前可能发生的其他大额支出。因此，采用表格的形式将投入资金的项目予以固定化，是合理估算创业资金的有效方法。表7.1是投入资金估算常用的表格。

表7.1 投入资金估算表

行次	项目	数量	金额
1	房屋、建筑物		
2	设备		
3	办公家具		
4	办公用品		
5	员工工资		
6	创业者工资		
7	业务开拓费		

续表7.1

行次	项目	数量	金额
8	房屋租金		
9	存货的购置支出		
10	广告费		
11	水电费		
12	电话费		
13	保险费		
14	设备维护费		
15	软件费		
16	开办费		
17	……		
	合计		

表7.1中第1~3行投入资金的支出属于非流动资金支出,一般在计算创业资金时作为一次性资金需求予以考虑。其中,房屋、建筑物的支出包括厂房的装饰装修费用,若企业拟在租来的房屋中办公,则将相应的支出填写在第8行房屋租金中,而且应关注房租的支付形式,但基本上都是采用先预付一年租金和押金的形式;机器设备的支出包括机器设备的购置费用和安装调试费用,而且应考虑安装调试的时间对企业生产经营的影响。

表7.1中第4~15行投入资金的支出属于流动资金支出,在计算创业资金时需要考虑其持续性投入问题。创业者在估算投入资金时,一定不要忽略了其自身的工资支出、业务开拓费、营业税费、设备维护费等项目。

表7.1中第16行是创业企业的开办费用。开办费用是企业自筹建之日起,到开始生产、经营(包括试生产、试营业)之日止的期间(即筹建期间)内发生的费用支出。包括筹建期间人员的工资、办公费、培训费、差旅费、印刷费、注册登记费以及不计入固定资产和无形资产等购建成本的汇兑损益和利息支出。开办费用的发生不形成特定资产,企业可以在开始经营之日的当年一次性从利润中扣除,也可以在一定的期间内分期摊销计入不同期间的利润之中。不同行业所需要的开办费用不同,如高科技行业筹建期间员工工资和人员的培训费可能较高,有较高进入门槛的行业筹建期可能较长等。

最后,不同行业所需要的资本支出不同,创业者应通过市场调查,将本行业所需的资本支出项目予以补充,填写在第17行及以下相应的表格中,并在最后一行计算所需要的投入资金的合计数。如创业项目需要特定技术,则要支付购买技术的费用;若采用加盟的方式进行创业,则需要支付加盟费用。

需要说明的是,创业者在估算投入资金时,一方面,要尽可能考虑所需要的各种支出,避免漏掉一些必须执行的项目,以充分估算资金需求;另一方面,由于创业资金筹集的困难性及创业初期资金需求的迫切性,创业者应节省开支,减少投入资金,如采用租赁厂房、采购二手设备等方法节约资金。

三、营运资金的测算

营运资金主要是流动资金,是新创企业开始经营后到企业取得收支平衡前,创业者需要继续投入企业的资金。营运资金的估算需要根据企业未来的销售收入、成本和利润情况来确定,通过财务预测的方式实现。

(一)测算新创企业的营业收入

营业收入是指企业在从事销售商品、提供劳务和让渡资产使用权等日常经营业务过程中所形成的经济利益的总流入。对新创企业营业收入的测算是制订财务计划与编制预计财务报表的基础,也是估算营运资金的第一步。在进行营业收入测算时,创业者应立足于对市场的研究和对行业营业状况的分析,根据其试销经验和市场调查资料,利用推销人员意见综合、专家咨询、时间序列分析等方法,以预测的业务量和市场售价为基础估计每个会计期间的营业收入。创业者可通过表7.2来进行营业收入的预测。

表7.2 营业收入预测表

	项目	1月	2月	3月	4月	5月	6月	……	12月	合计
产品1	销售数量									
	平均单价									
	销售收入									
产品2	销售数量									
	平均单价									
	销售收入									
……	……									
	合计									

(二)编制预计利润表

利润表是用来反映企业在某一会计期间经营成果的财务报表。该表是根据"收入－费用＝利润"的会计等式,按营业利润、利润总额、净利润的顺序编制而成的,是一个时期的动态的报表。创业者在编制预计利润表时,应根据测算营业收入时预计的业务对营业成本进行测算,根据拟采用的营销组合对销售费用进行测算,根据市场调查阶段确定的业务规模和企业战略,对新创企业经营过程中可能发生的管理费用进行测算,根据预计采用的融资渠道和相应的融资成本对财务费用进行测算,根据行业的税费标准对可能发生的营业税费进行测算,以此计算新创企业每个会计期间的预计利润。预计成本和预计利润表的格式分别见表7.3和表7.4。

表7.3 营业成本预测表

	项目	1月	2月	3月	4月	5月	6月	……	12月	合计
产品1	销售数量									
	单位成本									
	销售成本									
产品2	销售数量									
	单位成本									
	销售成本									
……	……									
	合计									

单位成本根据创业企业存货的计价办法确定,可以采用先进先出法、移动加权平均法、月末一次加权平均法等方法对销售产品的成本进行计算。

表7.4 预计利润表

项目	1月	2月	3月	4月	5月	6月	……	12月	合计
一、营业收入									
减:营业成本									
营业税金及附加									
销售费用									
管理费用									
财务费用									
二、营业利润(损失以"－"号填列)									
加:营业外收入									
减:营业外支出									
三、利润总额(损失以"－"号填列)									
减:所得税费用									
四、净利润(损失以"－"号填列)									

由于新创企业在起步阶段业务最不稳定,在市场上默默无闻,营业收入和推动营业收入增长所付出的成本之间一般不成比例变化,所以,对于新创企业初期营业收入、营业成本和各项费用的估算应按月进行,并按期预估企业的利润状况。一般来说,在企业实现收支平衡之前,企业的利润表均应按月编制;达到收支平衡之后,可以按季、按半年或者按年度来编制。

(三)编制预计资产负债表

资产负债表是总括反映企业在某一特定日期全部资产、负债和所有者权益状况的报表。资产负债表是根据"资产=负债+所有者权益"这一会计基本等式,依照流动资产和非流动资产、流动负债和非流动负债大类列示,并按照一定要求编制的,是静态的会计报表。创业者在编制预计资产负债表时,应根据测算的营业收入金额和企业的信用政策确定在营业收入中回收的货币资金及形成的应收款项,根据材料或产品的进、销、存情况确定存货状况,根据投资资本估算时确定的非流动资金数额和选择采用的折旧政策计算固定资产的期末价值,根据行业状况和企业拟采用的信用政策计算确定应付款项,根据估算的收入和行业税费比例测算应交税费,根据预计利润表中的利润金额确定每期的所有者权益,并可据此确定需要的外部筹资数额。预计资产负债表的格式见表7.5。

表7.5 预计资产负债表

项目	1月	2月	3月	4月	5月	6月	7月	……	12月
一、流动资产									
货币资金									
应收款项									
存货									
其他流动资产									
流动资产合计									
二、非流动资产									
固定资产									
无形资产									
非流动资产合计									
资产合计									
三、流动负债									
短期借款									
应付款项									
应交税费									
其他应付款									
流动负债合计									
四、非流动负债									
长期借款									
其他非流动负债									
非流动负债合计									
负债合计									
五、所有者权益									
实收资本									
资本公积									

续表7.5

项目	1月	2月	3月	4月	5月	6月	7月	……	12月
留存收益									
负债和所有者权益合计									
六、外部融资额									

与预计利润表相同的道理,一般来说,预计资产负债表在企业实现收支平衡之前也应该按月编制,在实现收支平衡之后可以按季、按半年或按年度编制。

企业在经营过程中增加的留存收益是资金的一种来源方式,属于内部融资的范畴。留存收益取决于企业当期实现的利润和利润留存的比例。一般来说,初创期的企业为筹集企业发展需要的资金,利润分配率会很低,甚至为零,因此,企业实现利润的大部分都能够留存下来,构成企业资金来源的一部分。当留存收益增加的资金无法满足企业经营发展所需时,需要从外部融集资金。外部融资额=资产合计-负债和所有者权益合计。

第三节 创业融资渠道

融资渠道是指企业筹集资金来源的方向与通道,体现资金的源泉和流向。融资渠道主要由资金的提供者及数量分布决定。了解融资渠道的种类、特点和适用性,有利于创业者充分利用和开拓融资渠道,实现各种融资渠道的合理组合,有效筹集所需资金。目前,我国创业融资渠道主要包括私人融资、机构融资、风险投资、政府扶持基金等。

一、私人融资

私人融资包括创业者个人积蓄、亲友资金、天使投资等。

(一)个人积蓄

创业者没有动用过个人资金就办起了新企业的情况非常少见。这不仅因为从资金成本或企业控制权的角度来说,个人资金使用成本最低,还因为创业者在试图引入外部资金时,外部投资者一般都要求企业必须有创业者的个人资金投入其中。所以,个人积蓄是创业融资最根本的渠道,几乎所有的创业者都向他们新创办的企业投入了个人积蓄。

创业者也可以通过转让部分股权的方式从合伙人那里取得创业资金,创办合伙企业。或通过公开或私募股权的方式,从更多的投资者那里获得创业资金,成立公司制企业。将个人合伙人或个人股东纳入自己的创业团队,利用团队成员的个人积蓄是创业者最常用的筹资方式之一。

就我国的现状而言,家庭作为市场经济的三大主体之一,在创业中起到重要的支持作用。以家庭为中心,形成的亲缘、地缘、商缘等为经纬的社会网络关系,对包括创业融资在内的许多创业活动产生重要影响,因此,创业者及其团队成员的家庭储蓄一般归入个人积蓄的范畴。

对许多创业者来说,个人积蓄的投入虽然是新企业融资的一种途径,但并不是根本性的解决方案。一般来说,创业者的个人积蓄对于新创企业而言,总是十分有限的,特别是对于新创办的大规模企业或资本密集型的企业来说,几乎是杯水车薪。

【扩展阅读】

个人积蓄投入的意义

个人积蓄的投入对于创业企业来说具有非常重要的意义:首先,创业者个人积蓄的投入,表明了创业者对于项目前景的看法,只有当创业者对未来的项目充满信心时,他才会毫无保留地向企业中投入自己的积蓄;其次,将个人积蓄投入企业,是创业者日后继续向企业投入时间和精力的保证,投入企业的积蓄越多,创业者越会在日后的生产经营过程中对企业更加关注;再次,个人积蓄的投入是对债权人债权的保障,由于在企业破产清算时,债权人的权益优于投资者的权益,所以,企业能够融到的债务资金一般以投资者的投入为限,创业者投入企业的初始资金是对债权人债权的基本保障;最后,个人积蓄的投入有利于创业者分享投资成功的喜悦。因此,准备创业的人,应从自我做起,较早地将自己收入的一部分储蓄起来,作为创业储备资金。

(资料来源:李家华.创业基础[M].2版.北京:清华大学出版社,2015.)

(二)亲友资金

对于新创企业来说,除了个人积蓄之外,身边亲朋好友的资金是最常见的资金来源。亲朋好友由于与创业者个人的关系而愿意向创业企业投入资金,因此,亲友资金是创业者经常采用的融资方式之一。

在向亲友融资时,创业者必须用现代市场经济的游戏规则、契约原则和法律形式来规范融资行为,保障各方利益,减少不必要的纠纷。首先,创业者一定要明确所融集资金的性质,据此确定彼此的权利和义务。若融集的资金属于亲友对企业的投资,则属于股权融资的范畴;若融集的资金属于亲友借给创业者或创业企业的,则属于债权融资。由于股权资本自身的特性,创业者对于亲友投入的资金可以不用承诺日后的分红比例和具体的分红时间;但对于从亲友处借入的款项,一定要明确约定借款的利率和具体的还款时间。其次,无论是借款还是投资款项,创业者最好能够通过书面的方式将事情确定下来,以避免将来可能的矛盾。

除此之外,创业者还要在向亲友融资之前,仔细考虑这一行为对亲友关系的影响。要将日后可能产生的有利和不利方面告诉亲友,尤其是创业风险,以便将来出现问题时对亲友的不利影响降到最低。

(三)天使投资

天使投资指个人出资协助具有专门技术或独特概念而缺少自有资金的创业者进行创业,并承担创业中的高风险和享受创业成功后的高收益;或者说是自由投资者或非正式风险投资机构对原创项目构思或小型初创企业进行的前期投资,是一种非组织化的创业投资形式。

"天使投资"一词源于纽约百老汇,特指富人出资资助一些具有社会意义演出的公益行为。对于那些充满理想的演员来说,这些赞助者就像天使一样从天而降,使他们的美好理想变为现实。后来,天使投资被引申为一种对高风险、高收益的新兴企业的早期投资。天使资本主要有三个来源:曾经的创业者、传统意义上的富翁、大型高科技公司或跨国公司的高级管理者。在部分经济发展良好的国家中,政府也扮演了天使投资人的角色。

二、机构融资

与私人资金相比,机构拥有的资金数量较大,挑选被投资对象的程序比较正规,获得机构融资一般会提升企业的社会地位,给人以企业很正规的印象。

机构融资的途径有银行贷款、非银行金融机构贷款、交易信贷和租赁、从其他企业融资等。

（一）银行贷款

2006年,孟加拉国格莱珉银行的创立者穆罕默德·尤努斯因以银行贷款的方式帮助穷人创业而获得诺贝尔和平奖。我国也有很多银行推出了支持个人创业的贷款产品。如2003年8月,中国银行、光大银行、广东发展银行、中信银行等金融机构相继推出"个人创业贷款"项目,而中国农业银行早在2002年9月就推出了《个人生产经营贷款管理办法》并一直在运行中。比较适合创业者的银行贷款形式主要有抵押贷款和担保贷款两种。缺乏经营历史从而也缺乏信用积累的创业者,比较难以获得银行的信用贷款。

1. 抵押贷款

抵押贷款指借款人以其所拥有的财产做抵押,作为获得银行贷款的担保。在抵押期间,借款人可以继续使用其用于抵押的财产。抵押贷款有以下几种:①不动产抵押贷款,是指创业者可以土地、房屋等不动产做抵押,从银行获取贷款。②动产抵押贷款,是指创业者可以用机器设备、股票、债券、定期存单等银行承认的有价证券,以及金银珠宝首饰等动产做抵押,从银行获取贷款。③无形资产抵押贷款,是一种创新的抵押贷款形式,适用于拥有专利技术、专利产品的创业者。创业者可以用专利权、著作权等无形资产向银行做抵押或质押获取贷款。

2. 自然人担保贷款

担保贷款指借款方向银行提供符合法定条件的第三方保证人作为还款保证的借款方式。当借款方不能履约还款时,银行有权按照约定要求保证人履行或承担清偿贷款连带责任。其中较适合创业者的担保贷款形式有:①自然人担保贷款,是指经由自然人担保提供的贷款,可采取抵押、权利质押、抵押加保证三种方式。②专业担保公司担保贷款,目前各地有许多由政府或民间组织的专业担保公司,可以为包括初创企业在内的中小企业提供融资担保,如北京中关村科技融资担保有限公司、北京首创融资担保有限公司等,其他省市也有很多此类性质的担保机构为中小企业提供融资担保服务。这些担保机构大多属于公共服务性非营利组织,创业者可以通过申请,由这些机构担保向银行借款。

3. 政府无偿贷款担保

根据国家及地方政府的有关规定,很多地方政府都为当地的创业人员提供无偿贷款担保。如上海、青岛、南昌、合肥等地的应届大学毕业生创业可享受无偿贷款担保的优惠政策,自主创业的大学生向银行申请开业贷款的担保额度最高可为100万元,并享受贷款贴息;山东省委、省政府联合下发了《中共山东省委山东省人民政府关于深入实施创新驱动发展战略的意见》明确规定,大学生自主创业、创办符合条件的小微企业分别享受最高额度10万元、300万元的创业担保贷款。大学毕业生创办的小微企业,对月销售额不超过3万元的暂免征收增值税和营业税;对年应纳税所得额不高于20万元的小微企业,所得税减按

50%计入应纳税所得额,按20%的税率缴纳企业所得税。同时,威海市对小微企业创业补贴政策优化,符合条件的小微企业创业者,可享受一次性创业补贴2万元。

(二) 非银行金融机构贷款

非银行金融机构指以发行股票和债券、接受信用委托、提供保险等形式筹集资金,并将所筹资金运用于长期性投资的金融机构。根据法律规定,非银行金融机构包括经中国银行监督管理委员会批准设立的信托公司、企业集团财务公司、金融租赁公司、汽车金融公司、货币经纪公司、境外非银行金融机构驻华代表处、农村和城市信用合作社、典当行、保险公司、小额贷款公司等机构。创业者还可以从这些非银行金融机构取得借款,筹集生产经营所需资金。

1. 保单质押贷款

保险公司为了提高竞争力,也为投保人提供保单质押贷款。保单质押贷款最高限额不超过保单保费积累的70%,贷款利率按同档次银行贷款利率计息。如中国人寿保险公司的"国寿千禧理财两全保险"就具有保单质押贷款的功能,只要投保人缴付保险费满1年,且保险期已满2年,就可以凭保单以书面形式向保险公司申请质押贷款。

2. 实物质押典当贷款

当前,有许多典当行推出了个人典当贷款业务。借款人只要将有较高价值的物品质押在典当行就能取得一定数额的贷款。典当费率尽管要高于银行同期贷款利率,但对于急于筹集资金的创业者来说,不失为一个比较方便的筹资渠道。典当行的质押放款额一般是质押品价值的50%至80%。

3. 小额贷款公司

小额贷款公司是由自然人、企业法人与其他社会组织投资设立,不吸收公众存款经营小额贷款业务的有限责任公司或股份有限公司,发放贷款坚持"小额、分散"的原则。小额贷款公司发放贷款时手续简单,办理便捷,当天申请基本当天就可放款,可以快速地解决新创企业的资金需求。

(三) 交易信贷和租赁

交易信贷指企业在正常的经营活动和商品交易中由于延期付款或预收货款所形成的企业间常见的信贷关系。企业在筹办期及生产经营过程中,均可以通过商业信用的方式筹集部分资金。如企业在购置设备或原材料、商品过程中,可以通过延期付款的方式,在一定期间内免费使用供应商提供的部分资金;在销售商品或服务时采用预收账款的方式,免费使用客户的资金等。

创业者也可以通过融资租赁的方式筹集购置设备等长期性资产所急需的资金。融资租赁是指实质上转移与资产所有权有关的全部或绝大部分风险和报酬的租赁。资产的所有权最终可以转移,也可以不转移。融资租赁是集融资与融物、贸易与技术更新于一体的新型金融业务。由于其融资与融物相结合的特点,出现问题时租赁公司可以回收、处理租赁物,因而在办理融资时对企业资信和担保的要求不高,所以非常适合中小企业融资;此外,融资租赁属于表外融资,不体现在企业财务报表的负债项目中,不影响企业的资信状况,对需要多渠道融资的中小企业非常有利。企业在筹建期,通过融资租赁的方式取得急需设备的使用权,解决部分资金需求,获得相当于租赁资产全部价值的债务信用,一方面可以使企业按期开业,顺利开始生产经营活动,另一方面又可以解决创业初期资金紧张的局面,节约创业初期的资金支出,将用于购买设备的资金用于主营业务的经营,提高企业现金流量的创造能力;同时融资租赁分期付款的性质可以使企业保持较高的偿付能力,维持财务信誉。

(四)从其他企业融资

尽管在大多数情况下,企业是资金的需求者而不是提供者,但是对于不同行业的企业,或者在企业发展的不同时期,部分企业还是会有暂时的闲置资金可以对外提供,尤其是一些从事公用事业的企业,或者已经发展到成熟期的企业,现金流一般会比较充足,甚至会有大量资金需要通过对外投资的方式实现较高收益。对于有闲置资金的企业,创业者既可以吸收其资金作为股权资本,也可以向这些企业借款,形成债权资本。

三、风险投资

根据美国风险投资协会的定义,风险投资是指职业的金融家投入到新兴的、迅速发展的、有巨大竞争潜力的企业中的股权资本。在我国,对于风险投资尚未形成统一的看法,比较普遍的观点是:风险投资是由专业机构提供的投资于极具增长潜力的创业企业并参与其管理的权益资本。从定义上可以看出,中美关于风险投资的界定有所不同,其投资对象有一定的差别。这是因为我国是发展中国家,很多行业方兴未艾,而传统行业如零售业,虽然没有技术含量,但拥有广阔的、快速发展的市场,使得这些传统行业的市场增长速度和回报率并不低于高科技行业。所以,我国的风险投资不仅投资高科技项目,也对传统领域如教育、医疗保健这样的项目感兴趣。

风险资本的投资对象一般是处于创业期的未上市新兴中小型企业,尤其是新兴高科技企业,而且常常采取渐进投资的方式,选择灵活的投资工具进行投资,在投资企业建立适应创业内在需要的"共担风险、共享收益"的机制。

许多风险投资家本身也是经营老手,一般对其所投资的领域有丰富的经验,经常会积极参与投资企业的生产经营过程,弥补所投资企业在创业管理经验上的不足,同时控制创业投资的高风险。

风险投资对目标企业的考察较为严格,一般来说,其所接触的企业中,大约只有2%~4%能够最终获得融资。因此,创业者要提高获得风险投资的概率,需要了解风险投资项目选择的标准。

有人将风险投资选项的原则总结为创业投资的三大定律。第一定律:绝不选取含有超过两个以上风险因素的项目。对于创业投资项目的研究开发风险、产品风险、市场风险、管理风险、创业成长风险等,如果申请的项目具有两个或以上的风险因素,则风险投资一般不会予以考虑。第二定律:$V = P \times S \times E$。其中,V代表总考核值,P代表产品或服务的市场大小,S代表产品或服务的独特性,E代表管理团队的素质。第三定律:投资V值最大的项目。在收益和风险相同的情况下,风险投资将首先选择那些总考核值最大的项目。

根据风险投资的规则,一般专业的风险资金是不希望控股的,投资额基本只占30%左右的股权,他们更希望创业管理层能对企业拥有绝对的自主经营权。因此创业者在创业初期选择风险投资时要适度,以便未来在企业需要进一步融资时,不至于稀释更多的股份而丧失对企业的控制权。

前面提到的天使投资也是广义的风险投资的一种,但狭义的风险投资主要指机构投资者。

【扩展阅读】

颇具科技感的"90后"焊接手

在哈尔滨工业大学的"90后"万龙看来,焊接是一项颇具科技感的高新技术。

2009年,万龙进入哈工大攻读本科。在导师带领下,他加入了哈工大先进焊接与连接国家重点实验室,参与一系列科技创新项目。

有一次,万龙了解到"搅拌摩擦焊"这个词,国际上用"最具革命性"来评价它,这让他颇感兴趣。经过多次设计、改进、验证,他研发了一项拥有自主知识产权的新技术——"自支撑搅拌摩擦焊新方法",并先后发表SCI论文8篇,申报国家发明专利15项。

2015年,万龙硕士毕业后发起成立了哈尔滨万洲焊接技术有限公司。

起初公司缺少销售人员,他便向一个在药企担任销售经理的高中同学发起"进攻",邀请他加入创业团队。为了获得更多投资,他奔波于各类投资路演、项目推介和技术展览现场,哪里有潜在的投资人,他就跑到哪里去推介。

经过不断努力,这家公司已获得近1亿元的投资,获得国家发明专利150余项。新能源汽车电池底盘、半导体靶材、5G基站散热箱体……这些新领域都是万洲焊接的焊接技术"新战场"。

(资料来源:新华社2019-06-26)

四、政府扶持基金

创业者还可以利用政府扶持政策,从政府方面获得融资支持。政府的资金支持是中小企业资金来源的一个重要组成部分。综合世界各国的情况,政府的资金支持一般能占到中小企业外来资金的10%左右,资金支持方式主要包括税收优惠、财政补贴、贷款援助、风险投资和开辟直接融资渠道等。

随着我国经济实力的增强,政府对创业的支持力度,无论从产业的覆盖面还是从支持额度都有了很大进展,由政府提供的扶持基金也在逐步增加。如专门针对科技型企业的科技型中小企业技术创新基金,专门为中小企业"走出去"准备的中小企业国际市场开拓资金等,还有众多的地方性优惠政策等。创业者应善于利用相关政策的扶持,以达到事半功倍的效果。

(一)再就业小额担保贷款

这一政策从2003年起陆续在全国推行,并不断扩大小额担保贷款的范围。例如《威海市环翠区人民政府关于进一步加强小额担保贷款管理的实施意见》规定:"登记失业人员、军队退役人员、被征地农民、残疾人、随军家属、高校毕业生、返乡农民工等自谋职业、自主创业以及境外就业的,均可申请小额担保贷款,额度最高不超过5万元,由经办金融机构根据其创业实际需要确定。对符合条件的劳动密集型小企业,招用登记失业人员达到企业现在在职职工总数30%以上,并签订一年以上期限劳动合同的,根据实际招用人数合理确定贷款额度,一般掌握在100万元以内,最高不超过200万元。贷款期限最长不超过2年,个人贷款到期确需延长的,可展期1次。"

(二)科技型中小企业技术创新基金

科技型中小企业技术创新基金是于1999年经国务院准设立的,为扶持、促进科技型中小企业技术创新,用于支持科技型中小企业技术创新项目的政府专项基金,由科技部科技型中小企业技术创新基金管理中心实施。创新基金重点支持产业化初期(种子期和初创期)、技术含量高、市场前景好、风险较大、商业性资金进入尚不具备条件、最需要由政府支持的科技型中小企业项目,并将为其进入产业化扩张和商业性资本的介入起到铺垫和引导作用。根据中小企业和项目的不同特点,创新基金通过无偿拨款、贷款贴息和资本金投入等方式扶持和引导科技型中小企业的技术创新活动,促进科技成果的转化。

(三)中小企业国际市场开拓资金

中小企业国际市场开拓资金是由中央财政和地方财政共同安排的专门用于支持中小企业开拓国际市场的专项资金。市场开拓资金用于支持中小企业和为中小企业服务的企业、社会团体和事业单位(以下简称项目组织单位)组织中小企业开拓国际市场的活动。该资金的主要支持内容包括:举办或参加境外展览会;质量管理体系、环境管理体系、软件出口企业和各类产品的认证;国际市场宣传推介;开拓新兴市场;组织培训与研讨会;境外投(议)标等方面。市场开拓资金支持比例原则上不超过支持项目所需金额的50%,对西部地区的中小企业以及符合条件的市场开拓活动,支持比例可提高到70%。

(四)天使基金

政府有关部门和社会各界有识之士纷纷出资,设立了鼓励和帮助大学生自主创业、灵活就业的一些天使基金。如《山东省省级天使投资引导基金管理实施细则》规定,山东省省级天使投资引导基金是由省政府出资设立,专门投资于种子期、初创期小微企业的一种股权投资基金,应重点投资于山东省境内高新技术创业服务中心、大学科技园、留学生创业园等科技企业孵化器和小微企业创业辅导基地内的种子期或初创期科技型、创新型小微企业,以及符合科技企业孵化器和小微企业创业辅导基地入孵条件的拟发起设立企业。又如《威海市市级天使投资基金管理办法》规定,重点投资符合"七大千亿级产业集群""创新产业集群"政策方向的种子期或初创期科技型、创新型小微企业;留学生、大学生优质创业项目;优秀企业和具有快速成长潜力的企业。对处于种子期的单个企业投资一般不超过200万元,对处于初创期的单个企业投资一般不超过500万元。

创业者应结合自身情况,详细了解和利用好各地相关政策,获得更多的政府基金支持,降低融资成本。

第四节 创业融资策略的选择

在了解了创业融资过程中的常见问题,计算出创业所需资金,熟悉了不同的融资渠道之后,创业者需要综合自身拥有的资源情况,遵循创业融资的原则,充分分析股权融资和债权融资的利弊,做出科学的融资决策。需要注意的是,创业融资不只是一个技术问题,还是一个社会问题,应从建立个人信用、积累社会资本等方面做好准备。

一、创业融资的原则

筹集创业资金时,创业者应在自己能够接受风险的基础上,遵循既定的原则,尽可能以较低的成本及时足额获得创业资金。一般来说,创业融资应遵循以下原则。

(一) 合法性原则

创业融资作为一种经济活动,影响着社会资本及资源的流向和流量,涉及相关经济主体的经济权益,创业者必须遵守国家的有关法律法规,依法依约履行责任,维护相关融资主体的权益,避免非法融资行为的发生。

(二) 合理性原则

在创业的不同时期,企业资金的需求不同,能够采用的融资方式可能也不同,创业者应根据创业计划,结合创业企业不同发展阶段的经营策略,运用相应的财务手段,合理预测资金需要,详细分析资金的筹集渠道,确定合理的资本结构,包括股权资金和债权资金的结构,以及债权资金内部的长短期资金的结构等,为企业持续发展植入一个"健康的基因"。

(三) 及时性原则

市场经济条件下机会稍纵即逝的特性,要求创业者必须能够及时筹集所需资金,将可行的项目付诸实施,并根据新创企业投放时间的安排,使融资和投资在时间上协调一致,避免因资金不足影响生产经营的正常进行,同时也防止资金过多造成的闲置和浪费,将资金成本控制在合理的范围之内。

(四) 效益性原则

创办和经营企业的根本目的是获得一定的经济利益,所以,创业者应在进行成本效益分析的基础上决定资金筹集的方式和来源。鉴于投资是决定融资的主要因素,投资收益和融资成本的对比便是创业者在融资之前要做的首要工作,只有投资的报酬率高于融资成本,创业者才能够实现创业目标;而且投资所需的资金数量决定了融资的数量,对于创业项目投入资金的估计也会影响融资的方式和融资成本。因此,创业者应在充分考虑投资效益的基础上确定最优的融资组合。

(五) 杠杆性原则

创业者在筹集创业资金时,应选择有资源背景的资金,以便充分利用资金的杠杆效应,在关键的时候为企业发展助力。大多数优秀的风险投资往往在企业特殊时期会与企业家一起,将有效的资源进行整合,如选择投行、券商,进行 IPO 路演等,甚至还参与到企业决策中来。这种资源是无价的。因此,创业者不能盲目地"拜金",找到一个有资源背景的基金更有利于企业的持续快速发展。

二、创业融资的方式

(一) 股权融资决策

股权融资形成企业的股权资本,也称权益资本、自有资本,是企业依法取得并长期持有、可自主调配运用的资金。广义上的股权融资包括内部股权融资和外部股权融资。外部股权融资的方式包括个人积蓄、亲友资金、合伙人资金和天使投资等。内部股权融资主要是企业的内部积累。

创业企业在启动阶段及较早发展阶段,内部积累显得格外重要。采用内部积累方式融资符合融资优序理论的要求,也是很多创业者的必然选择。内部积累的资金来源主要是企业在经营过程中赚取的利润。鉴于创业企业在资金实力、经营规模、信誉保证、还款能力等方面的限制,创业企业往往会通过不分红或少分红的方式,将企业的经营利润尽可能通过未分配利润的形式留存下来,投入到再生产过程中,为持续经营或扩大经营提供必要的资金支持。

股权融资是创业企业最基础,也是创业者最先采用的融资方式。股权融资的数量会影响债权融资的数量,股权融资的分布会影响创业企业未来利润的分配与长远发展。创业者在进行股权融资决策前应了解增加获得股权融资概率的方法,融资决策时应考虑投资者的特点和专长。

此外,股权融资还需要考虑,创业者是否要通过合伙或组建公司的形式筹集资金,这对于企业日后的产权归属和企业发展有着极为重要的作用。由于合伙企业既是资合又是人合,所以对于合伙人的选择更为重要,如果创业者拟吸收合伙人的资金,则一定要认真考虑合伙人的专长和经验,以更好地发挥团队优势,各尽其才。在吸引风险投资商投资时,创业者要分析其声誉的大小、专注投资的领域以及其对投资企业的态度,选择最适合企业发展的投资商。

无论通过何种方式吸引股权投资,对合作者的专长和特质都要进行充分了解,以期寻求更长久的合作,谋求企业更好的发展;另外,对企业控制权的把握也是创业者必须考虑的因素,转让多少控制权能够既吸引投资又有利于对企业日后经营的控制,是创业者必须慎重选择且关乎企业健康发展的最重要的问题之一。

(二)债权融资决策

债权融资形成企业的债务资本,也称借入资本,是企业依法取得并依约运用、按期偿还的资本。向亲友借款、向银行借款、向非银行类金融机构借款、交易信贷和租赁、向其他企业借款等是常用的债权融资方式。

创业者可以根据企业需要,结合筹集资金的目的,选择筹集长期或短期的资金,一方面,使资金的来源和运用在期间上相匹配,提高偿还债务的能力;另一方面,尽可能降低资金的筹集成本,提高创业企业的经济效益。

创业者如果想通过借款的方式筹集资金,需要从以下几个方面进行分析:第一,考虑经营过程中的获利是否能够超过借款的利息支出及其他费用支出。如果企业在日后的经营过程中赚取的利润能够支付借款的利息和其他费用支出,且还有剩余,则借款经营对企业较为有利,可以给创业者带来财务杠杆收益。第二,慎重考虑借款期限。借入资金的归还期限应与其投资的资产回收期限相匹配,保证企业在日后归还投资时,不会影响正常的生产经营。第三,确定合理的借款金额。借款经营成本较低且具有财务杠杆效应,但每期会有固定的资金支出。创业者在决定借款前一定要对其风险和收益进行充分权衡,并根据企业实际的资金需要确定一个合适的借款金额。第四,充分考虑借款可能的支出。对于创业者来说想获得借款,一般都需要提供抵押或担保,如果创业者缺乏债权人认可的抵押资产,则可以申请担保公司为其借款进行担保。但担保公司作为营利性企业会收取部分担保费用,如果创业者拟通过担保公司担保的方式取得借款,还需要将担保公司的担保费用计入未来的经营成本,以有效地避免经营风险。第五,选择合适的银行。创业者应事先通过各种渠道对银行的风险承受力、银行对借款企业的态度等信息进行了解,以选择最适合新创企业借款的银行。

三、创业融资决策分析

无论是股权融资还是债权融资均具有一定的优点,也存在着不足,创业者要熟悉不同融资方式的利弊,考虑不同情况下的融资成本,以便做出科学的融资决策。

通过股权融资方式获得的资金既可以充实企业的营运资金,也可以用于企业的投资活动。通过债权融资所获得的资金,企业首先要承担资金的利息,另外在借款到期后要向债权人偿还资金的本金。股权融资和债权融资各有优缺点,见表7.6。

表7.6 融资方式对比表

项目	股权融资	债权融资
本金	永久性资本,保证企业最低的资金需要	到期归还本金
资金成本	根据企业经营情况变动,相对较高	事先约定固定金额的利息,资金成本较低
风险承担	低风险	高风险
企业控制权	按比例或约定享有,分散企业控制权	企业控制权得到维护
资金使用限制	限制条款少	限制多

债权融资的资金成本较低,合理使用还能带来杠杆收益,但债务资金使用不当会带来企业清算或终止经营的风险;股权资金的资金成本由于要在所得税之后支付,成本较高,但由于在企业正常生产经营过程中,不用归还投资者,是一项企业可永久使用的资金,没有财务风险。创业者在筹集资金时应对债务资金、股权资金的优缺点进行比较,并考虑企业的资金需要,资金的可得性,宏观理财环境,筹资的成本、风险和收益,以及控制权分散等问题来进行综合分析。

在进行创业融资决策时,除了考虑不同融资方式的优缺点、融资成本的高低外,还要考虑创业企业所处的生命周期阶段、创业企业自身的特征,了解采用不同融资方式时应该特别予以关注的问题。

(一)创业所处阶段

创业融资需求具有阶段性的特征,不同生命周期阶段具有不同的风险特征和资金需求,同时,不同融资渠道能够提供的资金数量和风险程度也不同。因此,创业者在融资时需要将不同阶段的融资需求和融资渠道进行匹配,提高融资工作的效率,以获得创业所需资金,化解企业融资难题(表7.7)。

表7.7 创业企业各阶段融资策略选择

企业所处阶段	特征	策略选择
种子期	处于高度的不确定性当中,很难从外部筹集债务资金	个人积蓄、亲友资金、天使投资、创业投资以及合作伙伴的投资可能是采用较多的融资渠道;进入启动期之后,创业者还可以使用抵押贷款的方式筹集负债资金

续表7.7

企业所处阶段	特征	策略选择
成长前期	有了前期的经验基础,发展潜力逐渐显现,资金需求较以前有所增加	创业者更多采用股权融资的方式筹集资金,战略伙伴投资、创业投资等是常用的融资方式,此时也可以采用抵押贷款、租赁,以及商业信用的方式筹集部分生产经营所需资金
成长后期	企业的成长性得到充分展现,资产规模不断扩大,产生现金流的能力进一步提高,有能力偿还负债的本息	更多采用各种负债的方式筹集资金,获得经营杠杆收益

(二)创业初期企业特征

创业活动千差万别,所涉及的行业、初始资源、面临的风险、预期收益等有较大不同,其所要面对的竞争环境、行业集中度、经营战略等也会不同,因此,不同创业企业选择的资本结构会有所不同。对于高科技产业或有独特商业价值的企业,经营风险较大,预期收益也较高,创业者有良好的相关背景,较多采用股权融资的方式;传统类的产业经营风险较小,预期收益比较容易预测,容易获得债权资金。实践中,创业企业在初始阶段较难满足银行等金融机构的贷款条件,债权资金更多采用民间融资的方式。新创企业特征和融资方式的关系见表7.8。

表7.8 创业企业类型融资策略选择

创业企业类型	企业特征	融资方式
高风险、预期收益不确定	弱小的现金流 高负债率 低、中等成长 未经证明的管理层	个人积蓄、亲友资金
低风险、预期收益易预测	一般是传统行业 强大的现金流 低负债率 优秀的管理层 良好的资产负债表	债权融资
高风险、预期收益较高	独特的商业创意 高成长 利基市场 得到证明的管理层	股权融资

【案例】

"巨人"的兴与衰

1991年春,珠海巨人新技术公司成立时,公司共15人,注册资金200万元,当年11月,公司员工增加到30人,M-6401汉卡销售量跃居全国同类产品之首,获纯利达1 000万元。1993年1月,巨人集团在北京、深圳、上海、成都、西安、武汉、沈阳、香港成立了8家全资子公司,员工增至190人;12月,巨人集团发展到290人,在全国各地成立了38家全资子公司。集团在一年之内推出中文手写电脑、中文笔记本电脑、巨人传真卡、巨人中文电子收款机、巨人钻石财务软件、巨人防病毒卡、巨人加密卡等产品。同年,巨人实现销售额300亿元,利税4 600万元,成为我国极具实力的计算机企业。然而仅仅几年之后,即1996年年底,巨人集团的产量全面萎缩,员工停薪两个月,大批骨干陆续离开,巨人集团陷入困境。

1992年,集团决定建造巨人大厦,最初的计划是盖38层,大部分自用,并没有搞房地产的设想。下半年,有人来巨人参观,当参观到巨人大厦工地的时候,便兴致高昂地说,这座楼的位置很好,为什么不盖得更高一点?就是这句话,让巨人集团改变了主意。巨人大厦的设计从38层升到了54层。这时候,又一个消息传来,广州想盖全国最高的楼,定在63层。有人建议巨人集团应该为珠海争光,要盖到64层,夺个全国第一高楼,成为珠海市的标志性建筑。1994年年初,不知哪位细心人突然想到,"64"这个数字好像不吉利,于是马上打电话给香港的设计单位咨询,一来一去,索性就定在了70层。在当时,盖一座38层的大厦,大概需要资金2亿元,工期为两年,这对巨人集团来说,并非不能承受之重。可是,盖70层的大厦,预算就陡增到了12亿元,工期延长到6年。不但在资金上缺口巨大,而且时间一长,便充满了各种变数。

当时巨人的M-6403汉卡在市场上卖得十分火爆。巨人集团犯了一个很多成长中的企业都容易犯的错误:把预期的利润当成了实际的收益,并以此为基数,来设定自己的规划。珠海市为了支持这个为珠海争"全国第一高楼"的标志性建筑,大开绿灯,巨人大厦的每平方米地价从原来的1600元降到700元,最后再降到350元,几乎成了一个"象征价格"。巨人集团原本打算向银行贷一部分款来启动大厦的动工。可是,集团高管却想出了一个当时看来比贷款要好得多的融资办法:卖楼花。

巨人大厦是最早在香港市场上出售楼花的大陆楼盘之一。凭着巨人的赫赫名声,其楼花在香港卖得非常火,1平方米居然卖了1万多港币,加上在大陆的销售,巨人集团一下子圈进了1.2亿元。

1996年9月,耗尽巨人集团精血的巨人大厦完成地下工程,开始浮出地面。也就在这时,巨人集团的财务危机全面爆发了。在当时,很多知情的人已经看到了巨人集团的危机。可是谁也没有想到,危机会爆发得那么突然和猛烈。从10月开始,位于珠海市香洲工业区第九厂房的巨人集团总部越来越热闹,一些买了巨人大厦楼花的债权人开始依照当初的合同来向巨人集团要房子。可他们看到的却是一片刚刚露出地表的工程,而且越来越多的迹象表明,巨人集团可能已经失去了继续建设大厦的能力。这一消息一传十、十传百,像台风一样地卷刮到珠海市的每一个角落。那些用辛辛苦苦赚来的血汗钱买了大厦楼花,原本梦想着赚上一票的中小债主再也耐不住了。一拨一拨的人群拥进了巨人集团。这座被视为巨人集团成功丰碑的大厦最终导致了巨人的死亡。

巨人大厦从1994年2月动工到1996年7月,未申请过一分钱的银行贷款,全凭自有资金和卖楼的钱支持。到1996年下半年,资金紧张时,由于缺乏与银行的信贷联系,加上正赶上国家宏观调控政策的影响,巨人陷入了全面的金融危机。巨人将银行搁置一旁的理由是以为可以依靠生物工程方面源源不断的销售回款来支持大厦的建设资金,认为"账上的钱花都花不完"。1996年下半年,巨人大厦急需资金。巨人集团做出了抽调生物工程的流动资金,去支撑巨人大厦建设资金的决定,把生产和广告促销资金全部投入到大厦,结果生物工程一度停产。从资金运作角度,巨人集团犯了大忌。

(资料来源:应帅.巨人的困境[J].畜牧市场,2005(1):41.)

巨人集团的事件告诉我们,企业发展缺乏明确的战略目标是不行的,但如果战略目标缺乏相应的组织结构、管理能力、资金技术等条件支持,不仅不能实现,反而会使企业陷入更大的危机。错误的循环链、东墙与西墙的应用,将所筹来的1亿多元资金投资于寄予厚望的新兴产业,缺乏明显的市场化能力,缺乏对市场环境和过去成功的认识。毕竟任何业务领域,要获得利润都会或长或短经过投入期、成长期、成熟期、衰退期或重新成长期这样的生命周期。巨人集团贸然进入"油水十足"却并不熟悉的房地产、生物工程等行业,背离了企业所擅长的技术领域,使本来就有限的资金投向分散,生产、营销的整体协同作用无从发挥,企业的发展战略严重缺乏基础。

本章小结

本章分别介绍了创业融资分析、创业所需资金的测算、创业融资渠道和创业融资策略的选择。新创企业融资难已经是业界共识。学习融资,清晰融资的重点和难点,以及融资渠道和融资方式是进行创业融资的前提条件。创业企业融资时,创业者要考虑创业企业的实际情况,合理制定融资决策,为创业成功打下坚实的经济基础。

第八章 创业法律知识

【学习要点及目标】

1. 了解企业法律组织形式的概念
2. 区分不同企业法律组织形式的特征和优劣势
3. 了解企业注册的流程
4. 了解创办企业必须考虑的法律问题
5. 了解基本的税法知识

【导入案例】

创业大学生败诉阿里巴巴

2010年3月,在青岛创业的大学生马某以"alijiedai"为主体注册了两个网络域名从事经营活动。但2011年5月,阿里巴巴发现后向相关部门进行投诉,最终马某的两个域名被裁决给了阿里巴巴。因不服裁决,同年9月马某将阿里巴巴告上法庭,同时阿里巴巴也提起反诉。经市中院审理认为,马某所注册的网络域名侵犯了阿里巴巴的商标权,法院判令其立即停止使用相关网络域名。

创业大学生状告阿里巴巴

1987年出生的马某大学毕业后,便在亲朋好友的帮助下,在青岛创业并注册成立了一家公司。随着业务的不断拓展,马某注册了"alijiedai.net""alijiedai.com"的网络域名,经营借贷业务。2011年5月,因为发现这两个网络域名跟自家的域名相似,阿里巴巴集团控股有限公司在向马某警告无效的情况下,向亚洲域名争议解决中心香港秘书处投诉。随后,专家组以马某域名与阿里巴巴商标"混淆性相似"为由,将马某的两个网络域名转移给阿里巴巴。

因为不服裁决,马某向市中院提起诉讼,要求追回两个网络域名的所有权。在接到法院传票后,阿里巴巴对此案进行了反诉,请求法院判令马某立即停止一切侵犯阿里巴巴注册商标专用权的行为,并要求马某支付经济损失30万元。

域名来源于拳王阿里?

法庭上,双方展开了激烈的争论。"我的域名注册日期是2010年3月8日,而阿里巴巴注册的'Aliloan''阿里贷'日期是2010年3月28日。"马某辩称,其网络域名"alijiedai"来源于拳王阿里、歌曲《阿里山的姑娘》和阿里山,并非阿里巴巴集团,并且其所注册的域名早于阿里巴巴,并没有侵犯对方的商标专用权。

但阿里巴巴则表示,早在2007年开始,他们就推出了"阿里贷款"服务,并通过www.aliloan.com提供服务。"'阿里贷款''Alidaikuan''Aliloan'等品牌在世界多个国家,包括中国获得了注册商标专用权。"阿里巴巴表示,作为全球著名企业,他们对其"阿里""Ali"系列商标享有注册商标专用权。马某未经许可使用争议域名,误导公众获取不正当利益,行为涉嫌商标侵权。

法院判域名侵权

法院审理认为,争议域名在含义、呼叫、构成等各方面均与阿里巴巴集团的"阿里贷款""Alidaikuan""Aliloan"系列商标、域名和知名的产品名称构成近似,足以造成相关公众的混淆和误认,使相关公众误以为争议域名及马某所提供的金融服务与阿里巴巴集团有关。

经过调查法院认为,马某在争议域名所指向的网站突出位置使用"阿里担保""阿里银行""阿里票据""阿里分销平台"等,模仿阿里巴巴集团的"阿里"系列商标,并且使用阿里巴巴集团的"Alibaba"标志和阿里巴巴集团总裁的照片等,利用阿里巴巴集团的品牌知名度及市场影响力获取不正当利益。此外,在马某所经营公司的营业执照中,公司并未被批准从事贷款、金融相关服务。最终,法院认为马某并无注册并使用该域名的正当理由,侵犯了阿里巴巴的相关民事权益,构成商标侵权及不正当竞争。最终,法院判令马某停止使用"阿里借贷""ALIJIEDAI"标记提供与金融相关的服务,停止运营两个网站。同时,法院没有支持阿里巴巴要求对方赔偿30万元的要求。

(资料来源:半岛都市报2013-05-03)

第一节 企业法律形态选择

企业法律形态是由法律规定的企业形态,设立企业时只能选择法律规定的企业组织形式,不能随心所欲塑造任意的企业形态。但企业的法律形态不是一成不变的,在不同时期会发生不同变化。

一、企业法律组织形式的概念

我国企业存在三类基本组织形式:独资企业、合伙企业和公司。公司制企业是现代企业中最主要、最典型的组织形式。除此之外,个体工商户也是不少初次创业者的选择。对应的法律分别为《中华人民共和国个人独资企业法》《中华人民共和国合伙企业法》《中华人民共和国公司法》。

新企业创立之前,创业者应该首先确定拟创办企业的法律组织形式。新创企业可采用不同的组织形式,如创业者个人独立创办的个人独资企业,或者由创业团队创办的合伙制企业,或者成立以法人为主体的有限责任公司和股份有限公司。对创业者而言,各种法律组织形式没有绝对的好坏之分,各有利弊。但无论选择怎样的形式,都必须根据国家的法律法规要求和新创企业的实际情况,科学权衡各种组织形式的利弊,决定合适的组织形式(图8.1)。

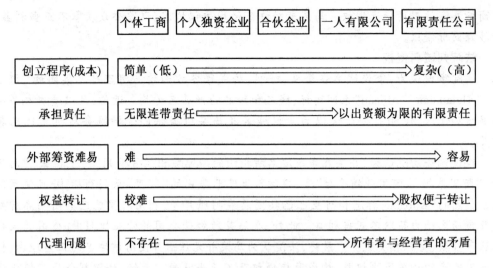

图8.1 企业组织形式的选择

（一）个人独资企业

个人独资企业即个人出资经营、归个人所有和控制、由个人承担经营风险和享有全部经营收益的企业。个人独资企业是最古老也是最常见的企业法律组织形式。个人独资企业又称个人业主制企业，是指依法设立，由一个自然人投资并承担无限连带责任，财产为投资者个人所有的经营实体。当个人独资企业财产不足以清偿债务时，选择这种企业形式的创业者须依法以其个人其他财产予以清偿。在各类企业当中，个人独资企业的创设条件最简单。根据《中华人民共和国个人独资企业法》，个人独资企业的设立条件如下：

（1）投资人为一个自然人；
（2）有合法的企业名称；
（3）有投资人申报的出资；
（4）有固定的生产经营场所和必要的生产经营条件；
（5）有必要的从业人员。

个人独资企业成功与否依赖于所有者个人的技能和能力。当然，所有者也可以雇用有其他技能和能力的员工。

（二）合伙企业

如果两个或两个以上的人共同创业，那么可以选择合伙制作为新企业的法律组织形式。根据《中华人民共和国合伙企业法》，合伙企业是指依法在中国境内设立的由各合伙人订立合伙协议，共同出资、合伙经营、共享收益、共担风险，并对合伙企业债务承担无限连带责任的营利性组织。合伙企业包括普通合伙企业和有限合伙企业两种形式。二者最大的区别在于有限合伙企业有两种不同的所有者：普通合伙人和有限合伙人。其中，普通合伙人对合伙企业的债务和义务负责，而有限合伙人仅以投资额为限承担有限责任，但后者一般不享有对组织的控制权。另外，普通合伙企业合伙人可以用货币、实物、知识产权、土地使用权或者其他财产权利出资，也可以用劳务出资。但有限合伙企业有限合伙人不得以劳务出资。

以普通合伙企业为例，除了要有合伙企业的名称、经营场所以及从事合伙经营的必要

条件之外,设立合伙企业还应当具备以下几个条件:

(1)合伙企业必须有两个以上合伙人,合伙人应当具备完全民事行为能力,且能够依法承担无限责任者。

(2)合伙人应当遵循自愿、平等、公平、诚实信用原则订立合伙协议,合伙协议应载明合伙企业的名称、地点、经费范围、合伙人出资额和权责情况等基本事项。

(3)合伙人应当按照合伙协议约定的出资方式、数额和缴付出资的期限,履行出资义务。合伙人出资可以用货币、实物、土地使用权、知识产权或者其他财产权利;上述出资应当是合伙人的合法财产及财产权利。合伙人以劳务出资的,其评估办法由全体合伙人协商确定。

(三)有限责任公司和股份有限公司

公司是现代社会中最主要的企业形式。它是以营利为目的,由股东出资形成,拥有独立的财产,享有法人财产权,独立从事生产经营活动,依法享有民事权利,承担民事责任,并以其全部财产对公司的债务承担责任的企业法人。所有权与经营权分离,是公司制的重要产权基础。与传统"两权合一"的业主制、合伙制相比,创业者选择公司制作为企业组织形式的一个最大特点就是仅以其所持股份或出资额为限对公司承担有限责任;另一个特点是存在双重纳税问题,即公司盈利要上缴公司所得税,创业者作为股东还要上缴企业投资所得税或个人所得税。根据《中华人民共和国公司法》(以下简称《公司法》),我国的公司分为有限责任公司(包括一人有限责任公司)和股份有限公司两种类型。

1.有限责任公司

有限责任公司的股东以其认缴的出资额为限对公司承担责任,公司以其全部资产对公司的债务承担责任。创业者设立有限责任公司,除了要有固定的生产经营场所和必要的生产经营条件之外,还应当具备下列条件。

(1)股东符合法定人数。根据我国《公司法》第二十四条规定:"有限责任公司由五十个以下股东出资设立。"

(2)股东出资达到法定资本最低限额。一般有限责任公司注册资本的最低限额为人民币三万元,而一人有限责任公司的注册资本最低限额为人民币十万元。法律、行政法规对有限责任公司注册资本的最低限额有较高规定的,从其规定。股东可以用货币出资,也可以用实物、知识产权、土地使用权等可以用货币估价并可以依法转让的非货币财产作价出资;但是法律、行政法规规定不得作为出资的财产除外。且全体股东的货币出资金额不得低于有限责任公司注册资本的百分之三十。

(3)股东共同制定公司章程。法律对有限责任公司章程有明确的要求,要求应当载明的事项包括:公司名称和住所;公司经营范围;公司注册资本;股东的姓名或者名称;股东的权利和义务;股东的出资方式和出资额;股东转让出资的条件;公司的机构及其产生办法、职权、议事规则;公司的法定代表人;公司的解散事由与清算办法;股东认为需要规定的其他事项。

(4)有公司名称,建立符合有限责任公司要求的组织机构。

2.股份有限公司

股份有限公司的全部资本分为等额股份,股东以其认购的股份为限对公司承担责任,公司以其全部资产对公司的债务承担责任。设立股份有限公司要有公司名称,要建立符合股份有限公司要求的组织机构,要有固定的生产经营场所以及必要的生产经营条件,股份发行、筹办事项要符合法律规定。除此之外,根据我国《公司法》规定还应当具备下列条件。

(1)发起人符合法定人数。设立股份有限公司,应当有二人以上二百人以下为发起人,其中须有半数以上的发起人在中国境内有住所。

(2)发起人认缴和募集的股本达到法定资本最低限额。股份有限公司的注册资本为在公司登记机关登记的全体发起人认购的股本总额。公司全体发起人的首次出资额不得低于注册资本的百分之二十。股份有限公司注册资本的最低限额为人民币五百万元,法律、行政法规对股份有限公司注册资本的最低限额有较高规定的,从其规定。

(3)股份发行、筹办事项符合法律规定。

(4)发起人制定公司章程,采用募集方式设立的经创立大会通过。

(四)个体工商户

个体工商户是指有经营能力并依照《个体工商户条例》的规定,经工商行政管理部门登记,从事工商业经营的公民。个体工商户是个体工商业经济在法律上的表现,其具有以下特征。

(1)个体工商户是从事工商业经营的自然人或家庭。自然人或以个人为单位,或以家庭为单位从事工商业经营,均为个体工商户。根据法律有关政策,可以申请个体工商户经营的主要是城镇待业青年、社会闲散人员和农村村民。此外,国家机关干部、企事业单位职工不能申请从事个体工商业经营。

(2)自然人从事个体工商业经营必须依法核准登记。个体工商户的登记机关是县以上工商行政管理机关。个体工商户经核准登记,取得营业执照后,才可以开始经营。个体工商户转业、合并、变更登记事项或歇业,也应办理登记手续。

(3)个体工商户只能经营法律、政策允许个体经营的行业。

二、企业法律组织形式的特征

企业法律组织形式的特征主要有四个方面:业主数量和注册资本的不同,成立条件的不同,经营特征的不同,以及利润分配和债务责任的不同(表 8.1 至表 8.4)。

表 8.1 业主数量及注册资本的比较

企业类别	业主数量及注册资本的比较
个体工商户	业主是一个人或一个家庭;无资本数量限制
个人独资企业	业主是一个人;无注册资本限制
合伙企业	业主 2 人以上;无注册资本限制
一人有限责任公司	业主只有一个自然人股东或者一个法人股东;无注册资本限制
有限责任公司	由 2 人以上 50 人以下的股东组成;注册资本因不同经营内容列出法定界限;以经营或商品批发为主的 50 万元;以商业零售为主的 30 万元;科技开发、咨询、服务性公司为 10 万元

表 8.2　成立条件的比较

企业类别	成立条件的比较
个体工商户	有相应的经营资金和经营场所即可;可以为企业起字号
个人独资企业	自然人;有合法的企业名称;申报出资款;有固定的生产经营场地和必要的生产经营条件
合伙企业	有两个以上合伙人,都依法承担无限责任;有书面合伙协议;有合伙人实际缴付出资;有企业名称;有经营场地和经营的必要条件
一人有限责任公司	一个自然人只能投资设立一个一人有限责任公司;该一人有限责任公司不能投资设立新的一人有限责任公司;一人有限责任公司应当在公司登记中注明自然人独资或者法人独资,并在公司营业执照中载明;一人有限责任公司章程由股东制定
有限责任公司	股东符合法定人数;出资额符合法定最低额;制定公司章程;有公司名称与符合有限责任公司的组织结构;有固定的生产经营场所和条件

表 8.3　经营特征的比较

企业类别	经营特征的比较
个体工商户	资产属私人所有,可以雇帮手或徒工(不超过 8 人);业主本人既是所有者又是管理者及劳动者
个人独资企业	财产为投资人所有,雇工 8 人以上;业主既是投资者,又是经营者
合伙企业	依照合伙协议,共同出资,合伙经营;共享收益,共担风险
一人有限责任公司	一人有限责任公司不设股东会,股东做出《公司法》第三十七条第一款所列决定(即决定公司的经营方针和投资计划)时,应当采用书面形式,并由股东签名后置备于公司;一人有限责任公司应当在每一会计年度终了时编制财务会计报告,并经会计师事务所审计
有限责任公司	公司设立股东会、董事会和监事会,并由股东会聘请职业经理管理公司经营业务

表 8.4　利润分配和债务责任的比较

企业类别	利润分配和债务责任的比较
个体工商户	利益归个人或家庭所有:由个人经营的,以其个人资产对企业债务承担无限责任;由家庭经营的,以家庭财产承担无限责任
个人独资企业	利益归个人所有,投资人以其个人资产对企业债务承担无限责任
合伙企业	合伙人按照协议分配利润,共同对企业债务承担并负无限连带责任
一人有限责任公司	一人有限责任公司的股东不能证明公司财产独立于股东自己的财产的,应当对公司债务承担连带责任
有限责任公司	股东按出资比例分配利润,并以出资额为限承担有限责任

三、企业组织形式的优劣分析

企业组织形式反映了企业的性质、地位、作用,它表明一个企业的财产构成、内部关系以及与外部经济组织之间的联系方式。随着我国市场经济体制的不断完善,我国企业组织形式也呈现多元化发展的趋势,不同的企业组织形式也存在不同的优势和劣势,在创业时应选择最合适的企业组织形式。

(一) 公司制企业

对于公司制企业而言,最大的优势在于股东的优先责任,即使公司日后运营出现困难,无法偿还所有的债务,债权人通常情况下也不能向投资人主张偿还责任。公司成立必须招聘一个会计为企业每月申报税务,设置健全的会计账册、会计制度。由专职专人办理税务事宜。而且一般纳税人要求企业必须核算健全,有全套的会计账册核算成本收入支出费用,交税也是根据企业自己申报的收入来交税。需要注意的是,即使当期收入为零,也需要进行税务申报。

特别是对于一人有限责任公司,公司章程仍要由股东自己制定,而没有其他的限制性规定,而2018年修订的《公司法》又格外重视公司章程(如公司对外投资的比例、股东转让股权的条件、认缴公司新增资本的比例以及分红比例等,都可以由章程规定),一人有限公司的股东可以利用这一点,在章程中充分行使自己的权利。

(二) 合伙企业

对于合伙企业而言,其优点表现在以下几个方面。

(1) 合伙企业无须缴纳企业所得税,而是由企业的合伙人缴纳个人所得税,而公司制企业在缴纳企业所得税后向股东分配利润,股东还需缴纳个人所得税。

(2) 创办费用较低。

(3) 合伙人数没有限制,可以从众多的合伙人中筹集资金。

(4) 合伙人对企业盈亏负有完全责任,有助于提高企业的信誉。

当然,合伙企业也是存在着不少的缺点,例如:

(1) 普通合伙人都对企业债务负有无限连带清偿责任。

(2) 权利比较分散,决策效率较低,如果合伙人之间在决策方面发生矛盾,非常容易影响企业经营。

(3) 外部筹资比较困难。

(三) 个人独资企业

对于个人独资企业,其优点表现在如下方面。

(1) 创立容易,结构简单,无最低注册资本要求。

(2) 不需要缴纳企业所得税,投资者只需要按照盈余数额缴纳个人所得税。

个人独资企业的缺点主要体现在:

(1) 投资者需要对投资的企业承担无限责任。

(2) 企业的存续年限受限于投资者的寿命,若投资人死亡且继承人决定放弃继承,则企业必须注销,无法实现企业的延续发展。

(3) 由于规模较小,很难从外部获得大量的资金发展企业。

(四)个体工商户

对于个体工商户而言,与公司相比较,申请手续较简单,费用少,经营起来相对更灵活。但同时也有许多不足:信用度及知名度比公司低,无法以个体户营业执照的名义对外签合同(而公司可以以法人名义对外签合同),不能享受针对公司的一些优惠政策;在税务方面,个体户不可以做进出口业务;在税率方面,个体不可以申请16%税率的增值税发票,只能申请小规模纳税人(4%、6%税率的普通发票)。个体户税收一般有两种选择。

1. 实行定税

个体户一般是税务机关根据其所在位置、规模、员工人数、销售商品等来估算销售额,然后再定税。不论当月收入多少,有无收入都要按定税金额来交税,个体工商户为定额税,由税务专管员根据以上情况核定。

2. 查账征收的方式缴税

每月固定上传纳税申报表到国税数据库。此项业务一般是专职专业人员代为办理。

第二节　企业注册和注销流程

对于创业来说,企业的注册是第一步。我国目前也逐步简化了企业注册的手续,因此需要了解企业的注册流程。而对于不想继续经营的公司,也有相应的企业注销流程,应该按照程序尽早注销。下面对企业注册和注销的一般流程做简要介绍。

一、公司的注册流程

(一)材料准备阶段

注册新公司需要的主要材料如下:

(1)公司名字2~10个;

(2)办公地址(暂不需要租赁合同);

(3)公司经营范围;

(4)注册资本;

(5)法人股东身份证原件、复印件;

(6)公司监事人信息;

(7)股权比例;

(8)监事法人股东都需提供。

(二)核名

公司名称一般由四部分组成:行政区划、字号、行业(非必填项)、组织形式。要取一个市场上没有出现过的公司名,一般来说,很难一个名字就能通过,至少需要准备2~10个名字供工商局备选,并且工商局一旦选中就无法再变更(当然,如果对工商局选中的备选名字不满意,可以重新提交验名申请),因此,为节约时间,建议团队一起商量多取一些名字供工商局备选。

(三)提交材料

可选择线上和线下两种方式进行资料提交。线下提交可提前在工商局网上服务平台预约。申请人可以通过互联网登记系统填写联合申请书,大大节省了现场办理需要花费的时间成本,需要准备相关材料提交商事登记部门,由商事登记部门统一受理,真正实现"一表申请""一门受理"。所需时间在3~5个工作日。

(四)部门审核

市场监管登记窗口在承诺时间内完成营业执照审批手续后,将申请资料和营业执照信息传至平台。

质监窗口收到平台推送申请资料和营业执照信息后,在规定时间内办理组织机构代码登记手续,并将组织机构代码发送至平台。

国税、地税、统计和人力社保等部门窗口收到平台推送的申请资料、营业执照和组织机构代码信息后,在规定时间内分别办理税务登记证、统计登记证和社会保险登记证相关手续,并分别将税务登记证号、统计登记证号、社会保险登记证号发送至平台。

(五)现场领证

经商事登记部门审核通过后,商事主体申请人即可携带准予设立登记通知书、本人身份证原件,到工商局领取营业执照,即营业执照、组织机构代码证、税务登记证、刻章许可证和社保登记证、统计登记证"五证同发"(即一张证件)。

(六)刻章

拿到营业执照后,需要携带营业执照原件、法定代表人身份证原件,到指定部门进行制章备案。法定代表人不能亲自到场领取的,还需携带一份由法人签字或盖章的"刻章委托书"前往领取。

领取到的公司印章包括公章、财务章、合同章、发票章、法人代表人名章。

(七)申请领购发票

完成以上流程后,还需要到税务部门申请发票。申领发票完成后就可以开始营业了。注意每个月按时向税务报税,即使没有开展业务不需要缴税,也要进行零申报,否则会被罚款。

近年来,国家为了提高广大民众的创业热情,不断放宽创业尺度,简化办理工商流程,提供孵化园帮助创业者寻找办公场所,改革证照制度,从"三证合一"到"五证合一",不仅降低了办理费用,还节省了办理时间,对于工商人员来说提高了工作效率,对于创业者来说就是抢得了市场的先机。

二、个体工商户的注册

如果选择个体工商户,则注册流程相对简单许多。

(一)基本要求

(1)有经营能力的城镇待业人员、农村村民以及国家政策允许的其他人员,可以申请从事个体工商业经营。

(2)申请人必须具备与经营项目相应的资金、经营场地、经营能力及业务技术。

(二)提交申请

(1)申请人签署的个体工商户设立登记申请书。

(2)申请人身份证明。

(3)经营场所证明。

(4)国家法律、法规规定提交的其他文件;法律、行政法规规定须报经有关部门审批的业务的有关批准文件。

(三)办证程序

(1)当地工商分局领表填写。

(2)行政中心工商窗口核准名称。

(3)材料齐全后去当地工商分局办理执照。

三、公司的注销流程

公司注销是指当一个公司宣告破产,被其他公司收购、规定的营业期限届满不续,或公司内部解散等情形时,公司需要到登记机关申请注销,终止公司法人资格的过程。

公司注销有内部和外部两方面的原因,内部原因如公司经营不善、市场不好等。外部原因如被吊销、撤销等。具体如下:股东或股东会做出公司解散决议;公司依法宣告破产;公司章程规定营业期限届满且不续;公司章程或法律规定的解散事由出现;公司因合并、分立解散;公司被依法强制解散;公司吊销或撤销后转注销等各种情况。

(一)清算

公司到登记机关办理公司注销程序之前一定要依法进行公司清算,包括终止生产经营销售活动、了结公司事务、了结民事诉讼、清理债权和债务和分配剩余财产等。

公司不论是何性质的清算,均应依下列步骤展开。

(1)成立清算组。

(2)展开清算工作。清算组自成立之日起接管公司,开展以下业务:接管公司财产、了结公司未了业务、收取债权、清理债务、分配剩余财产、注销公司法人资格并吊销营业执照。

(3)通知债权人申报债权。

(4)提出清算方案。清算组在清理公司财产、编制资产负债表和财产清单后,拟定提出清算方案,报股东会讨论通过或者主管机关确认。清算方案的主要内容有:清算费用、应支付的职工工资和劳动保险费、应缴纳的税款、清偿公司债务、分配剩余财产、终结清算工作。在清算进行完以后,才能进行注销。

(二)登记

公司注销过程需要分别去以下7个部门或机构办理相应账户注销。

(1)社保局:核查是否有未缴清社保费用,然后注销公司社保账号。

(2)税务局:核查是否有未缴清税款或费用,然后注销公司的国、地税。

(3)报纸媒体:公司需自行登报公示,宣告公司即将注销。

(4)工商局:办理公司注销备案,注销营业执照。

(5)开户行:注销公司开户许可证和银行基本户等其他账户。

(6)质监局:到质监局注销公司的许可证,如生产许可证。

(7)公安机关:注销公司印章的法律效应(印章本身可不上交)。

四、个体工商户的注销流程

对于需要注销的个体工商户,应携带以下资料到当地办税服务厅办理注销登记业务。

(1)个体工商户清税申报表。

(2)加载社会统一社会信用代码的营业执照(原件及复印件)(已实行实名办税的无需提供)。

(3) 领用发票的纳税人应提供发票领用簿及未验旧、未使用的发票。

(4) 使用增值税税控系统的纳税人应提供金税盘、税控盘和报税盘,或者提供金税卡和IC卡。

(5) 使用其他按规定应收缴的设备的纳税人应提供其他按规定应收缴的设备。

第三节 新企业相关法律问题

一、新企业的相关法律规定

虽然很难要求企业的创办者拥有专业全面的法律知识,但除了在关键问题上咨询相关的专业法律人士,创业者本身也应当对相关法律法规有一个初步的了解。在我国,创办新企业时需要了解的重要法律法规,除了前一节提到的《个人独资企业法》《合伙企业法》《公司法》等,还要注意以下重要法规。

(一) 专利法

《中华人民共和国专利法》是为了保护专利权人的合法权益,鼓励发明创造,推动发明创造的应用,提高创新能力,促进科学技术进步和经济社会发展而制定的。其中第二条指出,"发明,是指对产品、方法或者其改进所提出的新的技术方案。实用新型,是指对产品的形状、构造或者其结合所提出的适于实用的新的技术方案。外观设计,是指对产品的整体或者局部的形状、图案或者其结合以及色彩与形状、图案的结合所作出的富有美感并适于工业应用的新设计"。

(二) 商标法

《中华人民共和国商标法》是为了加强商标管理,保护商标专用权,促使生产、经营者保证商品和服务质量,维护商标信誉,以保障消费者和生产、经营者的利益,促进社会主义市场经济的发展而制定的。经商标局核准注册的商标为注册商标,包括商品商标、服务商标和集体商标、证明商标;商标注册人享有商标专用权,受法律保护。

【案例】

成某侵犯"阿迪达斯"等注册商标专用权案

2018年7月26日,江苏省南通市通州区市场监督管理局接到举报,称通州区十总镇298号仓库内存放大量侵权假冒知名品牌运动鞋。执法人员立即展开调查取证。

经查,当事人成某通过某微信群购入大量侵权假冒"阿迪达斯""耐克""newbalance"等注册商标专用权的运动鞋(拖鞋),存放于298号仓库内,并通过常熟多家门店以及网店销售。因案值较大且当事人极不配合,南通市市场监督管理局、南通市通州区市场监督管理局、南通市通州区公安局联合开展行动,三方及时控制现场,对涉案场所全面检查,第一时间固定网络销售台账资料,同时与常熟市公安局同步开展突击检查,查获侵犯"阿迪达斯""耐克""newbalance""JORDAN""BALENCIAGA"等注册商标专用权的运动鞋(拖鞋)70种型号2 400双,涉案金额逾200万元。由于侵权商品涉案金额较大,涉嫌构成犯罪,2018年8月10日,南通市通州区市场监督管理局依法将该案移送常熟市公安局。

(资料来源：中国市场监管报 2019-05-22)

(三)著作权法

《中华人民共和国著作权法》是为保护文学、艺术和科学作品作者的著作权,以及与著作权有关的权益,鼓励有益于社会主义精神文明、物质文明建设的作品的创作和传播,促进社会主义文化和科学事业的发展与繁荣而制定的。本法所称的作品,包括以下列形式创作的文学、艺术和自然科学、社会科学、工程技术等作品:文字作品;口述作品;音乐、戏剧、曲艺、舞蹈、杂技艺术作品;美术、建筑作品;摄影作品;视听作品;工程设计图、产品设计图、地图、示意图等图形作品和模型作品;计算机软件;符合作品特征的其他智力成果。

【案例】

北京中兴华睿科技发展有限公司侵犯新闻作品著作权案

2019年6月,根据举报线索,北京市文化市场行政执法总队对该案进行调查。经查,2019年3月至7月,该公司未经著作权人新华通讯社许可,通过其运营的"新华丝路网"向公众传播《"一带一路"结硕果中哈合作再向前》等新闻作品,其中侵权文字作品140篇、摄影作品110幅。2019年7月,北京市文化市场行政执法总队对该公司做出罚款20万元的行政处罚。

点评:"剑网2019"专项行动将深化媒体融合发展版权保护作为重点任务,严厉打击未经授权转载新闻作品的侵权行为,严肃整治自媒体通过"标题党""洗稿"方式侵犯新闻作品著作权的行为。该案的查办有力震慑了未经许可使用他人文字、图片作品的侵权行为,对强化媒体版权保护、推动媒体融合发展具有积极作用。

(资料来源：中国知识产权资讯网)

二、新企业的法律责任

企业的法律责任是指企业作为具备独立法人资格的主体在法律上所承担的民事、行政或刑事责任。

(一)民事法律责任

民事法律责任主要指签订合同履行合同:(1)企业聘用员工,劳动合同的签订、履行中法律风险;(2)企业的生产经营要签订各种合同,购销合同、租赁合同、担保合同、借款合同、服务合同、加工承揽合同。要重视合同的管理,把企业经营中的过程规范化、细致化,从合同的签订到合同的履行都要把控风险,防范风险。

根据我国《公司法》的规定,具体有以下几种情况:清算责任、依法纳税的责任、确保公司注册资金资本维持不变的责任、股东依公司章程约定足额缴纳出资的责任、依法签订《劳动合同》及为员工购买养老保险的责任、对债权债务依法承担无限或有限的责任,如公司构成犯罪的,依《刑法》规定承担相应的刑事责任。

(二)行政法律责任

行政法律责任主要指接受工商、税务、环保等机构管理,缴纳税费,进行年审等。

1. 纳税方面

宪法规定中华人民共和国公民有依照法律纳税的义务。纳税义务具有强制性,是每个公民都必须遵守的。因此要合法纳税,可以正规正确地合理避税,但绝不偷税漏税。税务是一门专业的知识,因此创业者一定要注重财务、税务的学习,应当了解最基本的财务报表背后的逻辑、意义,以及基本的财务、税务常识。

《中华人民共和国会计法》要求,会计人员应当具备从事会计工作所需要的专业能力。担任单位会计机构负责人(会计主管人员)的,应当具备会计师以上专业技术职务资格或者从事会计工作三年以上经历。

因此,如果已经有会计挂靠到企业下,企业每月的报税工作可以交由会计负责。企业没有会计,可以委托财务公司代理记账报税,创业者可以咨询相关的财务公司。特别要注意以下方面。

(1)零申报也要申报。一些企业在税务登记之后,暂没发生营业收入,也暂无须购买发票就觉得暂无需要与税务部门打交道,因此,在税务登记后,不报账、不设账、不申报,但是需要与税务部门打交道时被罚款后,才知道问题。根据《中华人民共和国税收征收管理法》的规定,从税务登记之日起,企业必须在规定的时间内(登记之日起30天内)建立账册并进行每月纳税申报,即使是零申报。延期零申报需要上交罚款和滞纳金。

(2)企业所得税征收方式的选择,其选择是否得当,直接关系到企业今后的税收成本,建议请专业人士帮助筹划。

(3)注册资本筹资的问题,如账务处理不当,将会影响工商年检的通过。

企业的税费核算及合理避税是一门专业的学问,创业企业如不知道如何合理避税的话,建议多咨询有经验的前辈,或委托财务公司,他们会给出比较有操作性的指导意见。

2. 社保方面

从企业运行的角度而言,应当积极去缴纳社保,原因如下。

(1)合规。《中华人民共和国劳动法》规定,只要建立劳动关系,用人单位和劳动者本人就应该参加社会保险,企业成员不缴纳社保就是违法的,且不签订劳动合同也是违法行为,需要更多的赔付。

(2)保障。抛开社保对医疗、生育、退休的收益不谈,这也是各方争议所在,各地在落户、贷款等方面,对社保缴纳期限都有明确的规定。例如,员工买房子打算利用公积金贷款(利息比商业贷款低),但由于没有缴纳公积金或者缴纳时间较短,都会造成不必要的影响。

(三)刑事法律责任

刑事法律责任主要指逃税漏税、单位贿赂、重大责任事故等要追究刑事法律责任。刑事风险是后果比较严重的风险,会对企业的法定代表人、实际经营人、主要负责人产生包括人身自由在内的风险。

所以要把控企业不做非法集资、合同诈骗、逃税漏税、虚开增值税发票、制造出售假冒伪劣产品、制造出售假冒注册商标商品等违法行为。

同时要重视环保,重视消防,重视安全质量控制,这些事情一出就是大事,关系到企业的生死存亡。

三、新企业的税法知识

依法纳税是公民和单位应尽的义务。税收是国家财政收入的主要来源,来之于民,用之于民。根据我国《税法》规定,所有企业都要依法报税和纳税。

社会经济活动是一个连续运动的生生不息的过程：从生产到流通，到分配，再到消费。国家对生产流通环节征收的税种统称流转税，它以销售收入或营业收入为征税对象，包括增值税和海关关税等。对分配环节征收的税种统称所得税，它以生产经营者取得的利润和个人的收益为征税对象，包括企业所得税、个人所得税等，这是最基本的两个税种。

具体而言，与企业和企业负责人有关的主要税种如下：增值税、企业所得税、个人所得税、消费税、关税、城市维护建设税、教育费附加等。各种税金的课税对象、计税依据和方法不尽相同。

（一）增值税

《中华人民共和国增值税暂行条例》第一条规定："在中华人民共和国境内销售货物或者加工、修理修配劳务（以下简称劳务），销售服务、无形资产、不动产以及进口货物的单位和个人，为增值税的纳税人，应当依照本条例缴纳增值税。"

增值税征收通常包括生产、流通或消费过程中的各个环节，是基于增值额或价差为计税依据的中性税种，理论上包括农业各个产业领域（种植业、林业和畜牧业）、采矿业、制造业、建筑业、交通和商业服务业等，或者按原材料采购、生产制造、批发、零售与消费各个环节。

实际上，商品新增价值或附加值在生产和流通过程中是很难准确计算的。因此，我国也采用国际上普遍采用的税款抵扣的办法。即根据销售商品或劳务的销售额，按规定的税率计算出销售税额，然后扣除取得该商品或劳务时所支付的增值税款，也就是进项税额，其差额就是增值部分应交的税额，这种计算方法体现了按增值因素计税的原则。

（二）企业所得税

《中华人民共和国企业所得税法》是为了使我国境内企业和其他取得收入的组织缴纳企业所得税而制定的。企业所得税是对我国境内的企业和其他取得收入的组织的生产经营所得和其他所得征收的一种所得税。

在中华人民共和国境内，企业和其他取得收入的组织（以下统称企业）为企业所得税的纳税人。企业所得税的纳税人包括各类企业、事业单位、社会团体、民办非企业单位和从事经营活动的其他组织。个人独资企业、合伙企业不属于企业所得税纳税义务人。

企业所得税采取收入来源地管辖权和居民管辖权相结合的双管辖权，把企业分为居民企业和非居民企业，分别确定不同的纳税义务。居民企业是指依法在中国境内成立，或者依照外国（地区）法律成立但实际管理机构在中国境内的企业。非居民企业是指依照外国（地区）法律成立且实际管理机构不在中国境内，但在中国境内设立机构、场所的，或者在中国境内未设立机构、场所，但有来源于中国境内所得的企业。

企业所得税法定扣除项目是据以确定企业所得税应纳税所得额的项目。《企业所得税法》规定，企业应纳税所得额的确定，是企业的收入总额减去成本、费用、损失以及准予扣除项目的金额。成本是纳税人为生产、经营商品和提供劳务等所发生的各项直接耗费和各项间接费用。费用是指纳税人为生产经营商品和提供劳务等所发生的销售费用、管理费用和财务费用。损失是指纳税人生产经营过程中的各项营业外支出、经营亏损和投资损失等。除此以外，在计算企业应纳税所得额时，对纳税人的财务会计处理和税收规定不一致的，应按照税收规定予以调整。企业所得税法定扣除项目除成本、费用和损失外，税收有关规定中还明确了一些需按税收规定进行纳税调整的扣除项目。

(三)个人所得税

《中华人民共和国个人所得税法》是全国人民代表大会常务委员会批准的国家法律文件,最新的起征点和税率自2019年1月1日起施行。个人所得税是调整征税机关与自然人(居民、非居民人)之间在个人所得税的征纳与管理过程中所发生的社会关系的法律规范的总称。

在中国境内有住所,或者无住所而一个纳税年度内在中国境内居住累计满一百八十三天的个人,为居民个人。居民个人从中国境内和境外取得的所得,依照本法规定缴纳个人所得税。

在中国境内无住所又不居住,或者无住所而一个纳税年度内在中国境内居住累计不满一百八十三天的个人,为非居民个人。非居民个人从中国境内取得的所得,依照本法规定缴纳个人所得税。

纳税年度,自公历一月一日起至十二月三十一日止。

个人所得税根据不同的征税项目,规定了三种不同的税率,分别是综合所得适用7级超额累进税率、经营所得适用5级超额累进税率、比例税率。

(四)消费税

《中华人民共和国消费税暂行条例》第一条规定:"在中华人民共和国境内生产、委托加工和进口本条例规定的消费品的单位和个人,以及国务院确定的销售本条例规定的消费品的其他单位和个人,为消费税的纳税人,应当依照本条例缴纳消费税。"

消费税是以消费品的流转额作为征税对象的各种税收的统称,是政府向消费品征收的税项,可从批发商或零售商征收。消费税是典型的间接税。消费税实行价内税,只在应税消费品的生产、委托加工和进口环节缴纳,在以后的批发、零售等环节,因为价款中已包含消费税,因此不用再缴纳消费税,税款最终由消费者承担。

开征消费税的意义在于调节社会的消费结构,正确引导消费方向,抑制超前消费需求,保证财政收入。消费税的立法主要体现国家的产业政策和消费政策,把消费税作为国家对经济进行宏观调控的特殊手段。现行消费税的征收范围主要包括:烟、酒及酒精、鞭炮、焰火、高档化妆品、成品油、贵重首饰及珠宝玉石、高尔夫球及球具、高档手表、游艇、木制一次性筷子、实木地板、摩托车、小汽车、电池、涂料等税目,有的税目还进一步划分若干子目。

(五)关税

关税法是指国家制定的调整关税征收与缴纳权利义务关系的法律规范。

关税是海关对进出境货物、货品征收的一种税。所谓"境"指关境,又称"海关境域"或"关税领域",是一国海关法全面实施的领域。在通常情况下,关境与国境相一致,包括国家全部的领土、领海、领空。但如果一国国境内设立了自由港、自由贸易区等,这些区域就进出口关税而言则处在关境之外。与此同时,一个国家还可能设立多个关境,各关境之间的货物或物品往来,仍然需要征收进出口关税。例如,根据《香港特别行政区基本法》《澳门特别行政区基本法》,香港和澳门保持自由港地位,即为我国单独的关境区。

关税征收的对象仅限于准许进出境的货物或物品。货物是指贸易性的进出口商品;物品是指非贸易性的进出口商品,包括入境旅客随身携带的行李物品,个人邮递进境的物品,各种运输工具上的服务人员携带的进口物品、馈赠物品以及以其他方式进境的个人物品。关税在货物或物品进出关境的环节一次性征收。货物或物品入境后,其在国内流通的任何环节均不再征收关税。

进口货物的收货人、出口货物的发货人、进出境物品的所有人,是关税的纳税义务人。进出口货物的收、发货人是依法取得对外贸易经营权,并进口或者出口货物的法人或者其他社会团体。进出境物品的所有人包括该物品的所有人和推定为所有人的人。一般情况下,对于携带进境的物品,推定其携带人为所有人;对分离运输的行李,推定相应的进出境旅客为所有人;对以邮递方式进境的物品,推定其收件人为所有人;以邮递或其他运输方式出境的物品,推定其寄件人或托运人为所有人。

(六)城市维护建设税

《中华人民共和国城市维护建设税暂行条例》是为了加强城市的维护建设,扩大和稳定城市维护建设资金的来源而制定的。城市维护建设税税率如下:纳税人所在地在市区的,税率为7%;纳税人所在地在县城、镇的,税率为5%;纳税人所在地不在市区、县城或镇的,税率为1%。

与《城市维护建设税暂行条例》相比,《城市维护建设税法(草案)》维持现行征税范围、税率不变,明确了计税依据和税收减免内容,规定了应纳税额和纳税义务发生时间。

《城市维护建设税法(草案)》规定,城市维护建设税的计税依据可以扣除期末留抵退税退还的增值税税额。对进口货物或者境外单位和个人向境内销售劳务、服务、无形资产缴纳的增值税、消费税税额,不征收城市维护建设税。根据国民经济和社会发展的需要,国务院可以规定减征或者免征城市维护建设税,报全国人民代表大会常务委员会备案。

根据《城市维护建设税法(草案)》,城市维护建设税的应纳税额按照纳税人实际缴纳的增值税、消费税额乘以税率计算。城市维护建设税的纳税义务发生时间与增值税、消费税的纳税义务发生时间一致,分别与增值税、消费税同时缴纳。

(七)教育费附加

《征收教育费附加的暂行规定》是为了贯彻落实《中共中央关于教育体制改革的决定》,加快发展地方教育事业,扩大地方教育经费的资金来源而制定的。凡缴纳消费税、增值税、营业税的单位和个人,除按照《国务院关于筹措农村学校办学经费的通知》的规定,缴纳农村教育事业费附加的单位外,都应当依照本规定缴纳教育费附加。

教育费附加以各单位和个人实际缴纳的增值税、营业税、消费税的税额为计征依据,教育费附加率为3%,分别与增值税、营业税、消费税同时缴纳。

除国务院另有规定者外,任何地区、部门不得擅自提高或者降低教育费附加率。

本章小结

本章分别介绍了企业法律形态选择、企业注册和注销流程以及创办企业必须考虑的法律问题。企业法律形态分为个人独资企业、合伙企业、有限责任公司和股份有限公司,企业的注册流程中包括公司的注册流程和个体工商户的注册流程,同时还介绍了公司的注销流程和个体工商户的注销流程。最后简要介绍了新企业在创办和运营过程中的相关法律问题。

第九章　创业计划书的撰写

【学习要点及目标】

1. 了解创业计划书的目的和作用
2. 重点掌握创业计划书的内容
3. 掌握创业计划书的推介方法和技巧

【导入案例】

餐巾纸神话

很多的创业者听说过这么一个故事——"餐巾纸神话"：在美国的硅谷，一些创业者在咖啡馆的餐巾纸上涂涂抹抹，写下自己的创业想法和商业模式，然后就拿到了风险投资。这样的故事也在中国发生过，2012年春节大年初七，字节跳动创始人在创业咖啡馆给SIG合伙人在餐巾纸上画他心中的产品原型，立刻获得了后者的认可，获得了天使投资，字节跳动就在2012年3月12日注册，投资方在年底时又追加了100万美元的A+轮。一个有成功经验的创业者，大部分投资人不会担心他的下一个创业计划书的质量。但是，对于刚刚开始创业的创业者来说，没有一个详细的创业计划书，获得投资几乎不可能。如今，互联网上就能找到许多例子，创业计划书方面的书籍也有很多，还有一些APP可以自动完成撰写过程。

大学毕业生写简历和撰写创业计划书的过程有些相似，组织和撰写的过程是确定自己能够回答一系列问题的最好途径。一般来说，制订了优秀创业计划书的创业者有更多机会获得投资，企业也更容易成功。在任何情况下，特别是在初创企业这个成功率非常低的高风险领域，创业者必须占据先机。创业计划书是大多数创业企业融资必备的敲门砖，好的创业计划书会为企业融资顺利铺路，而撰写创业计划书的过程也是企业审视、分析自身及产品的好机会。

（资料来源：作者撰写）

第一节　创业计划书的目的和用途

硅谷著名创业家和风险投资者盖伊·卡伟萨基曾说过："一旦他们将商业计划写到纸上，那些希望改变世界的天真想法就会变得实实在在且冲突不断。因此，文件本身的重要性远不如形成这个文件的过程。即使创业者并不试图去集资，也应当准备一份计划书。"创业计划书是呈现出人们创业构想的载体，也是展现创业者如何实现创业过程的一份资料。

一、创业计划书的目的

创业计划书是创业者在成立企业之前,就某一项具有市场前景的新产品或服务,向潜在投资者、风险投资公司、合作伙伴等游说以取得合作支持或风险投资的可行性商业报告,是用来描述创办一个新企业时所有的内部和外部要素的一份计划书。

由此可见,在创业过程中所涉及的对象可以分为三类,即创业团队内部、创业团队外部(包含潜在的投资者)和其他相关者三个群体,也就是说创业计划书是为这三类对象服务的。因此,围绕这三类对象,总结出撰写创业计划书的目的,见表9.1。

表 9.1 创业计划书的服务对象

分类	目的
企业内部	帮助创业团队梳理思路达成一致 使普通员工具有行动纲领,与企业目标保持方向一致
企业外部	吸引潜在投资者的注意 有助于一般合作伙伴了解企业,使其能够顺利合作
其他	使学习借鉴者获得灵感,或者得到创业大赛评委的好评等

在撰写创业计划书的过程中,整个创业团队会针对企业的未来发展进行思考,最后达成共识。在综合考虑各种因素后,创业者在创业开始之前梳理自己的思路,将脑海中的构思变成书面的形式,让创业过程变得更加现实。这并不是一项简单的工作,它需要创业者花费数日乃至数月才能完成,还需要创业者在各种冲突之中不断修改计划。

一份有着明确规划的创业计划书对创业团队内部是十分重要的。它能将创业团队中各个成员有序地串联起来,同时也是创业团队沟通的语言和凝聚团队力量的重要工具。创业计划书可以在企业内部出现矛盾和问题时成为大家的行动纲领,使大家朝着一致的目标前进。

创业计划书还可以吸引投资者的目光。在创业团队成立的初期,一份含金量高的创业计划书能够吸引到更多的投资,从而引进更多的资金,而资金是一个企业运行不可或缺的原始动力。一份简洁直观的创业计划书可以让投资者清晰地了解企业今后的发展前景,从而做出正确的判断。一份成功的创业计划书的作用是毋庸置疑的。

获得其他相关者的帮助。其他相关者可以是学习借鉴者或者是创业大赛的评委,也可以是一些提供帮助的咨询者。创业计划书务必要在这个前提下找到真正的相关者,并提供整个团队的核心构想和已有资源。在这一过程中要注意对核心商业机密的保护。创业计划书必须严格保密,严防落入竞争者手中。为了保密,有些企业会限制创业计划书的副本数量,对特定对象准备特定副本,并要求在不使用时将计划书放在文件柜或办公室锁好以确保安全。除此之外,大多数企业都会在其创业计划书封面上印有"机密文件,未经许可,严禁复印"等字样。尤其是提供的是高敏感度或专属的产品及服务的新创企业,更应该重视创业计划书的保密措施,企业界将这种初始创业计划书的保密措施称为潜行模式。

二、撰写创业计划书的用途

(一) 增加合作机会

创业计划书的主要用途是递交给投资商,以便于他们能对企业或项目做出评判,从而使企业获得融资。创业计划书几乎包括投资商所有感兴趣的内容,有相对固定的格式。融资项目要获得投资商的青睐,不仅要做到良好的融资策划和财务包装,最重要的是,提供符合惯例的高质量的创业计划书。

(二) 降低错误概率

创业计划书是整个企业的灵魂,创业计划书的好坏,往往决定了投资交易的成败。对初创企业来说,创业计划书的作用尤为重要,它提供了企业成长经历、产品服务、组织人事、财务运营和融资方案等所有信息。只有详细的内容、丰富的数据、完整的体系、装订精致的创业计划书才能吸引投资商。而制订计划本身是一种技能,需要制定者具有管理、销售、人事、财务、法律等多方面的相关知识。

(三) 精准合理定位

创业计划书的起草与商业本身一样是一个复杂的系统工程,不但要对行业、市场进行充分的研究,而且还要有很好的文字功底。对于初创或发展中的企业,为了企业的发展,专业的创业计划书既是寻找投资的必备材料,也是企业对自身现状及未来发展战略的全面思索和重新定位过程的书面表达。有了创业计划书,创业者就能对项目有更加清晰的认识,做到心中有数。具有战略思考和可操作性的创业计划书是创业全过程的纲领性文件,是创业者决策保障的工具,是创业实践的战略设计和现实指导。

(四) 提升管理效率

一份优秀的创业计划书可以增强创业者的自信,使创业者感到企业更好管理、对经营更有把握。创业计划书提供了企业的现状和未来发展的信息,使得创业者在创业实践中有章可循,而且一个好的创业计划书公布以后,会很容易吸引社会上的高端人才,可以获得良好的人力资源。

(五) 融资的重要渠道

创业计划书的主要用途之一就是筹集资金,而创业融资的一个重要途径就是从审查创业计划书开始。当确定了商业目标与商业动机之后,就必须考虑资金、人脉、市场等各种必备的商业条件。

(六) 经营的行动指南

创业者要想实现理想,施展抱负,离不开各方面的支持。创业计划书就是对企业的各个方面进行筹划和安排,从而获得所需要的帮助。一份合理的创业计划书是对企业未来经营的构想,可以使创业者少走弯路,节约时间和精力,更有效地实现预期的目标。

第二节 创业计划书的要求和内容

要撰写一份内容真实、有效,并对以后的生产经营活动有帮助的创业计划书,需要遵循一些基本的原则和要求,同时,在撰写过程中也有一定的技巧可以借鉴。

一、撰写创业计划书的基本要求

(一) 信息的准确性、可靠性

想要撰写一份较为全面完善的创业计划书,一个很重要的工作就是进行调研,并对所有信息进行研究和综合分析。因此,创业计划书首先要求确保信息的准确性和可靠性。企业的基本运作与创业计划书密不可分,同时一份好的计划书也是企业管理的重要文件。在信息时代,创业者可以通过许多方式来搜集信息,准确可靠的信息不仅保证了创业计划书的实用性,还可以让读者信服。

(二) 内容的全面性、条理性

一份好的创业计划书应尽可能全面、有条理,为投资者展示一个完整的企业发展蓝图。通常一份完整的创业计划书应该包括计划摘要、公司简介、市场分析、竞争分析、产品服务、市场营销、财务计划、风险分析、内部管理、附件资料等内容。

(三) 叙述的简洁性、通俗性

创业计划书内容的全面性与简洁性二者并不冲突。简洁性是指在叙述上语言应当平实,力求通俗流畅。一份创业计划书一般是 25~35 页。创业计划书要简洁,最好开门见山,让投资者真正明白创业者需要的是什么。为了让读者理解,应尽量避免使用专业术语。创业计划书应该尽量做到美观大方,过于艳丽的图表和夸张的文字反而不会收到好的效果。

(四) 文字精练原则

一份有效的创业计划书应尽可能地简短明了,避免出现那些与主题无关的内容,要开门见山、直入主题并清晰明了地把自己的观点亮出来。风险投资家没有时间,也不愿意花过多的时间来阅读一些对他来说毫无意义的东西。文字精练,观点清晰,更容易引起投资者的注意和兴趣,以此提高融资成功的概率。

(五) 展示优势原则

撰写创业计划书的重要目的之一是为投资者或贷款方提供决策依据,借以融资。因此,创业计划书中应呈现出具体的竞争优势,显示出经营者创造利润的强烈愿望,并明确指出投资者预期的报酬。同时也应该详细地说明在投资过程中可能会遇到的风险或威胁,不能只强调优势和机遇而忽略潜在的缺点与风险。

(六) 计划的可接受性、实施性

创业计划书其实就是对未来事项的一种预测。这种预测需要经过不断的评估修正来使其具有指导将来行为的能力。在计划书中应明确创业者身边可以利用的资源有哪些,分析出目前的定位和能够带来的价值。不管在计划书完成之前还是之后,创业者都应该通过市场调查、回访受查群众、调研竞争对手等方法,进行查漏补缺。通过这种经常性的研讨及调查之后,计划书可能会出现这样或那样的不足,所以要不断调整计划,这个过程可以让计划书的可实施性大大增加,从而描绘出让人更加信服的蓝图。

(七) 前后一致原则

创业计划书要简洁明了、系统完整,包括商业经营的各项策略要领,创业者要尽量提供各项资讯及佐证资料,并使预估与论证相互呼应、前后一致,使创业计划书具有较强的逻辑性。如果创业计划书是几个人分工完成,初稿完成后,必须由一个人负责最后的编辑和定稿,对初稿内容进行整合,避免创业计划书整体风格不一致,给投资者留下不好的印象。

二、创业计划书的内容

(一)封面页及目录

封面页包括公司名称、地址、主要联系人姓名及联系方式等,如果公司已经设计好LOGO,则应该在封面显示出来。目录包括创业计划书的所有内容及对应的页码。

(二)计划摘要

计划摘要是对整个创业计划书最高度的概括,它是计划书的浓缩精华,一般要在后面所有内容撰写完毕后,再把主要结论性内容概括于此,以求一目了然,在短时间内,给使用者留下深刻的印象。许多时候,投资者都是先浏览企业的计划摘要,认为计划可行时才索要企业的整个创业计划书副本。因此,计划摘要如同推销产品的广告,编制人要反复推敲,力求精益求精,形式完美,语句清晰流畅而富有感染力,以引起投资者阅读创业计划书全文的兴趣,特别要详细说明企业自身的不同之处以及企业能够获取成功的市场因素。

需要注意的是:(1)计划摘要虽然是创业计划书第一页的内容,但其并非创业计划书的引言或前言,而是整个计划的精华和灵魂。在撰写顺序上,应当先撰写完成整个创业计划书,再在其基础上提炼概括。(2)在撰写计划摘要时,要按照整个创业计划书的顺序把每个部分都概括,缺一不可,并且尽量保持顺序一致。计划摘要一般是1~2页即可。

有专家提出建议,如果撰写创业计划书是为了筹集资金,那么可以在计划摘要中明确拟筹集的资金数额、比例及性质,这样会更吸引投资者的关注,显得很有诚意,从而也更容易达到目的、获得帮助。

(三)企业概况

企业概况是新创企业或者创业团队拟定企业总体情况的介绍。明确阐述创业背景和发展的立足点,是任何领域的创业计划书都不可缺少的关键要素,企业概况的主要内容应该包括以下几个方面。

1. 简介

企业描述从简介开始,包括企业的名称,企业拥有的商标、品牌,创业原因和企业的基本信息,如创建者的姓名、企业的地址、联系方式等。

2. 企业愿景、使命和价值观

企业愿景,是企业战略家对企业前景和发展方向进行高度概括的描述,是对企业未来发展方向的一种期望、一种预测、一种定位。企业愿景不只专属于企业负责人所有,企业内部每个成员都应参与构思,由团队讨论,获得组织一致的共识,形成大家愿意全力以赴的未来方向,这样才能使企业愿景更有价值,让企业更有竞争力。

企业使命,是企业在社会经济发展中所应担当的角色和责任,是企业的根本性质和存在的理由,企业使命说明了企业的经营领域、经营思想,为企业目标的确立与战略的制定提供依据。企业在制定战略之前,必须先确定企业使命。

企业价值观,是企业在追求经营成功过程中所推崇的基本信念和奉行的目标。简而言之,企业的价值观就是企业决策者对企业性质、目标、经营方式的取向所做出的选择,是为员工所接受的共同观念。

为了便于理解,下面列示了部分著名企业的愿景、使命、价值观,见表9.2。

表9.2 部分著名企业的愿景、使命、价值观一览表

企业	愿景	使命	价值观
苹果	让每人拥有一台计算机	借推广公平的资料使用惯例,建立用户对互联网之信任和信心	提供大众强大的计算能力
迪士尼	使人们过得快活	成为全球的超级娱乐公司	极为注重一致性和细节刻画;通过创造性、梦幻和大胆的想象不断取得进步;严格控制、努力保持迪士尼"魔力"的形象
福特	成为全球领先的提供汽车产品和服务的消费品公司	汽车要进入家庭,献身于为全世界人民提供个人活动能力的事业	客户满意至上,生产大多数人买得起的汽车
华为	构建万物互联的智能世界	把数字世界带给每个人、每个家庭和每个组织,构建万物互联的智能世界	丰富人们的沟通和生活;聚焦客户关注的挑战和压力,提供有竞争力的通信解决方案和服务,持续为客户创造最大价值
中国移动	创无限通信世界,做信息社会栋梁	成为卓越品质的创造者	正德厚生、臻于至善

以上是一些成功的大企业的愿景、使命和核心价值观。对于初创企业来说,可能还没有长时间的积累和沉淀,所以并未形成企业文化。但是初创企业的创业计划书应该说明企业目标和企业定位,比如:企业的性质、经营理念、产品和服务、市场目标、财务目标、企业形象、企业文化等。

(四)产品和服务介绍

创业计划书中简要写明产品的技术、特点和服务的种类,公司产品的专利性质,今后公司打算研发的产品情况和打算开拓的服务领域等。投资人最关心的问题之一就是企业的产品、技术或服务能否解决现实生活中的问题,以及在多大程度上解决问题。或者企业的产品(服务)能否帮助顾客节约开支,增加收入。在这一部分,要对产品(服务)做出详细的说明,说明要在准确的基础上做到通俗易懂,使非专业人员的投资者也能理解。产品和服务介绍应当回答以下问题:研发的新产品或者提供的新服务的基本价值是什么?换言之,这个项目的价值体现在哪里?新产品或新服务的受益群体的痛点在哪里?新产品或新服务解决了人们怎样的问题?

(五)行业和市场分析

一般的创业计划书,行业分析应当先于市场分析,行业分析在逻辑上要先于目标市场分析和市场营销战略分析。创业计划书对企业所涉及的行业做出简要说明。如技术面涉及两个或多个行业,则在计划书中对其分别进行说明。

1. 描述目前该行业的现状如何

尽可能用数字、图表或者其他的数学方法来展示所要传达的信息,比如行业销售额、本行业的企业数目和雇员人数、行业增长率以及销售百分比等。要尽可能多地提供本地区的信息,还要避免只提供相关产业的正面信息,这样不仅可以提高创业计划书的信誉,还增加了潜在投资者对企业的好感与支持。

2. 该行业的特征是什么

这包括产业结构和竞争环境。只有认清了本行业的基本特征、竞争状况才能了解行业的现实情况,找到企业的发展方向,并掌握企业的目标市场。

3. 该行业的发展趋势和前景

在预测行业的发展趋势时,不仅要考虑到行业环境的微观变化和本行业的技术发展,还要考虑整个行业乃至整个社会经济的发展状况,在此基础上对行业的前景做简短的说明和预测。

在创业计划书中,行业分析之后通常是市场分析。行业分析着眼于企业所涉及的商业领域(如食品市场、女装市场、高科技产业等),而市场分析是将产业细分,瞄准企业所涉及的具体细分市场。如第五章所述,市场分析要从市场细分、消费者、竞争对手、市场需求等方面进行分析。

(六)市场营销计划

市场营销计划的重点在于介绍有助于企业销售产品的典型营销职能。第五章中介绍的4P、4C、4R理论都可以帮助创业者制定专业的市场营销计划。

(七)运营计划(生产情况分析)

运营计划旨在使投资者了解产品的生产状况和运营状态。此部分应尽可能向投资者展示新产品的生产和运营。同时,企业家应尽量使生产制造计划更加详细、真实,以提高企业的评估价值,让投资者明白创业者已经掌握了开办和经营企业的所有细节。

(八)商业模式及盈利模式

商业模式的核心就是企业通过什么途径、方式去赚钱,它是对一个企业如何满足消费者的需求,建立竞争优势,获取收入与利润的系统性描述。很多创业者把一个想当然的产品当成一个商业模式,这种认识是错误的。其实产品是不等同于商业模式的,产品只是商业模式的一个环节,只有用户为你的产品与服务付费,你最终实现了规模化的盈利,才称之为商业模式。

商业模式是对一个企业如何满足消费者需求,建立竞争优势,获取收入与利润的系统性描述。我们把它解构来看,其实它分为六个共性的核心要素:第一是用户需求,第二是产品与服务,第三是营销与销售,第四是盈利模式,第五是市场空间,第六是战略合作伙伴。

(九)管理团队介绍

这部分主要介绍企业的管理团队和企业结构。对一些重要材料,如关键人员的简历,应当置于整个创业计划书的附录中。

1. 管理团队

投资者非常看重管理团队。这部分主要是向投资者展示管理团队的分工、人事安排和管理团队的所有权及其分配,以增强投资信心。

2. 公司结构

这一部分要介绍公司目前的组织结构,以及公司继续发展壮大后的组织结构将会怎样。组织结构图是最有效直观的表示方法。

(十)财务分析与预测

这部分包括企业目前的财务状况分析和今后的发展预测,以及详细的投资计划。这样做的目的是使投资者据此判断企业未来经营的财务状况,并确定是否可能进行投资。财务报表是财务分析最有价值的工具,具体包括资金明细表、预计利润表、预计资产负债表、预计现金流量表。

(十一)风险分析

向投资者分析企业可能面临的各种风险隐患,风险的危害程度以及融资者将采取何种措施来降低或防范风险、增加收益等。

创业者最好采取客观的态度,不能因为风险发生的可能性小而忽略不计,也不能为了增大获得投资的机会而故意缩小、隐瞒风险因素,为了赢得投资者的信任,应该对企业所面临的各种风险都认真地加以分析,并针对每一种可能发生的风险提出相应的防范措施。

(十二)退出策略

任何企业发展到一定阶段,都存在创业者与投资人退出和投资回报问题。这一部分需要描述创业者如何被取代,以及投资者退出策略,即投资者如何收获资助创业企业所带来的利益。例如,出售业务、与其他企业合并、IPO,或者其他的重新募集资金的事件,使得其所有者和投资人有机会套现先前的投资。

(十三)附录

这是除了创业计划书的主体以外,创业团队认为需要说明的部分。比如:媒介关于公司产品的报道;公司产品的样品、图片及说明;详细的财务计划;创业团队主要人员的简介和简历等。这一部分在正文之后,通常是单独装订的。

三、撰写创业计划书的技巧

撰写创业计划书除了要掌握编制的要求和内容之外,还需要了解一些撰写技巧,从而提高创业计划书的可读性和吸引力,提高企业融资的概率。

(一)简洁易懂,直切主题

一份完整创业计划书最好控制在25~35页,语言应简明易懂,尽量让技术上的外行也能看懂,同时要避免与主题无关的内容,最好开门见山直接切入主题。

(二)条理清晰,详略得当,重点突出

条理清晰的结构是成功的创业计划书最为吸引投资者的部分,清楚的结构布局可以使投资者快速找到他们感兴趣的要点,提高其阅读兴趣。另外,不同的阅读对象对商业项目的关注要点不一样,所以撰写创业计划书时不能套用固定模板,而应该根据不同的阅读对象进行动态调整,突出重点,尽可能将投资者想看的内容清晰地呈现在他们眼前。

(三)尽可能将计划摘要做得出色

创业计划书的大纲与其封面相对应,出色的计划摘要可以提高整份创业计划书的吸引力,吸引投资者的注意力。

（四）注意格式和细节

在阅读之前，创业计划书的装订与外观是给人的第一印象，所以一方面看上去要比较讲究，另一方面又不能给人浮华浪费的印象。不要过度使用文字处理工具，比如粗体字、斜体字、字体大小颜色等，否则会给人不够专业的印象。在创业计划书的细节上，则更要体现创业团队的素质，比如，在创业计划书的封面和每一页的页眉或页脚上都印有设计精美的企业LOGO，会体现出设计者的用心，同时会给人留下良好的印象。

（五）充分展示团队队伍

对于投资者来说，创业计划书最重要的部分之一就是创业团队介绍，所以，应该对其进行详细介绍，可以首先介绍整个团队成员的构成及其各自的职责，然后再详细介绍每一个成员特有的才能及对公司做出的贡献。

（六）借助外力完善创业计划书

创业计划书草稿完成并获团队全体成员一致通过以后，可以交给专业顾问或咨询师进行修改或润色。因为他们有与投资者、银行或证券所打交道的丰富经验，对创业计划书的内容该如何陈述十分清楚，他们的修改建议将使创业计划书更加完善。

（七）阅读他人的创业计划书

阅读他人的创业计划书可以在一定程度上帮助创业者提高自己的写作能力，在撰写创业计划书之前，阅读十几份他人的创业计划书能起到很大的帮助作用。

（八）不断检查修正

好的创业计划书的秘诀在于不断地修改，几乎很少有人能够一气呵成。在修改过程中，应该认真征求创业团队及专业顾问的意见，以增强计划书的可读性和标准化程度。

第三节　创业计划书的推介

进行创业计划书的推介，必须要有好的方法，才能让局外人了解企业的形象和创业者的魅力，使创业者各方面受益。

一、创业计划书的推介方法

（一）从创业者出发，拓宽推介途径

通过多种多样、行之有效的推介途径，投资者和创业者之间可以达到共赢的目标，收到良好效果。创业者拓宽推介途径可采取的手段有如下几种。

（1）参加招商会议，与投资者积极接触，使更多投资者了解创业项目的优势，从而将创业计划书更好地推介出去。

（2）通过中介机构和中介人牵线搭桥，将自己的创业项目推介出去。

（3）通过网络加大推广力度，新媒体推送等都有助于推广与介绍企业优势，提升与投资人联系交流的效率。

（4）参加各种形式的创新创业大赛，目前各种各样的创业大赛较多，参加比赛也不失为一种推介创业计划书的好方法。

（二）找到合适的投资人，形成推介特色

再周详的创业计划书，只有推介到投资人手上，才能获得理想的融资。不同的投资人

确定不同的推介方法才能吸引到合适的投资人。相关融资的知识在第七章有详细讲解。

二、创业计划书的展示及推介技巧

创业者要认真准备推介内容,针对不同的推介对象,准备他们比较关注的内容。创业者在做创业计划书推介准备时,要注意训练自己言简意赅的表达能力,用一分钟来表达、阐述创业企业的性质与职能的能力。

(一)准备幻灯片展示创业计划书

企业的目标市场、竞争等各方面的情况创业者可能已经在平时做了很多功课,但是如何利用好手中的幻灯片,并且能够把投资者感兴趣的内容讲出来,是创业者在推介项目时最关心的。幻灯片并不是要代创业者向人们展示创业计划书,展示创业者和创业团队才是关键。幻灯片的作用只是提供一个总体的框架及强调创业者发言内容的重点,因此幻灯片应该简明扼要,只包含主要标题和一些解释性语句即可。表9.3是一份创业计划书的幻灯片范例。

表9.3 创业计划书幻灯片范例

幻灯片	关键内容	内容解释
封面	企业名称和创始人姓名	创始人的联系方式,演讲的日期,对听众表示感谢
第一张	概述	对产品和服务的简要介绍,演讲要点简介,该项目预计收益(社会收益、经济收益)
第二张	问题	说明亟待解决的问题是什么(顾客的痛点在哪里)?有多严重?最好能用实证的方法(数字)说明
第三张	解决办法	说明企业公司的解决方案是什么?最好用实证的方法(数字)说明
第四张	行业和目标市场	说明本行业的现状,明确指出企业的目标市场在哪里
第五张	产品或服务(技术)	介绍企业的产品或服务(技术),指出其与别人的不同之处
第六张	竞争	说明本企业直接、间接和未来竞争者,展示本企业的竞争优势
第七张	营销策略	简要说明企业的总体营销策略,具体解释产品的价格、渠道和促销组合
第八张	管理团队	介绍团队中每个人的背景、专长和在企业中发挥的关键作用
第九张	财务分析	说明未来企业的收入规划和现金流规划
第十张	资本需求和风险分析	说明企业的资金情况和融资需求,介绍企业可能遇到的风险和应对措施
第十一张	总结	总结企业和团队最大的优势,介绍企业的退出战略

当然,以上也只是一个推介创业计划书幻灯片的简单模板,可以根据不同需要,自行调整。

(二)演讲技巧

演讲的第一条注意事项就是严格控制时间。如果是半个小时的发言时间,最后5分钟用来提问,那么就必须在25分钟之内结束演讲,不能超时。尽可能多地了解演讲场地的情况,尽量避免因不熟悉场地或紧张而引起项目介绍找不到重点、材料和演示工具准备不足、时间把握不好等问题。在演讲前,最好多带几份创业计划书备用,因为也许有听众是初次听计划,他很感兴趣,那么势必要看整份的创业计划书。

在向投资者推介自己的创业项目时,要表现出自信积极的心态,以及愿意为项目所付出的巨大努力的准备。在演讲时要精准地把控语速和时间,争取在最短的时间内讲出最有价值的内容。最后,演讲的内容要准确,特别是其中的一些分析性内容。回答投资者的问题要记着"四不要":不要啰里啰唆;不要软弱回避;不要针锋相对;不要语无伦次,前后不搭。

(三)运用数据支持

大部分人都不是天生的演讲家,不要把问题说得太抽象,用翔实的数据、具体的事例和故事进行讲述,展示清晰的故事叙述能力,才会更加吸引投资者。

运用数据,明确告诉投资者企业的目标用户是谁,项目将会怎么做,为什么在同行业中比其他创业者更优秀,同时再给投资者提供一份详细准确的财务预测。虽然说数据略显枯燥,但数据才是最准确、最吸引人的描述。

(四)展示个人素质

投资者首先要求创业者有聆听别人的能力,如果创业者认为自己的项目不可一世,听不进别人的意见,在推介自己的计划书和项目时只顾自己而不顾投资者的感受,这样创业者及其项目都很难受到投资者的青睐。同时,创业者要诚实地回答投资者的问题,从而建立投资者对创业者的信任。

(五)把握投资者的兴趣

在推介创业计划书之前,创业团队应该了解投资者的喜好,尽量多地搜集内部信息。比如,他们是关注长远目标还是关注当前财务状况,他们关注创业者的什么特质等。再如,有资料显示,关注IT的投资者一般都喜欢新产品和新服务。因此,创业者要尽量了解投资者的兴趣,如果能在推介时利用好这些,可以给投资者留下深刻印象。如果创业团队在推介前无法得到这些信息,那么在推介的过程中要注意观察,并及时进行调整。

(六)回答投资者的各种问题

在推介创业计划书时,精明的投资者往往会提出各种棘手的问题。在推介之前,创业团队最好就可能被问的问题提前做准备,尽量避免措手不及。但是如果投资者提出的问题真的是创业团队没有想到或没有妥善解决的问题,不要担心,只要记住一点:请诚实回答。诚实是企业家最重要的品质之一,如果搪塞糊弄则可能会让之前留下的良好印象大打折扣。

【案例】

从数学帝到剃头匠——哈工大校友靠剃头走上CCTV

哈尔滨工业大学数学系毕业生汤建良,在2020年2月28日的央视CCTV2《创业英雄汇》上这样描述自己的项目,"如果能有这样一种理发店,没有推销,无须等待,仅仅只需要花 10 分钟左右,帮您把头发剪短就好了,快剪这个项目,就是基于这简单而又朴素的需求下产生的。"

把 Q 发屋创业项目搬上了央视的《创业英雄汇》,但从念头萌生到项目落地,并不容易。汤建良毕业后在汽车行业做到企业中层后,跳出原来的舒适圈开启了创业生涯。他发现在深圳这样忙碌的一线城市,每个人都是行色匆匆,奋力打拼,每一分钟对于他们来说都是珍贵的。接着他去香港考察了诞生于日本的 QB HOUSE 快剪连锁品牌模式,又参加了全程七十多千米的"丝绸之路徒步挑战赛"锤炼心性,然后花了一些时间说服家人支持自己创业,再后来是找理发师、研究商业模式……2015 年 8 月,一家名为 Q 发屋的理发店在深圳市罗湖区东湖永旺超市里悄然出现了。越来越多的消费者喜欢上了 Q 发屋,这种大道至"剪"的纯粹与简洁受到了追捧,得到顾客认可的同时,快剪公司也引起专业投资人的注意。2019 年,汤建良带着这个项目参加了第一届哈工大校友创新创业大赛,在比赛中入围了央视的《创业英雄汇》。2020 年 2 月 28 日,他上了《创业英雄汇》,在短短的时间里向 8 位专业投资人及全国观众介绍 Q 发屋的模式及发展方向,现场获得联创永宣 800 万元意向投资,占股权 10%。

(资料来源:潘剑水.从数学帝到剃头匠:Q 发屋创始人汤建良[M].哈尔滨:哈尔滨工业大学出版社,2020.)

本章小结

创业计划书的目的和用途有很多,涉及的对象有三类,即创业团队内部、潜在的投资者等创业团队外部和其他相关者三个群体。虽然针对不同的读者,创业计划书的形式有所不同,但还是要包括计划摘要、企业概况、产品服务介绍、行业市场分析、市场营销策略、运营计划(生产情况分析)、管理团队介绍、财务分析预测、风险分析和退出策略等几个部分。创业计划书最主要的目的之一是要引起投资者的注意,所以,创业者一定要记住,推介的方式、方法和技巧都是为这个目的服务的。

第十章 初创企业运营管理

【学习要点及目标】

1. 了解初创企业管理概念
2. 了解初创企业运营中出现的管理问题
3. 掌握初创企业运营的管理策略

【导入案例】

艾佳生活三年做到百亿

2018年9月26日,天图资本给了艾佳生活10亿元,这是艾佳生活的B轮融资。这在近年来资本遇冷,家装行业倒闭潮、跑路潮接连发生的情况下,实属业内"一声惊雷"。当前家装行业面临的困境是:4万亿的家装产业,没有年收入超过40亿的企业。艾佳生活改变了这一现状,创立三年实现签约额超300亿元。

潘定国是一个互联网创业名人。大学毕业之后,他创办的第一家公司是明源软件公司,做房地产的ERP系统;后来又创办了一家环保公司,在互联网平台上提供解决方案;再后来创办了五格货栈,以车厘子为突破口,用互联网思维打造了一个"以发展粉丝经济为核心,以社群营销为导向"的全新电子商务品牌,创下了半小时卖出1 000份车厘子的纪录。

在一次中欧校友会上,潘定国遇到了现今艾佳生活的董事长陈俊。陈俊对他说:"你做车厘子生鲜这个领域,赛道太小了。你既懂房地产又懂互联网,我们要不要一起在房地产领域围绕家居产业做点大事啊?"陈俊的话对潘定国产生了决定性的影响。因为找准了行业痛点,用互联网思维去解决上述难题,潘定国对此颇有信心。就这样,潘定国加入了创办艾佳生活。艾佳生活究竟做什么?潘定国用一句话来概括:它是做从房子到家。房地产公司如果提供毛坯房的话,艾佳就提供室内设计和硬装;房地产公司如果提供精装房,艾佳生活就提供家具、窗帘、灯、地毯、锅碗瓢盆、拖鞋、浴巾等软装。潘定国说,这就是用户需求,艾佳就是在解决需求。用户拿到钥匙开门后,看到的是床上用品、饰品都摆好了,饭也做好了,当天就可以住进来了。用户只需要在APP里面打钩确认一下他买的套餐清单,就能够得到艾佳提供的标配化服务。

(资料来源:张福利.创新创业教程[M].西安:西安交通大学出版社,2019.)

第一节　初创企业管理概述

一、初创企业的经营管理概念

企业创业初期的首要任务是在市场中生存下来,让消费者认识和接受自己的产品。而加强经营管理可以使企业面向用户和市场,充分利用企业拥有的各种资源,最大限度地满足用户的需要,取得良好的经济效益和社会效益,使企业生存下来。此外,初创企业必须在不断发展、适应战略环境过程中及时调整和完善组织结构,优化经营管理效能,才能更好地实现企业战略目标。

经营管理是指企业为了满足社会需要,为了自己的生存和发展,对经营活动进行计划、组织、指挥、协调和控制。初创企业由于规模小、组织结构相对简单,管理层次少,部门设置也相对简单,可以通过建立综合管理部门,把相关职能组合在一起。这种简单的组织结构可以减少对人员的需求,降低企业内部的协调成本,降低企业管理的总体难度。初创企业组织建设可以依据以下六个步骤。

(一)组织结构设计

组织结构设计决定了企业组织的整体性,是企业组织活动的框架。在此基础上,各岗位各部门才可能履行各项职能,完成企业组织的使命。企业可从自身使命出发,将其所需要的职能按照一定标准进行分类,把职能的集合固化为部门,并明确部门之间的联系。

(二)流程设计

经过设计的流程应当详细地反映三大信息:(1)业务完成需要经历哪些逻辑步骤;(2)业务的各个步骤分别由谁来执行,即各个阶段的负责人或者具体操作的人员是谁;(3)业务的进行伴随哪些信息的传递,即业务流程中所伴随的信息流。流程设计的成果最终体现为一份反映上述三大信息的企业业务流程图。通过此图,操作人员能够明确地看出流程的各个步骤由谁来执行,应从谁那里获取何种信息,又应向谁提供何种信息。

(三)职权设计

职权设计使组织职权在组织中进行合理分配和控制。职权有分配,就必须有控制。否则,职权将会在失控的情况下造成组织的混乱。只有通过分配与控制两个手段的配合,才能使责、权、利有效匹配。

(四)绩效管理设计

绩效管理设计主要包括企业整体绩效、部门绩效、个人绩效和流程绩效。流程绩效是相对于部门绩效而言的,对它进行管理是实施流程管理企业的新需要。绩效管理设计的关键是要建立起绩效管理的机制,而不是单独的绩效考核方法。

(五)激励设计

企业组织的激励措施必不可少,激励不应仅仅是企业的一种临时性的奖励办法,而应制定成企业的一种制度,延续下去。有效的激励措施能提高企业员工工作的主动性和积极性,从而对企业未来的发展充满信心和期望,起到真正的激励效果。

(六)组织的调整与完善

随着初创企业不断地发展,组织要进行动态调整。企业按照战略发展的要求,建立起规范化的组织结构体系;建立起目标明确、考核到位的岗位部门职责体系,尤其是规范跨部门的主要业务流程,界定各自的责任、义务、权利以及信息传递程序,把控制导向的管理模式转变为以目标考核激励导向的管理尝试;要适当授权,初创企业创业者无法做到事无巨细、亲力亲为,必须完善企业的绩效管理体系,建立上下互通的跨部门内部沟通机制。

二、初创企业管理的特殊性

创业往往是需要"无中生有",实现从 0 到 1 的诞生。初创企业的管理则是要实现从小到大、由弱到强的蜕变,具有以下几点特殊性。

(一)以生存为目标的"生存管理"

生存是企业的基本生命线。对于初创企业来说,一切围绕生存运作,一切危及生存的做法都应该避免。最忌讳的是在创业阶段提出不切实际的扩张,盲目铺摊子、上规模,结果只能是"企者不立,跨者不行"。在创业初期,企业是机会导向的,有机会就做出反应,而不是有计划、有组织、定位明确地开发利用自己所创造的机会。这导致企业不可避免地犯很多错误,促使企业制定一套规章制度以明确该做什么,而不该做什么。所以新企业创业初期是以生存为首要目标的行动阶段。

(二)主要依靠自有资金创造自有现金流

初创期的企业主要依靠自有资金创造自由现金流。企业创业初期,需要大量的资金用于购买生产资料、机器厂房、技术研发、销售等,而该时期企业的资金来源有限,风险较大,风险承受能力也有限,产品刚投入市场,销路尚未打开或者不稳定,现金的流出经常大于流入,资金相当匮乏。而初创企业没有过去的经营记录和信用记录,因此从银行获取贷款的可能性和向投资者获取权益性资金的可能性较小,企业主要依靠创业者自己或亲戚朋友的资金资助,以解决企业的生存问题。

(三)处于"创业者亲自深入运作细节"的阶段

初创企业组织结构比较简单,创业者或核心管理者常常既是管理者,又是技术人员或市场业务员,甚至总工程师、市场部经理等。企业组织往往不正规,没有明确的分工,组织管理的层次较少,管理上基本都是直线控制指挥。事无巨细,一般要创业者直接参与决策,甚至创业者本人到第一线直接参与经营活动。创业者对经营的全过程了如指掌,才使得生意越做越精。

(四)具有较强的灵活性和创新能力

与大型企业相比,初创企业的突出优势就在于高层管理者更贴近客户,更容易感受到市场的变化,能够比大企业做出更迅速的反映,能够用小企业的反应速度来抗击大企业的规模经济。

第二节　初创企业运营的管理策略

创办一个企业只是起点,如何让企业有效运转,获得利润,才是初创企业生存的关键点。企业成长是一个动态过程,是通过创新、变革和强化管理等手段积蓄、整合并促使资源增值进而追求企业持续发展的过程。企业成长包括量的扩大和质的提升两方面,管理得当会使企业发展成为成功的企业,管理不当可能会面临倒闭的风险。

【案例】

字节跳动简史

字节跳动可以说是这两年最受关注的互联网公司之一。2021年3月12日字节跳动已经成立整整9年了,9年时间,从0开始到跻身互联网一线大厂,外界都说它是火箭一样的增长速度。而字节跳动的创始人正是在4次创业失败经历的磨炼中,带领团队在追逐梦想的道路上,不畏艰难,第5次创业造出市值110亿企业。

第一次创业:初尝互联网创业禁果

2003年之后,经历了寒冬的互联网行业开始复苏。张某某嗅到了互联网行业大发展的气息。2005年大学毕业,他就组成3人团队,开发一款面向企业的IAM协同办公系统。但产品的市场定位失误导致了创业失利,当时协同办公在中国还没有发展起来。这次创业经历让他意识到,在互联网创业需要找到一个正确的方向,并且能够抓住这个机会。

第二次创业:搜索+管理

2006年2月他进入旅游搜索网站酷讯。作为酷讯的第一个工程师,他全面负责酷讯的搜索研发,一年后成为技术高级经理,手下管理着40多人,最终担任技术委员会主席,那时候他毕业还不到两年。他在2008年离开酷讯去了微软,微软对工程的控制超过了对创意的实现,不适合特别有想法、特别有冲劲的人。

第三次创业:社交行为分析

离开微软后,他在2008年9月以技术合伙人的身份在饭否创业,负责饭否的搜索、消息分发、热词挖掘、防作弊、用户排名等后台系统方向,为社交分析储备了大量技术。饭否让他感受到了信息在人与人之间流动的价值。"组织信息+社交行为分析",这就是"今日头条"的雏形,他也就是在这时候有了做"个性化信息推荐"的想法。

第四次创业:涉足移动开发

当饭否被关闭之后,海纳亚洲希望出资由他创立一家房产信息网站。2009年10月,他开始了第一次独立创业,创办了垂直房产搜索引擎"九九房"。开始涉足移动开发,6个月时间先后推出了掌上租房、掌上买房等5款移动应用,在当时的移动互联网环境下实现150万用户,是房产类应用的第一名。他在2011年年底辞去了九九房的CEO职位,在2012年初开始筹备"今日头条"。

第五次创业:个性化推荐的实践

他把握住了移动互联网的发展趋势,"在这个前提下帮用户发现感兴趣、有价值的信息,机会和意义都变得非常大"。为此,他成立的这家公司有个很有趣的名字——字节跳动,并开发出名为"今日头条"的手机应用,成为国内增速最快的新闻客户端。2016~2017年,他短视频的牌打得超乎行业预期。现有的字节跳动旗下的抖音、火山小视频、西瓜视频,再次让业内外感叹这家公司的前瞻性眼光以及高效的执行力。

(资料来源:李伟.创新创业教程[M].2版.北京:清华大学出版社.2019.)

一、初创企业运营中出现的管理问题

初创企业要不断面对意外出现的各种问题,如顾客投诉、供货商令人不满、银行不愿贷款、员工积极性不高等。究其原因主要是管理层面出现的问题,综合分析,主要包括财务、市场、管理制度、文化建设、人力资源、产品创新等方面。

(一)财务问题

低估对现金和经营资金的实际需求是较普遍的现象,这源于创业初期创业者典型的乐观心态。实际上就是把成功的目标定得很高,而低估了对资金的需求,并且企业的产品销量越大,出现资金不足问题的可能性就越大。

企业的快速成长需要企业具备相应的资产,资产的来源主要有两种:负债和所有者权益。因为企业存在最优的负债结构,所以负债的多少取决于所有者权益的多少,进一步说,企业的增长取决于所有者权益的增长。成长的主要表现是销售额的增加,而销售额的增加又要求资产的增加,这就意味着需要更多的资金来增加资产。这样,尽管销售额的增加会为公司带来利润,但总体来看,现金流是负的,资金问题也就随之产生。虽然企业可以通过提高财务杠杆(指由于固定债务利息和优先股股利的存在而导致普通股每股利润变动幅度大于息税前利润变动幅度的现象)来满足资金的需求,但一旦负债容量达到饱和,不能得到新的资金时,就会严重制约企业的成长。

(二)市场问题

创业往往基于创新,包括向消费者推出全新的产品和服务,或对现有的产品服务进行明显的改进。一个新的产品或商业模式出现,很快就会有其他企业跟进,或者进行简单的模仿,或者予以改进和创新,初创企业就会在更短的时间内面临激烈的竞争,信息社会和市场开放使这种规律更加明显。众多竞争对手的加入,使顾客有更大的选择空间。随着新产品在市场经营时间的延长,顾客对产品的成本、价格及众多企业间竞争的情况将了解得越来越充分,竞价能力自然就会变得越来越强,此时顾客往往要求较高的产品质量或索取更多的服务项目、期待更低的价格。无疑,顾客需求层次的不断提高使成长中的企业不得不调整市场战略以赢得新顾客和维持已有顾客。

在企业自身方面,新创企业普遍是在行业内的细分市场创业与经营,随着企业规模的扩大,初期的目标市场容量将无法支撑企业快速发展,创业者必须寻求扩张。创业者一般通过地域扩张或产业延伸等途径实现扩张。企业在地域方面的扩张,往往受各地文化、法律和市场环境的影响;产业延伸则会面临多元化经营等相关的障碍。这些情况都会改变成长中的企业运作环境,环境变得复杂而且很少能够被预测,可预见性减少进一步导致了管理的复杂性。如果创业者不能很好地解决这些问题,市场的局限性就会变得明显,最终阻碍企业继续扩张与成长。

(三)管理制度问题

初创企业由于没有先例、规章、政策或经验可资借鉴,这就产生了企业的行动导向和机

会驱动,这也意味着给规章制度和企业政策所留的空间很小。这一阶段制定规章制度和政策有可能扼杀满足顾客需求的机会。但缺乏规章和政策,为了获取现金而过于灵活、采取权宜之计,又会使企业养成"坏习惯"。这种习惯持续到未来,会造成影响。没有规章和政策,企业的管理就会混乱。虽然这对初创企业而言是正常的,但却使企业非常脆弱、易受挫折,问题常常演变成危机,这种状况把管理人员变成了消防队员。企业的管理也就只能是由危机到危机的"救火"管理。企业初创期成就越大,自满程度越高,所出现的危机就越大,推动企业变革的作用力也就相应的越大。此时需要一整套规章制度来明确该做与不该做的事情。如果没有出现这种强调管理制度的情况,企业就会陷入被称为"创业者陷阱"或是"家族陷阱"的病态发展之中。美国管理学家爱迪思认为企业初创期出现的问题有些属于正常现象,随着企业的成长会慢慢解决,而有些问题则属于不正常现象,需要尽力避免两类现象,见表10.1。

表10.1 创业初期企业出现的正常与非正常现象

正常现象	不正常现象
所承担的义务没有大风险	风险使承担的义务消失殆尽
现金支出短期大于收入	现金支出长期大于收入
辛勤的工作加强了所承担的义务	所承担的义务丧失
缺乏管理深度	过早授权
缺乏制度	过早制定规章制度和工作程序
缺乏授权	创业者丧失控制权
唱"独角戏",但愿意听取不同意见	刚愎自用,不听取意见
出差错	不容忍出差错
家庭支持	缺乏家庭支持
外部支持	由于外部干预而使创业者产生疏远感

(资料来源:伊查克·爱迪思.企业生命周期[M].王玥,译.北京:中国人民大学出版社,2017.)

(四)文化建设问题

创业者的管理能力对企业成长的动机和方向影响深远,管理能力是企业持续成长的必要条件。管理能力不足是企业成长的最大障碍。企业在某个时点拥有的管理服务数量是固定的,一部分要用于目前企业的日常运作(不扩大规模);另一部分用于扩张性活动,比如开发新产品、开发市场。假定企业的管理队伍不变,在这种条件下,企业成长所需的新增管理服务来自两个途径:(1)随着组织结构的调整,工作程序化的增强,管理服务出现盈余,从而给企业带来持续的增长;(2)所谓"学习效应",由于管理者越来越熟悉企业的经营活动,使其可以在不降低现有工作质量的前提下,以管理服务来支持企业成长。因此,如果管理企业当前事务所需的管理服务与企业规模成一定比例,而且企业扩张所需新增管理服务与扩张规模也成一定比例,则企业只能按照这一固定比率成长,否则就会出现管理危机,影响效率。

（五）人力资源问题

在企业规模很小、经营业务比较简单的情况下，仅仅依靠经营者个人的努力就可以支撑起企业的运转。但是，当企业规模扩大、经营活动范围扩展、组织层次增多之后，仅仅依靠经营者个人的力量绝对不够，必须依靠企业全体员工的共同努力。大多数创业活动都是群体贡献的结果，多数创业伙伴与创业者一同创业，有时一些合作者可能并没有直接参与企业的创建与运营，他们在企业外部提供了很多的支持。创业元老的观念和技能无法适应企业发展的要求，但因为占据决策岗位制约了企业人力资源建设与管理问题；也有因为在创业初期没有明确的书面合作协议，对企业成长缺乏规划，进而在扩张过程中出现了利益冲突等方面的问题；还有由创业元老组成的创业团队成员在企业发展方向及重大经营决策等方面存在严重分歧而引发的创业团队裂变问题等。

（六）产品创新问题

创新是推动企业成长的主要动力。企业创立之后，创业者关注的核心问题是销售和生存，他们将大部分的精力和资源都投入到市场的拓展上，初期创新的推动力量会随消费者熟悉程度的增强和竞争对手模仿行为的增多而减弱，在缺乏资金、技术、人力资源和组织保证的情况下，中小企业的创新业绩会减弱，与竞争对手的模仿行为相比，由组织机制带来的改善随着企业的快速成长而显得力不从心。生存的压力迫使初创企业更加注重行动而非战略思考，甚至许多人认为新创企业和中小企业没有也不需要战略。事实上，缺乏创新是制约企业成长的关键因素。

二、初创企业管理的技巧和策略

初创企业往往处于高风险期，抵抗内、外部风险的能力都很弱。因此，企业在创业初期管理的主要任务是设法存活，管理的策略主要有以下几方面。

（一）财务管理

只有消费者、股东、银行、员工、社会、合作伙伴六者的"均衡收益"，才是真正意义的"可持续收益"；只有与人民大众命运关联的事业，才是"可持续的事业"。初创企业的人力、财力、物力资源相对匮乏，要注重借助别人（既包括竞争对手，也包括合作者）的力量帮助自身发展壮大，财务管理便显得尤其重要。创业者应当树立财务管理的观念，包括货币时间价值观念、效益观念、竞争观念、风险观念等。无论是创立很小的企业还是比较正规的企业，创业者都必须把握企业经营运作的财务状况，必须参与有关财务管理的决策。制定财务决策时，应注意掌握资金运动规律，不断更新方法、充实内容，注意收益与风险的权衡，研究资金成本和目标资本结构，关注理财所涉及的法律问题，还要注意通货膨胀对企业的影响，学习先进的理财理论方法，确保财务安全。

（二）营销管理

从创业的第一天开始，创业者必须不停地思考以下问题：谁是我们的顾客？我们通过什么方式吸引顾客？顾客为什么选择我们的产品而不是竞争对手的产品？考虑到有限的资源，创业者必须寻找到一个足够有吸引力和差异化的市场，发挥自己独特的优势，拓展足够的成长空间，从而在激烈的竞争中站稳脚跟。在目标市场中找到独特的价值定位非常关键。市场定位并不是仅仅从产品出发寻找差异，而是在目标顾客心中建立自己和竞争对手的区别，与其他企业严格区别开来。在营销工作中，要坚持加强市场研究，讲究市场策略，重视市场投资,完善营销机制。创业初期的销售有时甚至是不赚钱的,为了吸引顾客从消费其他公司的产品和服务转移到自己的产品和服务上,即使不赚钱甚至赔钱也卖。所以创业初期的销售收入增长很快,但由于成本增加更快,加上价格往往在成本附近,所以出现销量很大但却没有利润的困境。随着企业逐渐成熟,对已有的销售行为进行规范,对客户进行筛选和细化管理,对产品售前、售中、售后整个过程进行监控,整合所有销售相关的资源,把销售工作当成经营来做,逐步使销售收入与利润实现同步增长。

(三)制度管理

初创企业要从被动型管理向自主化管理转变,让企业成为管理的主体。公司内部要建立质量、财务、安全等内部审计制度,形成自我检查、自我整改、自我完善、自我发展的机制,调动员工的积极性和主动性,发挥员工的智慧和潜能。企业内部管理要从计划经济模式向市场经济模式转变,从封闭型管理向与时俱进现代管理转变,并密切注意吸取先进的现代管理的信息,不断进行管理制度创新。初创企业的发展不会一帆风顺,总会遇到磕磕碰碰,现在看似驱动力的因素或许在以后会变成阻力,所以若想长久发展,还要结合自身的情况具体问题具体分析,及时改变经营策略和制度建设。确立制度,善加管控,建立能干、专业的管理团队,拟定完善的科技策略,寻找并保持企业的竞争优势,创建能够随机应变的弹性组织,才能有效地管理企业的成长。企业管理的每一个环节都应有明确的制度规范,以保障整体发展质量。

(四)文化建设

越来越多的初创企业昙花一现,其中很大程度在于企业文化建设出了问题。美国管理行为学著名专家约翰·科特及赫斯克特表示:企业文化对企业长期的经营业绩具有重大影响,其作用不仅仅是促进业绩增长,还能使企业获取更多的直接利润。初创企业的文化建设应该从以下几点着手。

(1)员工关系简单化,减少层级之分可以保持信任和简单的合作氛围,最大程度减少内损,集中力量经营业务。阿里巴巴在创建过程中就形成了十分鲜明、独特的企业文化,即"可信、亲切、简单"。

(2)组织结构扁平化,员工排除职位晋升的欲望打扰,更加专注在自己的工作岗位上,争取把事做到高效和极致。小米设立组织结构是联合创始人、部门主管和部门员工三个层级。

(3)员工身份荣誉化,一家有企业文化灵魂的公司,员工通常会对公司充满归属感和自豪感,进而产生正向激励作用。

(4)员工培训常态化,初创企业员工对企业文化的认识没有概念或比较模糊,因此必须将企业文化培训作为重要环节纳入员工培训中,以座谈、演讲或是团建活动等方式让每一个员工都能去认识、接受和跟随执行,把企业文化建设渗透到日常员工的工作当中。

(五)人力资源管理

人力资源管理基本上反映了不同类型人才整合的合理性,主要包括人才整合、搭配比例、培训、激励和成长机制的设置。创业初期机构精简、决策自主、反应灵敏、工作效率高,尤其是在用人机制上,创业企业有充分的用人自主权,能够吸引大批的人才加盟。创业初期热情高涨的情绪能影响团队的整体奋斗氛围。初创公司为了能够获得源源不断的人才资源,除了从外部招聘人才以外,更需要持续培养现有员工成长,在企业内部营造一种继续学习的气氛,所有成员都愿意准备承担新的、不同的、更重大的责任,并把这看成是理所当然的事。成长的机会使员工感到安全,不同员工对成长机会的需求不同,或者是晋升,或者是工作丰富化。员工的安全感来自他们在学校或工作中掌握的各种技术与能力,企业为员工提供的学习技术和能力的机会越多,就越能鼓励员工去学习,同时企业为员工提供的保证未来安全的帮助也就越大。

创业企业需要为人才的发展提供良好的环境和优厚的待遇,使员工有机会分享企业的成功。有竞争力的工资收入、利润、良好的工作条件以及健康保险等是保障初创企业人员稳定的重要因素,因为员工需要承担企业破产的风险,企业有义务为员工解除后顾之忧。良好的工作环境还包括一些不十分明显的特征,如为员工提供明确、持续的指导,并为他们提供开展工作所必需的各种资源。让员工分享企业的成功可以采用利润分享计划,即让员工持股,可以根据需要随时兑换成现金,就是一种很好的让员工参与利润分享的办法。

(六)产品设计方法

一些著名的国际公司如IBM、宝洁、惠普等都在实施供应链生产管理模式。供应链生产管理强调企业必须和其他企业建立战略合作关系,巩固和发展自己的核心能力和核心业务,利用自身优势资源,通过技术程序的重新设计和业务流程的快速重组,做出具备特殊价值的、具有长期竞争力的核心产品。企业要注重变革和创新,善于把握变革的切入点。现代企业所销售的产品概念和以往已经有了很大不同,不再是传统的"物品",而是涵盖了服务、产品、个性等多方面的内容。美国经济学教授菲利普·科特勒提出"整体产品"的观点,认为整体产品分为五个层次:核心产品、形式产品、期望产品、附加产品、潜在产品,每个层次都注重顾客价值及创新性。创业者需要从"整体产品"的高度来看待企业生产的产品和提供的服务,清晰地看到自己产品满足客户需求的程度,并为产品创新提供方向指导。面临激烈的市场竞争,企业应从实际出发,将自身优势与社会需求相结合,让产品与目标市场定位无缝对接,市场细分对于企业产品定位具有重要意义。

总之,对创业初期的企业管理而言,没有规范化、标准化的管理方式,只有经过大量的实践后,才能结合企业实际情况,形成符合自身特点的管理风格。创业不是一个人的行为,塑造愿景,沟通与宣扬愿景,说服他人共同追随愿景,是创业领导人的重要职责。创业构想并不难产生,但实现创业构想却需要创业者能够坚持信念,以科学的管理策略为企业生存发展保驾护航。

本章小结

本章分别介绍了初创企业管理及其运营中管理的策略,并分析初创企业容易出现管理困境的原因,进一步梳理出管理模式中客观和主观存在的管理问题,从而提出科学性的管理方案。通过本章内容学习,希望读者能够掌握初创企业的生存管理知识,进而解决初创企业"活下来"的问题。

附录　大型模拟沙盘

沙盘一：企业风险评估类沙盘——风险投球

【学习要点及目标】

1. 理解创业风险无处不在，风险与利益并存
2. 初步了解创业风险的来源和分类，并科学地处理风险

1. 沙盘简介

创业风险是来自与创业活动有关因素的不确定性。在创业过程中，创业者要投入大量的人力、物力和财力，要引入和采用各种新的生产要素与市场资源，要建立或者对现有的组织结构、管理体制、业务流程、工作方法进行变革。这一过程中必然会遇到各种意想不到的情况和各种困难，从而有可能使结果偏离创业的预期目标。

"风险投球"游戏通过组织学员分组进行风险投掷，引导其产生对风险的感知，初步认识风险的内涵。

2. 课程时长

本次沙盘建议 1 课时，按 50 分钟/课时计算。

3. 课程形式

以沙盘游戏的形式进行，授课教师将学员分组，每组 6~8 人，小组安排组员参加风险投掷，以团队总分形成竞争。此游戏比较轻松简单，互动娱乐较强。

4. 沙盘规则

沙盘课堂以 6 组为例进行。

(1) 规则与概要。

➢ 团队按照授课教师指令，通过抽签或猜拳等多种方式，选择小组顺序 1 至 6 组。

➢ 最远投掷位和篮子之间的距离约为 3 米，共分 10 个等距，每个等距为一个投掷位，对应相应的分数。

➢ 参与者站位基本与地面垂直，双脚不能离地，不能过度前倾。

➢ 正式投掷前，参与者可进行 3 次试投，不计成绩，以判断自己的手感。

➢ 正式投掷共投四轮，每轮三个球。

➢ 前两轮，可以 1 人投 3 次，也可以 3 人投 3 次。第 3、4 轮，每队只能指定 1 名选手投球，1 人投 3 次。每轮投球，小组出场顺序依次是 123456、654321、364512、521643。

➢ 第 2 轮结束后，给 3 分钟时间休息；第 3 轮结束后，给 3 分钟时间休息。

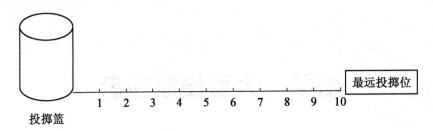

附图 1.1　投掷操示意图

(2) 胜负规则。

▶ 每次投球得分均为有效分,具体分值见附图 1.1,得分累计最高团队获胜。

▶ 球弹出框外不计分。

5. 沙盘推演(附表 1.1 和 1.2)

附表 1.1　沙盘推演

时长	主题	主要内容
5 分钟	破冰分组及规则讲解	分组,确定投球选手;规则、胜负标准讲解
2 分钟	沙盘试验	参与者自愿试投,每人最多 3 次
30 分钟	沙盘体验	前两轮风险投球 休息讨论(根据前两轮情况,确定第 3 轮投掷选手) 第 3 轮风险投球 休息讨论(根据第 3 轮情况,确定第 4 轮投掷选手) 第 4 轮风险投球
3 分钟		计算团队总分,小组讨论总结
5 分钟	沙盘反思	团队分享 1. 承担风险前要问的问题 这个目标值得去冒风险吗? 那些资源如何有助于最小化风险? 在决定承担风险前需要什么信息? 在承担这个风险时最担心的是什么? 承担风险能使创业者获得什么? 2. 风险情境的分析过程
5 分钟	沙盘改进	授课教师总结

附表 1.2 风险投球计分表

分组	球 1		球 2		球 3		小计	球 1		球 2		球 3		小计	合计
	1轮	2轮	1轮	2轮	1轮	2轮		3轮	4轮	3轮	4轮	3轮	4轮		
组															
组															
组															
组															
组															
组															
组															
组															
组															
组															
组															
组															
组															

沙盘二：团队精英管理类沙盘——沙漠掘金

【学习要点及目标】

1. 了解团队形成及发展，从而激发团队动力
2. 破译团队关系密码，创新团队管理艺术
3. 创造团队共同的理想，构建凝聚力、战斗力和执行力
4. 创造个人和团队生产力，实现自我价值，增进经营绩效
5. 打造卓越团队的执行力与行动意识

1. 沙盘简介

"沙漠掘金"沙盘是从加拿大 Eagle's Flight 公司引进的经典体验式培训课程，已被清华、北大、浙大、复旦、交大等多家学府列入 EMBA 课程，可口可乐、飞利浦、联想、上海汽车集团等多家公司也将其列为核心内训课程。学员将通过团队游戏来学习如何观察团队动力，做好团队导航，建立信任、分配角色、相互支持以共同达到目标，培养每个学员带领团队达成目标的能力。

2. 课程时长

本次沙盘建议 4 课时，按 50 分钟/课时计算，共 200 分钟。

3. 课程形式

以游戏和情景模拟演练的形式进行，每组 6~8 人，以小组协作的形式竞争，挖掘出团队内部存在的根本问题，并试图找出相应的解决方法，是一种高度深入体验的课程。

4. 沙盘规则

这是一场勇敢者的游戏。你需要和你的团队同进退，进入神秘、浩瀚的沙漠，到大山挖金子，目的只有一个，就是挖掘到更多的金子。

(1) 规则与概要。

➢ 整个探险共有 25 天时间，25 天内必须返回大本营，否则视为"死亡"，一旦返回大本营，则不允许再出大本营。

➢ 获胜的标准是金子以及剩下物资换来钱最多的小组。

➢ 每天的时间为 2 分钟。

➢ 探险开始前会有大约 20 分钟来做计划和讨论。

➢ 每一队伍均以 1 000 元的投资本金开始游戏，由授课讲师提供，全过程利息是 25%，在第 25 天需要归还，连本带息 1 250 元。

➢ 每个团队有一只骆驼，负重 1 000 磅（约 453 千克），不可超负重。

➢ 探险过程会遇到 6 种地形，分别是大本营、沙漠、绿洲、王陵、村庄、大山。每天可以向前移动一个方格，也可以选择原地不动。

➢ 每天都会消耗水和干粮，一直到回到大本营。返回大本营后不再消耗水和干粮。

➢ 只能在大本营或村庄采购物资。

➢ 每个地形每天的天气也是不同的，有 4 种天气，分别是晴天、高温、沙尘暴、沙风

暴加高温。
➢ 不同天气会消耗不同的水、干粮和物品。
➢ 王陵很神秘,可能会给你带来好运,也可能带来厄运。
➢ 到达大山当天即可开始开采金矿。
➢ 允许与其他团队交易。谈判,筹借物资等事宜,需双方在同一格中,才可以进行。
➢ 谈判时,要主动向授课教师请示,经核准后,可以谈判并筹借物资,时间3分钟,过时不候。筹借成功,需告知授课教师协调配备物资和配重。
➢ 浪费交易时间会让你们的团队失去向前移动的机会。
➢ 在团队交易前,请确定团队的意见是一致的。
➢ 团队人员各司其职,不允许进行其他职位代替行使职责。
➢ 所填文字资料一定要准确、完整、及时。
➢ 可提问与天气有关问题最多3个,提出有效问题(可以获得解答的),可以获得在大本营停留的时间,每个问题可以停留1天,也可选择不停留。
➢ 每一步必须是团队的决策。
➢ 这不仅仅是一个游戏。
➢ 第一个规则:探险总领队(授课教师)永远是对的。
➢ 第二个规则:如果他们有错误,请重读第一个规则。
➢ 关键提示:计划气候及天数,必需品(水和干粮)和物资;王陵允许抽取运气卡一张,但需要停止一天。
➢ 注意:机遇与风险并存。

(2)团队角色与任务分配(附表2.1)。

附表2.1 团队角色与任务分工

团队角色	主要任务
CEO(首席执行官,即队长)	队长是整个队伍整体的决策者,引领整个队伍走向团队目标和胜利,填写"沙漠掘金"计划与实际表①
CFO(首席财务官)	精确计算财务、负重、时间、天气……一切可知及不可知的因素,填写"沙漠掘金"日程跟踪表⑤,最后填写"物品清算单③"
CMO(首席营销官)	负责向主交易员交易供应品,负责与其他团队交易供应品。带着相应的文字资料和各种卡片在上述两者间协调采购,并填写"订货单②"
CIO(首席信息官)	跟踪供应品的使用情况,即时填写"物资跟踪记录表④",根据供应状况给予团队决策建议
CPO(首席公关官)	负责谈判,观察其他团队,定计划、定战术、定战略,以帮助团队做出有效决定
CHO(首席人事官)	提升团队凝聚力,解决团队人际冲突,所有与人有关的事情,都由其处理
COO(首席运营官)	制定企业长远战略,负责确定每天的路线,辅助CEO的工作
CXO(首席惊喜官)	救火兵、执行者、捣乱的、资深顾问……可能是一切的一切

(3)胜负规则。

25 天内活着回来;现金最多者获胜。

金子兑换规则:

第一支返回的探险队带回的金子,每磅可以兑换 100 元;

第二支返回的探险队带回的金子,每磅可以兑换 90 元;

第三支返回的探险队带回的金子,每磅可以兑换 85 元;

第四支返回的探险队带回的金子,每磅可以兑换 80 元;

第五支返回的探险队带回的金子,每磅可以兑换 75 元;

……

以此类推。

5. 沙盘推演(附表 2.2)

附表 2.2　沙盘推演

时长	主题	主要内容
10 分钟	破冰分组	探险小队分组、沙盘学习介绍
20 分钟	规则讲解	沙盘规则讲解、胜负标准讲解
30 分钟	团队决策	路线、计划与资源配置的讨论与决策
60 分钟	沙盘体验	第 1~25 天掘金之旅 1. 每天 COO 确定团队路线(用纸条贴在相应位置) 2. 授课教师宣布不同地形的天气 3. CMO 上交消耗水和干粮 4. 团队确定当天挖金、抽卡、补给等活动 5. CMO 购买补给,需填写订货单 6. 结束的团队上交表③
30 分钟	团队讨论总结	
30 分钟	沙盘反思	团队分享 1. 业绩盘点 2. 各团队队员自评 3. 各团队分享 卓越团队特征总结 职责履行情况总结 目标设定情况总结 团队沟通情况总结 ……
20 分钟	沙盘改进	授课教师总结

6. 沙盘用表(附表2.3 – 2.7)

附表2.3 "沙漠掘金"计划与实际汇总表①

队名：

	食物（篮）	水（罐）	帐篷（次）	指南针（个）	金条数量（根）	金条销售额（元）	其他收入（元）	总盈余（元）
计划情况								
实际情况								

团队分工：

职务	CEO	CFO	COO	CIO	CPO	CHO	CMO	其他
人员								

CEO——全面负责(表1)　　　　CFO——负责企业财务(表5)
COO——负责指定路线　　　　CIO——负责分析形势(表4)
CPO——负责谈判　　　　　　CHO——调配人员、监督每人职责
首席市场官(CMO)——负责购买补给、消耗(表2、3)

希望咨询的三个问题：

咨询问题一	
咨询问题二	
咨询问题三	

附表2.4 订货单(表②)

企业名称

天　数

第1张

购买物品	数量	单价		费用合计	重量	重量合计
		大本营	村庄			
水		25元	50元		50磅	
干粮		10元	20元		10磅	
帐篷		400元	N/A		60磅	
指南针		100元	N/A		10磅	
				费用总计		重量总计

交给授课教师

附表2.5 物品清算单(表③)

企业名称

物品清算单(表3)

物品名称	数量	单价	该物品价值
水		0元	
干粮		10元	
帐篷		0元	
指南针		100元	
现金	—	—	
所得黄金			
总价值			

交给授课教师

附表 2.6　物资跟踪记录表④

天数	水		干粮		帐篷		指南针		负重
	使用	剩余	使用	剩余	使用	剩余	使用	剩余	剩余重量
出发前									
1									
2									
3									
4									
5									
6									
7									
8									
9									
10									
11									
12									
13									
14									
15									
16									
17									
18									
19									
20									
21									
22									
23									
24									
25									

附表2.7 "沙漠掘金"日程跟踪表⑤

		进行天数	1	2	3	4	5	6	7	8	9	10	11	12	13	14	15	16	17	18	19	20	21	22	23	24	25	合计
		库存数																											
地点	大本营																												
	沙漠																												
	绿洲																												
	村庄																												
	王陵																												
	大山																												
天气情况	晴天																												
	高温																												
	沙尘暴																												
	高温+沙尘暴																												
	迷路—晴天																												
	迷路—高温																												
	迷路—沙尘暴																												
	迷路—高温+沙尘暴																												
资源消耗表	食物																												
	水																												
	帐篷																												
	指南针																												
	金条																												
	旅途中交易情况																												
	负重测算（磅）																												

沙盘三：企业运行周期类沙盘——商业游戏 1

【学习要点及目标】

1. 了解基本企业周期(增值和盈利)
2. 学会做出财务决定，制定最佳现金使用计划(解决投资企业和家庭生活需要之间的冲突)
3. 学会管理现金流动
4. 学会使用基本的簿记
5. 学会应对风险

1. 沙盘简介

SYB(Start Your Business，创办你的企业)商业游戏 1 是一种场景，模拟企业基本循环周期，在培训教室中提供经营一家企业的"实际"经验，让学员做出决定和应对这些决定带来的后果，而这一切都是在学员在实际操作企业时必须要做到的。游戏寓教于乐、循序渐进给人以新的感受，并学习到很多有用的知识。

2. 课程时长

本次沙盘建议 2 课时，按 50 分钟/课时计算，共 100 分钟。

3. 课程形式

以模拟经营企业游戏的形式进行，每组 6~8 人，视为一个企业，小组协作的形式竞争，每名组员都需要全身心的投入和参与，深入参与和体验游戏。

4. 沙盘规则

课堂以 3 组为例，视为红、蓝、绿三组，每组视为生产制造帽子企业，模拟企业一个月的生产经营活动。

(1) 规则与概要。

➢ 每组都得到 160 元贷款，在 29 日要偿还这笔贷款和利息 25%。各组从租房开始运作并于 27 日付 100 元租金。

➢ 每组从张纲的批发店购买原材料，回收的原材料必须无折痕且完好无损。

➢ 每组将其成品卖给李玉收购店，对于李玉想买多少帽子没有限制，但质量很重要。

➢ 授课教师担任银行经理、李玉、张刚、借钱的亲戚、零售商的顾客。

➢ 考虑到企业在运营中存在风险，则在第三周和第四周的周二向各企业发放具有风险的"情景卡"，各组需要按照"情景卡"提示的内容承担相应风险。

➢ 考虑到企业员工的需要，各组每周六需要到小镇的"诚信超市"购买商品，每周至少购买一件商品。

➢ 如遇到企业纠纷，可以到法院(授课教师)提起诉讼；如遇企业面临倒闭，可以给予最多 5 分钟的企业自救，或向其他组求救。

➢ 每周的活动为：

- 周一:各组从张纲的批发店购买原材料,每份40元,货到付款。
- 周二:各组生产帽子,同时还使用场景卡,从第三周开始一直用下去。如果哪个小组按照场景卡出借资金,该组就要推动轮转。
- 周三:各组向李玉出售其产品。李玉为每个有质量保证的产品付80元。
- 周四:各组收回所有欠款。
- 周五:各组定计划。
- 周六:购物日。所有的东西都从诚信超市购买。
- 周日:各组休息。不允许做任何事,否则没收资金1元。
- 每天活动时间2分钟,时间到即停止行动,否则没收资金1元。

(2)团队角色与任务分配(附表3.1)。

分工明确,各司其职,授课教师可根据每组的人数确定生产经理数量。

附表3.1 团队角色与任务分工

团队角色	主要任务
CEO(队长)	整个队伍整体的决策者,引领整个队伍走向胜利,填写企业计划报表(表①)
财务总监	精确计算财务,记录账单(表②)
采购经理	负责到原材料、生活物资等采购,记录采购数额(表③)
生产经理	负责生产经营,叠帽子
质量总监	把控质量关,检查出厂帽子质量
销售经理	负责帽子销售,卖给李玉,记录销售数额(表③)
其他职工	解决团队人际冲突,观察其他团队,帮助团队做出有效决定

(3)制作帽子标准(附图3.1)。

➢ 帽檐是2厘米,含帽檐接口处,误差需要控制在1毫米之内。
➢ 帽子直径为2厘米。
➢ 帽子需要坚固,没有质量问题,通过摔击,不会散开。
➢ 标准帽的原材料是特殊材质,需要将证明是特殊材质的原材料明显体现出来。(为了防止原材料混杂,在原材料一角盖有印章,帽子需将印章露在外面)。
➢ 凡是不符合上述标准的帽子,均为残次品,一旦检验出残次品,则当场销毁。

(4)胜负规则。

➢ 存活的小组,计算其利润,按照业绩排序。若金额相同,按照实际业绩与计划最接近者排序。
➢ 失败的小组,按照失败的时间顺序排序。

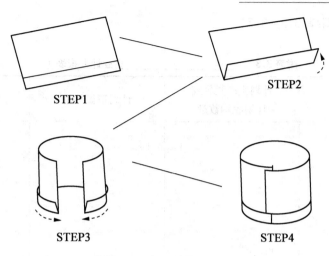

附图 3.1　帽子的叠法示意图

5. 沙盘推演(附表 3.2)

附表 3.2　沙盘推演

时长	主题	主要内容
5 分钟	破冰分组	分组和介绍游戏目的
10 分钟	规则讲解	道具、游戏规则、胜负标准讲解
10 分钟	团队决策	制订报表计划,确定企业分工等
40 分钟	沙盘体验	各组在授课教师的指导下,按照附表 3 进行生产经营活动
10 分钟		各组计算业绩,小组讨论总结
15 分钟	沙盘总结	团队分享 1. 关于销售:卖多少,赚多少,原因,经验或教训 2. 关于生产:产量和质量 3. 关于资金:计划合理,现金管理,记账清楚 4. 关于利润:计划、生产、销售、利润的关系 5. 关于风险:有无考虑意外事件,如何规避风险
10 分钟	沙盘反思	授课教师总结

6. 沙盘用表(附表3.3 – 3.5)

附表3.3 　　　　　　　　企业计划报表①

企业名称	计划生产数量或 计划收购数量	计划销售数量	纯利润

队员签字
CEO：　　　　　　　　　　　财务总监：
采购经理：　　　　　　　　　生产经理：
销售经理：　　　　　　　　　质量总监：
人事总监：　　　　　　　　　其他职工：

附表3.4　记账单(表②)

日期	摘要	现金				银行存款			销售收入	成本
		流入	留出	结余	存入	存入	取出	结余		
1										
2										
3										
4										
5										
6										
7										
8										
9										
10										
11										
12										
13										
14										
15										
16										
17										
18										
19										
20										
21										
22										
23										
24										
25										
26										
27										
28										
29										
30										

附表 3.5　企业周期示意图（表③）（左侧表格修改）

	星期一	星期二	星期三	星期四	星期五	星期六	星期日	存款收支平衡
	采购	制造/情景卡	销售	收款/还款	计划	消费	休息	
一周				1号 从银行贷款	2号 企业家庭经营消费存款	3号	4号	+/− =
二周	5号 ___顶， 金额___	6号	7号 ___顶，金额___ ___顶，金额___ ___顶，金额___	8号	9号 企业家庭经营消费存款	10号	11号	+/− =
三周	12号 ___顶， 金额___	13号	14号 ___顶，金额___ ___顶，金额___ ___顶，金额___	15号	16号 企业家庭经营消费存款	17号	18号	+/− =
四周	19号 ___顶， 金额___	20号	21号 ___顶，金额___ ___顶，金额___ ___顶，金额___	22号	23号 企业家庭经营消费存款	24号	25号	+/− =
五周	26号 ___顶， 金额___	27号 房租 100元	28号 ___顶，金额___ ___顶，金额___ ___顶，金额___	29号 偿还银行贷款	30号			+/− =

销售总计：顶数_____ 金额_____

计算手中现有全部现金_____元 +
提出全部存款_____元
＝本月总收入_____

沙盘四：企业成本及运用类沙盘——商业游戏2

【学习要点及目标】

1. 学会市场营销（预测需求和供应）
2. 了解存货管理（规划适当的存货）
3. 学会采购（规划采购数量、谈判采购价格和条件）
4. 成本核算（了解直接成本和间接成本，以便定价）
5. 学会做企业计划

1. 沙盘简介

在市场环境下，供需关系非常重要，市场供求与价格息息相关，销售供给量与需求决定价格，价格影响生产供给量，从而对企业运营产生影响。

商业游戏2"需求与供给"是一种场景，在培训教室中分别提供经营一家零售商企业和两家生产商企业的"实际"经验，体会市场供需关系和企业运营成本，使学员了解创办和经营一家成功企业的真实场景。采取能促进学员高度参与的游戏，并通过游戏展示学习的要点，增强学员对学习要点的了解和记忆。

2. 课程时长

本次沙盘建议2课时，按50分钟/课时计算，共100分钟。

3. 课程形式

以模拟经营企业游戏的形式进行，每组6~8人，视为一个企业，小组协作的形式竞争，每个组员都需要全身心的投入和参与，深入参与和体验游戏，体验销售技巧以及谈判艺术。

4. 沙盘规则

课堂以3组为例，视为红、蓝、绿三组，红组视为零售商，蓝组和绿组视为帽子生产商，模拟一个月的企业生产经营活动。

（1）规则与概要。

➤ 起步资金是100元，可以本月第一天向银行申请200元贷款。如果申请贷款，月底29日连本带息还给银行250元。

➤ 每周六支付员工工资是100元（支付给银行由银行代发）。

➤ 各组从租房开始运作并于27日付100元租金。

➤ 每组从张纲的批发店购买原材料，回收的原材料必须无折痕且完好无损。

➤ 所有质量不合格的帽子均当场销毁。

➤ 授课教师担任银行经理、李玉、张刚、市场收购商。

➤ 每个月的17日是发工资的时间，这意味着第四周小镇的居民钱最多，而第三周则可能几乎没什么购买能力。

➤ 零售商确定每周市场帽子价格和需求量，各组注意利用好"供需图"。

➤ 零售商收购帽子的价格和数量，由谈判专家来确定。

➤ 如遇到企业纠纷，可以到法院（授课教师）提起诉讼；如遇企业面临倒闭，可以给予最多5分钟的企业自救,或向其他组求救。

➤ 每周的活动为:
- 周一:生产商从张纲批发点批发材料,40元/张,时长2分钟。
- 周二:生产商生产帽子,零售商制定计划,时长2分钟。
- 周三:生产商销售帽子,零售商购买帽子,李玉收购(30秒);赊销市场收购,总计时长2分钟。
- 周四:零售商销售帽子,生产商收回货款,时长2分钟。
- 周五:零售商悬挂"供给与需求"确定下周市场状况,各组做计划,谈判专家谈判,时长2分钟。
- 周六:各组支付100元工人工资。
- 周日:休息。

➤ 每天活动时间到了,立即停止行动,否则没收资金1货币单位。
➤ 生产商销售给零售商的帽子货款,要等到周四零售商销售帽子后收回。

(2)团队角色与任务分配(附表4.1)。

分工明确,各司其职。零售商不需要生产经理,生产商可根据情况确定生产经理数量,可兼职。零售商需要两名谈判专家,分别对应两家生产商。谈判过程其他成员不得参与。

附表4.1 团队角色与任务分工

团队角色	主要任务
CEO(队长)	整个队伍整体的决策者,引领整个队伍走向胜利,填写企业计划报表(表①)
财务总监	精确计算财务,记录账单(表②)
采购经理	负责到原材料、帽子等采购,记录采购数额(表③)
生产经理	负责生产经营,叠帽子
质量总监	把控质量关,检查帽子质量
销售经理	负责帽子销售,卖给李玉、零售商、赊销市场、收购商,记录销售数额(表③)
谈判专家	负责与零售商进行谈判,解决团队人际冲突
其他职工	观察其他团队,帮助团队做出有效决定等

(3)制作帽子标准(附图4.1)。

➤ 帽檐是2厘米,含帽檐接口处,误差需要控制在1毫米之内。
➤ 帽子直径为2厘米。
➤ 帽子需要坚固,没有质量问题,通过摔击,不会散开。
➤ 标准帽的原材料是特殊材质,需要将证明是特殊材质的原材料明显体现出来(为了防止原材料混杂,在原材料一角盖有印章,帽子需将印章露在外面)。
➤ 凡是不符合上述标准的帽子,均为残次品,一旦检验出残次品,则当场销毁。

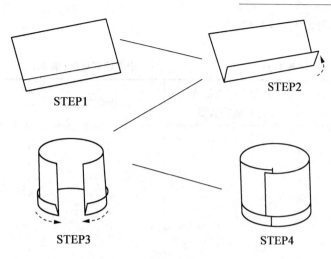

附图4.1 帽子的叠法示意图

(4)胜负规则。

➤ 存活的小组,计算其利润额,按照业绩排序。若金额相同,按照实际业绩与计划最接近者排序。

➤ 失败的小组,按照失败的时间顺序排序。

5. 沙盘推演(附表4.2)

附表4.2 沙盘推演

时长	主题	主要内容
5分钟	破冰分组	分组和介绍游戏目的
10分钟	规则讲解	道具、游戏规则、胜负标准讲解
10分钟	团队决策	制订报表计划,确定企业分工等
40分钟	沙盘体验	各组在授课教师的指导下,按照附表3进行生产经营活动
10分钟	各组计算业绩,小组讨论总结	
15分钟	沙盘总结	团队分享 1.关于销售:月销售金额、产品数量、利润 了解供需关系很重要。对你的产品有需求才能形成销售。制订任何计划都必须考虑市场的准确信息 2.关于资金:计划合理,现金管理,记账清楚 3.关于存货控制:考虑市场需求 4.关于生产商:如何与零售商谈判,如何签订合同,生产商之间有哪些有效合作,为什么一个生产商会比另一个盈利更多 5.关于零售商:面对波动的市场需求如何制定销售战略,使用供需图的目的,与生产商之间的沟通合作是否有用,每周获得了最佳价格了吗,利用第四周的潜在优势了吗
10分钟	沙盘反思	授课教师总结

6. 沙盘用表(附表4.3-4.5)

附表4.3 ＿＿＿＿＿＿＿＿＿＿企业计划报表(表①)

企业名称	计划生产数量或 计划收购数量	计划销售数量	纯利润

队员签字

CEO：　　　　　　　　　　财务总监：
采购经理：　　　　　　　　生产经理(零售商不需要填)：
销售经理：　　　　　　　　质量总监：
人事总监：　　　　　　　　其他职工：
谈判专家(零售商需要2名)：

附表 4.4 记账单(表②)

日期	银行存款、现金收支明细表				支出明细	成本、费用支出明细表					
	经济业务内容	期初余额	流入	流出	余额		原材料	消费支出	意外支出	贷款利息	房租	合计
本月合计												

附表 4.5　企业周期示意图（表③）

	星期一 采购	星期二 制造/情景卡	星期三 零售商采购/销售	星期四 零售商销售收款/还款	星期五 谈判/计划	星期六 发工资	星期日 休息	存款收支平衡
一周		每家发100元创业资金。		1号 从银行贷款	2号 零售商公布价格 双方谈判(2分钟) 各家做计划	3号 各组上交100元 工人工资	4号	+/- =
二周	5号 ___项，金额___	6号	7号 ___项，金额___ ___项，金额___	8号	9号 零售商公布价格 双方谈判(2分钟) 各家做计划	10号 各组上交100元 工人工资	11号	+/- =
三周	12号 ___项，金额___	13号	14号 ___项，金额___ ___项，金额___	15号	16号 零售商公布价格 双方谈判(2分钟) 各家做计划	17号 各组上交100元 工人工资	18号	+/- =
四周	19号 ___项，金额___	20号	21号 ___项，金额___ ___项，金额___	22号	23号 零售商公布价格 双方谈判(2分钟) 各家做计划	24号 各组上交100元 工人工资	25号	+/- =
五周	26号 ___项，金额___	27号 房租 <u>100元</u>	28号 ___项，金额___ ___项，金额___	29号 偿还银行贷款 <u>200元</u>	30号			+/- =

销售总计：顶数_____ 金额_____

计算手中现有全部现金 _____元+
提出全部存款 _____元
=本月总收入

参考文献

[1] 李家华,王艳茹.创业基础[M].上海:上海交通大学出版社,2017.
[2] 吴晓义.创业基础:理论、案例与实训[M].2版.北京:中国人民大学出版社,2019.
[3] 刘沁玲,陈文华.创业学[M].2版.北京:北京大学出版社,2019.
[4] 林祖媛,李昭志.大学生创业教育实用教程[M].上海:上海交通大学出版社,2012.
[5] 刘志超,沈敏芳,雷雪.创业基础[M].广州:华南理工大学出版社,2016.
[6] 李家华,张玉利,雷家骕.创业基础[M].2版.北京:清华大学出版社,2015.
[7] 王中强,陈工孟.创新思维与创业教育[M].北京:清华大学出版社,2017.
[8] 刘志阳.创业画布[M].北京:机械工业出版社,2018.
[9] 杜葵,林思宁,刘云婷.大学生创业羊皮卷:从零开始的创业指南[M].上海:华东师范大学出版社,2018.
[10] 倪云华.合伙人与合伙制:创业公司第一课[M].北京:人民邮电出版社,2019.
[11] 清华 x-lab.从学生到创业者 清华 x-lab 案例课[M].北京:人民邮电出版社,2018.
[12] 共青团中央,中华全国青年联合会,国际劳工组织.大学生 KAB 创业基础[M].修订版.北京:高等教育出版社,2015.
[13] 郭国庆.市场营销学通论[M].8版.北京:中国人民大学出版社,2020.
[14] 王艳茹.创新创业教程[M].北京:中国铁道出版社,2020.
[15] 杨秋玲,王鹏.创业基础[M].北京:北京理工大学出版社,2018.
[16] 宋专茂,麦清华.创业教育实训教程[M].北京:中央广播电视大学出版社,2014.
[17] 李家华.创业基础[M].北京:北京师范大学出版社,2013.
[18] 李肖鸣.大学生创业基础[M].4版.北京:清华大学出版社,2018.
[19] 张福利.创新创业教程[M].西安:西安交通大学出版社,2019.
[20] 张香兰,程培岩,史成安,等.大学生创新创业基础[M].北京:清华大学出版社,2018.
[21] 马小龙.大学生创业基础[M].北京:高等教育出版社,2017.
[22] 李伟.创新创业教程[M].北京:清华大学出版社,2019.
[23] 彼得·德鲁克.创新与企业家精神[M].蔡文燕,译.北京:机械工业出版社,2009.
[24] 张玉利,薛红志,陈寒松,等.创业管理[M].5版.北京:机械工业出版社,2020.
[25] 徐俊祥.大学生创业基础知能训练教程[M].北京:现代教育出版社,2014.
[26] 王艳茹.创业基础如何教:原理、方法与技巧[M].北京:清华大学出版社,2017.